W0288461

MAINZ RHEINHESSEN mit Kindern

pmv PETER MEYER VERLAG

pmv-Reiseführer werden nach ökologischen Grundsätzen hergestellt. Zu unseren inhaltlichen Kriterien gehören regionale, mit ÖPNV erreichbare Reiseziele sowie Ausflüge und Aktivitäten, die Natur und Umwelt schonen. Darüber hinaus helfen wir durch achtsamen Umgang mit Rohstoffen, Vermeidung von Plastik, Nutzung von Recyclingpapier und grünem Strom sowie kurzen Transportwegen, die Natur zu bewahren. Mit unserer konsequenten Haltung setzen wir im Buch- und Reiseführerbereich Maßstäbe. Inhalt und Umschlag dieses Buches wurden auf umweltfreundlichen Papieren, die zu 100 % aus Altpapier bestehen, gedruckt. Die Druckfarben aus Pflanzenölen sind frei von Mineralölen und tierischen Inhaltsstoffen. Unsere obligatorische Klimaspende für dennoch verursachtes CO_2 fließt einem Wiederaufforstungsprojekt im Harz zu. Die Nachhaltigkeit dieses Buches wird durch seine Auszeichnung mit dem Blauen Engel garantiert. Genießen Sie Ihren grünen Urlaub!

IMPRESSUM

© 2022, 3. Auflage Text & Bearbeitung Philipp Wohltmann, Annette Sievers (1. – 2. Aufl. 2005 – 2013 Eberhard Schmitt-Burk) • pmv Peter Meyer Verlag • Am Weidenberg 18 • 55291 Saulheim in Rheinhessen • www.PeterMeyerVerlag.de • info@PeterMeyerVerlag.de

Druck & Bindung: oeding print GmbH, Braunschweig, www.oeding-print.de **Umschlaggestaltung:** Königsblau Design, Heidelberg • **Fotos:** Wenn nicht anders angegeben, alle Rechte beim Verlag, siehe Nachweis beim jeweiligen Bild. Cover: Annette Sievers (großes Bild), mauritius images GmbH (kleines Bild) • **Karten:** pmv • **Zeichnungen:** Silke Schmidt • **ISBN** 978-3-89859-471-4 (print), -027-3 (PDF) • Erhältlich überall dort, wo es Bücher gibt.

pmv ist Träger des Gütesiegels **Deutscher Verlagspreis** der Beauftragten der Bundesregierung für Kultur und Medien für herausragende Leistungen in der gesamtverlegerischen Tätigkeit.

LIEBE LESERIN, LIEBER LESER, LIEBE KINDER,

was hätte ich für dieses Buch gegeben, als meine Kinder noch klein waren! Damals war die Suche nach schönen Ausflugszielen in Rheinhessen mühsamer, und einige Freizeitangebote gab es noch gar nicht. Umso schöner, dieses Buch voller Abenteuer in den Händen zu halten.

Es gibt viel zu entdecken: Wildtiere, die jetzt oder vor Millionen von Jahren in der Region lebten, wie das Dinotherium, ein Ur-Elefant, dessen lebensgroßer Nachbau im Naturhistorischen Museum in Mainz zu bestaunen ist. Dass das Meer einmal bis Rheinhessen reichte, könnt ihr selbst entdecken, wenn ihr durch die Weinberge streicht und Muscheln findet. Und wenn es mal regnet, besucht doch Burgen, Museen, Kindertheater oder Spaßbäder.

Ob zu Fuß oder mit dem Rad – oft ist der Weg schon ein Erlebnis. In Rheinhessen könnt ihr Wildbienen und Störche beobachten, euch im Maislabyrinth verirren oder die Artenvielfalt der Auenwälder erkunden. Die Natur zu schätzen und die Umwelt zu schützen, ist wichtig und sorgt für ein gesundes Leben.

Ich wünsche euch viel Spaß beim Erkunden unseres schönen Rheinhessens!
Herzlichst eure Tabea

Tabea Rößner (BÜNDNIS 90/DIE GRÜNEN) ist Journalistin und Mitglied des Deutschen Bundestages. www.tabea-roessner.de

INHALT

REGISTER & KARTEN

Corona-Hinweis

Wegen der Corona-Pandemie müssen Sie vermehrt mit einem abweichenden Angebot oder geänderten Öffnungszeiten und Preisen rechnen, die durch wirtschaftliche Folgen oder Hygiene-Vorschriften notwendig geworden sind. Dennoch geben wir Ihnen in gewohnter pmv-Art diese Reiseinformationen, da sie wichtig für Ihre (Budget-)Planung sind. Bei Redaktionsschluss waren einige Angebote noch geschlossen sowie Märkte und Veranstaltungen in die Zukunft verschoben. Mancher nutzte die Zwangspause für Umbauten. Mithilfe der angegebenen Web-Adressen und Telefonnummern können Sie sich vor Ihrem Ausflug aktuell kundig machen. Wir bitten um Ihr Verständnis. Danke!

VORWORT

Stellt euch vor es ist Pandemie und alle Menschen schauen sich nun – statt auf Mallorca oder gar in Thailand – ihre eigene Umgebung an! Und nun stellt euch vor, ihr habt das Glück und eure Umgebung ist Rheinhessen! Dann habt ihr das Glück Türme und Burgen zu sehen, auf Wanderwegen durch hügelige Weinlandschaften zu laufen, viele kleine Dörfer mit ihren romantischen Höfen und in den größeren Städten ein lebendiges kulturelles Angebot zu entdecken.

Genauso ist es mir ergangen in den vergangenen Monaten. Dass die Gegenden am Rhein entlang wunderschön sind, wusste ich natürlich. Und auch im Innern Rheinhessens hatte ich schon einige Ausflüge gemacht. Aber für die dritte Auflage des Freizeitführers „Mainz und Rheinhessen mit Kindern“ jetzt die Museen zu besuchen, Schwimmbäder zu testen und Barfußpfade abzutasten, hat mir erst gezeigt, wie viel die ganze Region zu bieten hat. Das hatte ich – obwohl ich schon seit 2015 in Mainz lebe – nicht erwartet. Gerade die schönen Herbsttage im Rheinhessischen Hügelland kann ich euch sehr empfehlen.

Trotz meiner vielen Recherchen und unglaublich schönen Gespräche mit den Menschen in Mainz und Rheinhessen, sind einige Informationen in diesem Buch mit Vorsicht zu genießen. Die Pandemie macht vielen Gastronomie- und Kulturbetrieben und Sportstätten zu schaffen. Gerade die angegebenen Öffnungszeiten und Preise solltet ihr vor eurem Ausflug aktuell nachschauen; dafür sind Telefonnummern und Webadressen vollständig angegeben.

Viel Spaß bei euren Touren und Freizeitaktivitäten wünscht

Philipp Wohltmann

PS: Mein Dank gilt Tabea Rößner für ihr Grußwort und allen Unterstützern und Informantinnen.

Philipp Wohltmann ist über seinen Vater zum Peter Meyer Verlag gekommen, der vor 30 Jahren ein Mit-Autor eines Fahrrad-Handbuchs war. Philipp hat in Mainz Publizistik und Politik studiert. Als freier Journalist arbeitet er für mehrere Zeitungen und bei 3Sat. In seiner Freizeit engagiert er sich als „Großer Bruder“-Pate in Mainz.

© Andreas Beyer

Mit Karlotta und ihren Freunden durchs Buch

▶ Auf den nächsten Seiten findet ihr die wichtigsten Infos zum Fahren mit Bahn und Bus. Denn (fast) alle Adressen im Buch könnt ihr mit ÖPNV erreichen. Wir möchten euch damit helfen, euch umweltfreundlich und preiswert durch die Region zu bewegen. Dabei können auch die übergeordneten Internetadressen und Tourist-Infostellen helfen.

Zur besseren Übersicht ist das Buch in **sechs Griffmarken** gegliedert: *Mainz: Natur & Sport* und *Mainz: Wissen & Kultur* decken die Landeshauptstadt ab, *Inselrhein bis Bingen, Rheinaue bis Worms, Rheinhessisches Hügelland* und *Rheinhessische Schweiz & Nahe* zeigen euch, was in den kleinen Orten so los ist. Jede Griffmarke enthält:

Im & am Wasser kennt sich *Sam,* die Wasserratte, bestens aus. Er zeigt euch Frei- und Hallenbäder, gibt Tipps zu Wassersport in Seen und Flüssen, zu Bootstouren und Fähren.

Natur & Umwelt ist das Lieblingsthema von *Karlotta,* der naturverliebten Igelin: Sie wandert und weist euch den Weg zu Naturzentren, wo ihr den Dingen auf den Grund gehen könnt, zu Lehrpfaden oder zu Tierparks und Streichelzoos.

Sport, Spaß & Spiel bringt die ganze Rasselbande in Bewegung: In diesem Abschnitt wird geradelt, geklettert, Minigolf gespielt oder gegrillt.

Technik & Geschichte ist das Hobby von *Meister Mauli Mau:* Der Maulwurf besucht mit euch Burgen und Museen. Ihr werdet überrascht sein, wie viel es auch bei schlechtem Wetter zu entdecken gibt! Allgemeine Stadtinfos geben euch einen Überblick, bei den Stadtführungen geht es dann ins Details. Sie können ziemlich spannend sein, z.B. wenn es in unterirdische Stollen geht!

Kultur & Termine ist das Kapitel unseres kreativen Langohrhasens *Mockes.* Er infor-

Hallo! Ich bin **Karlotta.** Meine Freunde und ich sind eure Themen-Spezialisten. Ich z.B. liebe das Wandern.

Das ist **Sam.** Als waschechte Wasserratte kennt er jede Pfütze.

Mauli Mau, Experte für Technik und Geschichte …

… und **Mockes,** der begabteste Hase im Universum.

In eigener Sache: All diese vielen Infos zusammenzutragen und aufzuschreiben, hat viel Zeit und Mühe gekostet. Und trotz aller Sorgfalt können sich Fehler eingeschlichen oder Preise und Öffnungszeiten geändert haben, zumal wegen aktuell wechselnder Corona-Vorschriften. Ich bitte um Nachsicht und eine kurze Info darüber. Auch wenn ihr etwas Neues entdeckt habt, freue ich mich über eine eMail oder Postkarte!

HINWEIS
Unsere Inhalte werden von den Autoren an Ort und Stelle recherchiert, zudem ständig gepflegt, aktualisiert und erweitert. Für die Genauigkeit, Gültigkeit und Korrektheit der Daten und Angaben, insbesondere der Tourbeschreibungen, kann der Verlag jedoch keine Haftung übernehmen. Ihr wandert und radelt stets auf eigene Gefahr, aber hoffentlich immer mit großer Freude.
Ohne Werbung: Die Aufnahme und Beschreibung von Adressen und Aktivitäten in diesem Buch unterliegen der Auswahl durch Autorin und Verlag und kann nicht erkauft werden.

miert euch über Kindertheater und -kino, Festivals und Märkte. In einem Kalender hat er alle wiederkehrenden Feste für euch aufgeschrieben.
Im **Kartenatlas** am Ende des Buches gibt einen Verkehrslinienplan, einen Mainz-Stadtplan und Karten zum behandelten Gebiet. Sie bieten euch bei Ausflügen die nötige Orientierung und helfen euch bei der Anfahrt.
Es ist also an alles gedacht – nur losziehen müsst ihr selbst!

Wichtige Info-Portale zur Region

Rheinland-Pfalz Tourismus GmbH

www.rlp-tourismus.com. **Infos:** Landesmarketingorganisation des Landes Rheinland-Pfalz.

▶ Wer eine Unterkunft sucht oder sich aktuell über örtliche Veranstaltungen informieren will, schaut am besten beim Touristikbüro des betreffenden Ortes vorbei. Adressen dazu findet ihr in den jeweiligen Kapiteln unter ↗ Stadtinfos und ↗ Stadtführungen.

Infos zu ganz Rheinhessen

Rheinhessen-Touristik GmbH, Kreuzhof, 55268 Nieder-Olm. ✆ 06136/92398-0, www.rheinhessen.de. **Zeiten:** kein Publikumsverkehr, sondern Internetportal; weitere Infos auch über die Tourismus-Kooperation zwischen VG Wörrstadt und VG Nieder-Olm: www.woerrstaedterland.de/ebike-verleihstationen. **Preise:** Tarife für eBikes je nach Station unterschiedlich: 15 € für 4 Std, 25 € für einen ganzen Tag, Wochenende Fr – So 84 €, auch Paarpreise und Rabatte ab dem 3. Tag sind oft möglich.

▶ Die Internetseite klärt über das Tourismusangebot der Region Rheinhessen auf, mit Links zu den Tourismusämtern vor Ort.

Rheinhessisches Hügelland & Rheinhessische Schweiz

Tourist Information Alzeyer Land & Rheinhessische Schweiz, Antoniterstraße 41 (im Museum), 55232 Alzey. ✆ 06731/499364, www.alzeyer-land.de. **Bahn/Bus:** RB, RE von Mainz, Bingen und Worms. **Zeiten:** April – Okt Mo – Fr 9.30 – 12.30 und 13.30 – 17, Sa 9.30 – 13 Uhr, Nov – März Mo – Fr 10 – 12.30 und 13.30 – 17 Uhr. **Infos:** www.alzeyer-land.de.

▶ Die Tourist-Information und das ↗ **Stadtmuseum Alzey** haben im Winter 2021/22 mit der Steinhalle einen interessanten Erweiterungsbau bekommen. Die TI bietet außer Informationen zu Sehenswürdigkeiten, Veranstaltungen und Unterkünften Stadtführungen an. Außerdem ist sie eBike-Verleih- und Souvenir-Verkaufsstelle.

Die Tourist-Info von **Bad Kreuznach** ↗ Therme.

pmv Öko-Tipp!

Mit dem Bus durch Rheinhessen

Rhein-Nahe-Verkehrsverbund (RNN), 55218 Ingelheim. ✆ 06132/789622 Service, 01801/766766 (Zentrale). www.rnn.info.

▶ Die Leerräume zwischen den Bahnlinien werden seit 2019 durch ein ziemlich enges Busnetz ausgefüllt. Ab Sommer 2022 werden die Fahrtfrequenzen noch einmal verstärkt sowie einige Linien neu organisiert und verlängert. Soweit die neuen Linien bekannt waren, sind sie in diesem Buch schon berücksichtigt.

Rund um Alzey, Wöllstein und Wörrstadt fahren die Busse stündlich, am Wochenende mind. alle 2 Stunden. Zu den Strecken mit guten Verbindungen gehören die **RegioLinien** Alzey – Undenheim – Mommenheim – Mainz und Alzey – Siefersheim – Bad Kreuznach, Sprendlingen (Bhf) – Stadecken – Ober-Olm – Mainz und Nieder-Olm – Stadecken – Schwabenheim – Großwinternheim – Ingelheim sowie die Busse rund um Bingen.

@ Die wichtigsten Internetportale:

www.jugend-in-mainz.de
www.jugend-in-worms.de
www.kreis-alzey-worms.de
www.lebendiger-rhein.de
www.mainz.de
www.mainz-tourismus.com
www.mainz-bingen.de
www.nabu-rheinhessen.de
www.naturfreundejugend-rlp.de
www.rheinhessische-schweiz.de
www.suedl-wonnegau.de
www.worms.de
www.touristinfo-worms.de
www.bahn.de

Der QR-Code bringt euch zu den aktuellen RNN-Liniennetzplänen

Wer als Schüler oder Auszubildender eine RNN-Jahreskarte Ausbildung für eine feste Strecke hat, kann sich FRITZ holen. Fritz ist eine Anschlusskarte, die euch erlaubt Mo – Fr ab 9 Uhr sowie am Wochenende ganztägig im ganzen RNN-Gebiet, also in Mainz, Wiesbaden und Worms frei zu fahren. Für 12,10 € im Monat.

Der Rhein-Nahe-Nahverkehrsverbund RNN umfasst die Bahnen und Busse in den rheinhessischen Landkreisen Alzey-Worms und Mainz-Bingen sowie die Nahekreise Bad Kreuznach und Birkenfeld. Eure Fahrkarte gilt in allen Stadt- und Regionalbussen, Zügen oder Straßenbahnen, auch wenn ihr in ein anderes Verbundgebiet fahrt.

pmv Öko-Tipp!

Mit der Bahn durch Rheinhessen

vlexx GmbH, vlexx-Kundencenter, Bahnhofstraße 30, 55232 Alzey. ✆ 06731/99927-27 Service-Hotline, www.vlexx.de.

▶ Die Strecken in Rheinhessen und an der Nahe werden hauptsächlich von der **DB** und der privaten **vlexx** bedient. Dabei seid ihr überwiegend im Tarifnetzt des RNN unterwegs, der wie auch der RMV zu den Partnern der vlexx gehört. Fahrkarten gelten in allen Bahnen, auch Länder-Tickets wie das Rheinland-Pfalz- und Saarland-Ticket sowie die Monats-Abokarten sind in DB- und vlexx-Zügen gültig.

RLP-Ticket: Gültig Mo – Fr 9 – 3 Uhr des Folgetages (auf MVG- und ESWE-Linien bis 4 Uhr), Sa, So und Fei ganztägig bis 3 Uhr des Folgetages (auf MVG- und ESWE-Linien bis 4 Uhr) für beliebig viele Fahrten. 1 Pers 24 €, 2 Pers 31 €, 3 Pers 37 €, 4 Pers 43 € und 5 Pers 49 €.

Vier lange Strecken erschließen einen recht großen Teil von Rheinhessen:

Rheinlinie: Bingen – Ingelheim – Mainz sowie Mainz – Röm. Theater – Nierstein – Oppenheim – Osthofen – Worms (häufig befahren, schnelle Regionalexpress-Verbindungen (RE) und RB-Züge mit mehr Zwischenhalten, zwischen Mainz und Worms auch mit der S6 nach Mannheim);

Diagonal: Bingen – Alzey – Monsheim – Worms;

Nord-Süd: Verbindung ins Zentrum des rheinhessischen Hügellandes von Mainz – Gonsenheim – Nieder-Olm – Saulheim – Armsheim – Alzey – Kirchheimbolanden (im Stundentakt, weiter Richtung Grünstadt/Pfalz).

Entlang der Nahe: Bad Kreuznach – Bingen und von dort weiter auf der Rheinlinie.

Fahrradmitnahme in RE, RB, S-Bahn

Im **Rhein-Nahe-Verkehrsverbund** (RNN) können Fahrräder ab 9 Uhr kostenlos mitfahren, davor mit Fahrrad-Einzelfahrkarte zum Kinderpreis. Achtet auf das Fahrradsymbol an den Eingangstüren, nur dort sind Stellplätze vorhanden. Kinderwagen und Rollstühle haben Vorrang. In Fernreisezügen der DB (ICE, IC, EC) können Fahrräder nur mit Reservierung mitfahren, die mit der Fahrradkarte gebucht werden kann.

Verkehr in Mainz

MVG Mainzer Verkehrsgesellschaft mbH, RMV-Mobilitäts-Beratung im Verkehrs Center Mainz, Bahnhofplatz 6a, 55116 Mainz. ✆ 06131/127777, www.mvg-mainz.de. **Zeiten:** Mo – Fr 7 – 19, Sa 9 – 14 Uhr. **Preise:** 3 €, Tageskarte (Betriebsbeginn – 4 Uhr des Folgetages) für beliebig viele Fahrten 6 €; Kinder 6 – 14 Jahre 1,75 €, Tageskarte 3,30 €; Tageskarte für Gruppen bis zu 5 Pers 11,50 €. **Infos:** Interaktiver Netzplan https://netz.mainzer-mobilitaet.de.

Verkehrslinienplan ↗ Seite 216, Stadtplan Mainz ↗ Seite 218.

▶ Der Mainzer ÖPNV ist Teil des Rhein-Main-Verkehrsverbundes (RMV) Richtung Frankfurt sowie des Rhein-Nahe-Nahverkehrsverbundes (RNN) Richtung Rheinhessen. Mit Wiesbaden zusammen bildet die Mainzer Verkehrsgesellschaft (MVG) den Verkehrsverbund Mainz-Wiesbaden. Vorteil dieser Zusammenschlüsse ist unter anderem, dass ein Ticket der Mainzer Bus- und Straßenbahnlinien innerhalb des Liniennetzes Mainz-Wiesbaden auch für die S-Bahn des RMV sowie für die Busse und Bahnen des RNN gilt, interessant z.B. für die Stationen Mainz-Römisches Theater, -Nord und -Laubenheim oder für eine Fahrt nach Wiesbaden. Die Fahrradmitnahme ist in den Mainzer Bussen und Straßenbahnen grundsätzlich möglich, jedoch kann der Fahrer die Mitnahme verweigern, wenn es zu voll wird.

MAINZ. NATUR & ACTION

DIE GRÜNE LUNGE

Mit der Lunge atmen wir, saugen frische Luft ein und lassen alte, verbrauchte Luft wieder raus. Das hat die Natur genial gemacht, denn durch die Atemluft leben wir. Und jetzt stellt euch vor: Sogar Mainz hat eine Lunge! Sie wird die „Grüne Lunge“ genannt, denn es handelt sich um alle Parks, Gärten, Wälder, Weinlagen … Eben alles, was grün ist. Dieses Grün versorgt die Stadt mit frischer Luft und lässt die Menschen in ihr aufatmen. Auf den folgenden Seiten könnt ihr auf Entdeckungsreise durch Mainz’ Grüne Lunge gehen!

Fasst mal an:
Naturerlebnis mit dem BUND Mainz in der Alten Ziegelei

MEINE LIEBLINGSTIPPS FÜR NATUR & ACTION IN MAINZ

Zwischen den vielen Häusern, Straßen und Zitadellenmauern bietet Mainz erstaunlich viel Raum für Mikroabenteuer im Grünen. Zu den Höhepunkten zählen die gut eingerichteten Spielplätze im Hartenberg-, Goethe- und Volkspark. Junge Naturforscher zieht es in den Lennebergwald mit dem Grünen Haus und dem Erlebnispfad, zur Alten Ziegelei in Bretzenheim mit einem Naturlehrpfad, zum Weisenauer Steinbruch oder zum großen Botanischen Garten auf dem Universitätsgelände. Wer vom Baden, Radeln, Wandern und Forschen die Nase voll hat, macht es wie Robinson und geht auf die Insel: Direkt vor der Haustür liegen die Maaraue und die Rettbergsaue.

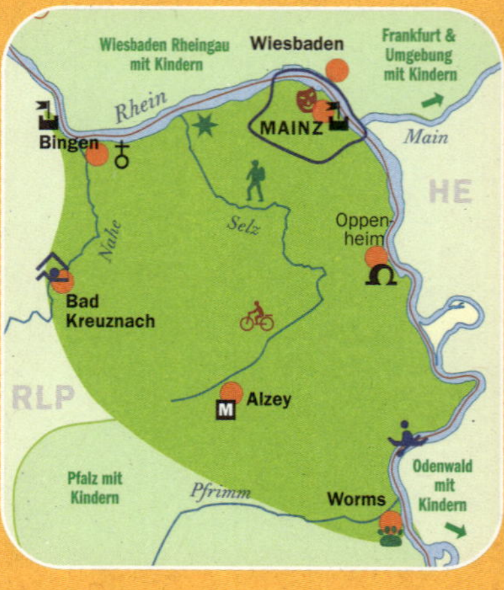

@ Zur Naherholung in und um Mainz könnt ihr euch auch informieren unter www.mainz.de/freizeit-und-sport/im-gruenen/naherholung.php.

@ Eure Radtouren könnt ihr mit dem interaktiven *Radroutenplaner* des Landes organisieren: wwww.radwanderland.de/routenplaner.

Erlebnis- und Freibäder

IM & AM WASSER MIT SAM

Frei- und Hallenbad Am Großen Sand

Schwimmbad Mainzer Schwimmverein, Obere Kreuzstraße 11 – 13, 55120 Mainz-Mombach. ✆ 06131/629990, www.schwimmbad-mainz.de. **Altersempfehlung:** Babyschwimmen ab 3 Mon, Kinderschwimmkurse 1 – 3 und ab 4 Jahre. **Barrierefrei:** ja. **Bahn/Bus:** Bus 6 Richtung Gonsenheim bis An der Krimm, Bus 62 bis Obere Kreuzstraße/ Mombach. **Rad:** Ab MZ-Hbf über Kaiser-Wilhelm- und Barbarossaring, Hartenbergstraße, Schützenweg, Erzbergerstraße. **Zeiten:** Schwimmzeiten aktuell auf der Webseite. **Preise:** 4 €; Kinder 3 – 17 Jahre 3 €; Familien (2 Erw, min. 3 Kinder) 14 €. **Infos:** Warmwassertage im Hallenbad Fr, Sa, So.

▶ Im **Freien** können sportliche Kinder im 50-m-Sportbecken auf 8 Bahnen loslegen. Im Winter wird eine Traglufthalle darauf gesetzt. Vereine und Schulklassen sind dann hier aktiv. In das Nichtschwimmerbecken münden zwei Rutschen. Kleinkinder haben einen abwechslungsreichen Wasserspielbereich und einen kleinen Spielplatz, spannend ist die Spiellandschaft mit dem Piratenschiff. Eltern liegen auf der großen Wiese unter Schatten spendenden Bäumen. Es gibt zwei Tischtennisplatten und zwei Volleyballfelder.

Das **Hallenbad** ist vom klassischen Typ: Im Schwimmerbecken werden Bahnen geschwommen, im hinteren Hallenbadbereich gibt es einen Wasserfall und eine Grotte. Aus Kindersicht ausgesprochen positiv: Für die Kleinen gibt es ein Lehrschwimmbecken und Planschbecken im hinteren Teil der Halle, für die Größeren ein 1- und 3-m-Brett im Vorderteil des Schwimmerbeckens.

Kiosk im Freibadbereich sowie Sitzgelegenheiten und Automaten mit Getränken und Süßigkeiten im Vorraum der Halle.

Hallen- und Freibad Am Taubertsberg

Taubertsbergbad Mainz, Wallstraße 9, 55122 Mainz. ✆ 06131/120100, www.taubertsbergbad.de. **Lage:** Direkt oberhalb vom Hauptbahnhof, West-Ausgang.

Barrierefrei: ja. **Bahn/Bus:** Fast alle Busse bis Hbf West/Mainzer Taubertsbergbad. **Auto:** Parkhaus 2,50 €. **Rad:** Am Radweg zur Uni. **Zeiten:** Freibad Mitte Mai – Mitte Sep 9.30 – 20 Uhr, Hallenbad Mo – Fr 6.30 – 14, 15 – 20 Uhr, Sa – So 9 – 17 Uhr. **Preise:** Freibad Tageskarte 3,70 €, Sportbad 90 Min 4 €; Freibad Kinder 3 – 14 Jahre 3 €, Sportbad 3 – 18 Jahre 3 €. **Infos:** Für Rollstuhlfahrer stehen Sitzdusche und extra Umkleiden zur Verfügung sowie ein Beckenlift.

▶ Das in eine hügelige Landschaft eingebettete **Freibad** verfügt über ein Mehrzweckbecken mit 6 Bahnen à 25 m und 2 Bahnen à 50 m Länge. Der Nichtschwimmerbereich mit Wellenbad besitzt Whirl-Liegen mit Brodelberg und eine Rutsche. Die Kleinsten haben ihr eigenes Planschbecken und Matschbereich mit Sonnensegel. Es gibt einen Spielplatz sowie Tischtennisplatten. Die Liegewiesen sind weitläufig.

Wenn es kühl wird, könnt ihr im **Hallenbad** im Sportschwimmbecken (25 m lang, 8 Bahnen) kraulen. Hier könnt ihr vom 1-, 3- oder 5-m-Brett in ein 3,80 m tiefes Becken springen. In der Spaßlandschaft (30 cm – 1,35 tief) müsst ihr nicht frieren, noch nicht mal im Außenbecken.

Nach seiner Insolvenz im Jahr 2017 wird das Taubertsbergbad von den Mainzer Stadtwerken betrieben. Das Frei- und das Hallenbad stehen Besuchern und Besucherinnen wieder offen, die Thermen- und Saunawelt wird noch auf unbestimmte Zeit umgebaut.

12er Restaurant, Maaraue 31, Kostheim. ✆ 06134/298312. www.12errestaurant.wordpress.com. März – Sep Mi – Sa 16 – 23 Uhr, Okt – Feb Mi – Sa 17 – 23 Uhr, So, Fei 12 – 23 Uhr. Speisegaststätte des SV Kostheim 1912 mit Terrasse. Deutsche und mediterrane Küche, Kindergerichte und Räuberteller.

Baden auf der Insel: Freibad Maaraue

Maaraue, Maaraue 27, 55246 Mainz-Kostheim. ✆ 06134/5898911, www.mattiaqua.de. **Barrierefrei:** ja. **Bahn/Bus:** Bus 6, 9, 28, 54 – 58 bis Brückenkopf Kastel, S1, S9 bis Bhf Kastel, anschließend 15 Min Fußweg. **Auto:** Über die Inselzufahrt von Kostheim her. **Rad:** Am Mainufer-Radweg Hochheim – Kastel. **Zeiten:** Mai – Sep Mo – So 10 – 20. **Preise:** 5 €; Kinder 3 – 17 Jahre

2 €; Studenten, Buftis, 50-%-Behinderte 3 €. **Infos:** Infos über Öffnungszeiten bei schlechtem Wetter unter ✆ 0611/318079 oder 318078.

▶ Das Freibad befindet sich auf einer zu Hessen gehörigen Rheininsel nördlich der Mainmündung, die Lage ist ausgesprochen schön. Ihr seht Graureiher oder Sittiche in den Bäumen landen. Das Bad besitzt große Schwimmer- und Nichtschwimmerbecken und eine ausgedehnte Liegefläche. Sprungturm, Breitbahnwasserrutsche und ein Kinderbecken mit kleiner Rutsche sowie ein Spielplatz machen es für Familien zu einem beliebten Ausflugsziel. Action herrscht an der Wasserkletterwand, an der ihr euch hochhangeln und ins Wasser fallen lassen könnt. An Land könnt ihr Basket- und Beachvolleyball, Badminton, Boccia, Tischtennis und Schach spielen. Ein Kiosk bietet Snacks und Kaltes.

Leinen los! Schiffsausflüge auf dem Rhein

KD Köln – Düsseldorfer Deutsche Rheinschifffahrt AG, Frankenwerft 35, 50667 Köln-Altstadt-Nord. ✆ 0221/2088-318 (Service), -319 (Verkauf). www.k-d.com. **Kinderwagen geeignet:** ja. **Barrierefrei:** ja. **Bahn/Bus:** April und Okt täglich 1 x Rüdesheim – St. Goarshausen, 1 x Rüdesheim – Boppard, 2 x Rüdesheim – Koblenz und 1 x Mainz – St. Goarshausen; Mai – 3. Okt täglich 3 x Rüdesheim – Koblenz, 1 x Mainz – Köln, 1 x Mainz – Boppard, 1 x Neuwied – Bonn (nur Juli, Aug) und 2 x Linz – Bonn. **Zeiten:** Ostern – Ende Okt. **Preise:** je nach Entfernung und Schiffstyp, beispielweise Mainz – Bingen einfach 24,30 €, hin und zurück 26,70 €, Kinder 4 – 13 Jahre 6 € auf allen Linien- und Rundfahrten. Geburtstagskinder – gleich welchen Alters – und eine Begleitperson 50 % Ermäßigung; Familienkarte für 2 Erw und 2 Kinder bis 16 Jahre für 61 €, gilt den ganzen Tag für beliebige Hin- und Rückfahrt im ganzen Strecken-

Mittwoch ist Familientag, dann können pro Erwachsener bis zu drei Kinder umsonst fahren.

netz. Mit der RheinCard der KD 50 % zu 34 € für ein Jahr; Gruppenermäßigung für 10 Erw 10 %, 20 Pers 15 %, 30 Pers 20 %, 40 Pers 25 %. Di und Do 2 Radler auf 1 Ticket. Senioren ab 60 Jahre 30 % auf alle Rundfahrten, Schüler/Studenten bis 27 Jahre 50 %, bei Bahnanreise gegen Vorlage des Tickets 20 %. **Infos:** Buchungen an der Anlegestelle in Mainz, Adenauerufer, ✆ 06131/232800.

▶ Die Köln-Düsseldorfer ist die größte Personenschifffahrtslinie auf dem Mittelrhein. Nur sie fährt die gesamte Strecke von Mainz bis Köln und läuft auch fast alle Orte an. Zum umfangreichen Programm der KD gehören außer den Linienfahrten zahlreiche Rundtouren oder Nostalgie-, Burgen- und Panoramarouten. Toll sind auch die Sonderfahrten mit dem Schaufelraddampfer oder die Familientouren wie das Piratenfest (Zauberer, Clown und Animation an Bord) oder die Märchenfahrt „Schneeweißchen und Rosenrot".

Bei Linienfahrten werdet ihr nicht unbedingt ganze Strecken mit dem Schiff fahren, sondern einen kleinen Abschnitt mit einem interessanten Ausflugsziel auswählen wie Bingen – Bacharach; kombinieren könnt ihr das mit einer Radtour.

Wenn das Schiff zum Spielplatz wird: Piratenfahrt mit der Köln-Düsseldorfer

© KD

Wandern & Spazieren

Rheinuferspaziergang in Mainz

Vom Fischtor zum Bootshaus des Mainzer Rudervereins, 55116 Mainz. **Länge:** 3 km hin und zurück, ganz leicht, mehrere Möglichkeiten zum Einkehren. **Kinderwagen geeignet:** ja. **Barrierefrei:** ja. **Bahn/Bus:** Bus 60, 61, 63 bis Fischtor, zurück Bus 54, 56, 58 ab Kostheim/Mainbrücke.

▶ Einen schönen Spaziergang könnt ihr am Mainzer Rheinufer vom Fischtor gen Süden zum Bootshaus des Mainzer Rudervereins unternehmen. Es geht los am **Fischtor.** Das erste Stück führt über die Promenade, es geht an Anlegestellen vorbei. Ihr schaut dem Treiben auf dem breiten Fluss zu und habt die Insel Maaraue im Blick. Im Norden sind die Berge des Taunus zu sehen.

Danach geht es nach dem großen Fort Malakoff-Komplex am **Winterhafen** entlang. Der letzte Abschnitt verläuft auf einem schmalen Uferweg – links der breite Strom, auf dem große Frachtschiffe vorüberziehen, rechts das schmale Becken des Winterhafens, in dem kleine Motorboote dümpeln. Das **Bootshaus** des Rudervereins, das Zentrum des Mainzer Rudersports, bietet sich als Ziel an. Zum Bootshaus gehört auch ein gut besuchtes **Restaurant,** von dem ihr auf den Fluss schaut. Es geht auf derselben Route zurück oder hinüber zum Stadt- und Volkspark für eine Spielplatz- oder Minigolfrunde.

Wenn euch das viel zu kurz ist, könnt ihr daraus eine größere Rundwanderung machen, die vom Bootshaus über die **Eisenbahnbrücke** und am Main aufwärts bis Gustavsburg führt. Dann geht ihr über die B43-Brücke nach **Kostheim** und kehrt über die Maaraue und Kastel zum Fischtor am Mainzer Rheinufer zurück. Das ergibt eine 7,5 km lange Route. Auf der Maaraue kommt dank der Spielplätze, des Freibades und weiterer Lokale viel Abwechslung dazu.

NATUR & UMWELT MIT KARLOTTA

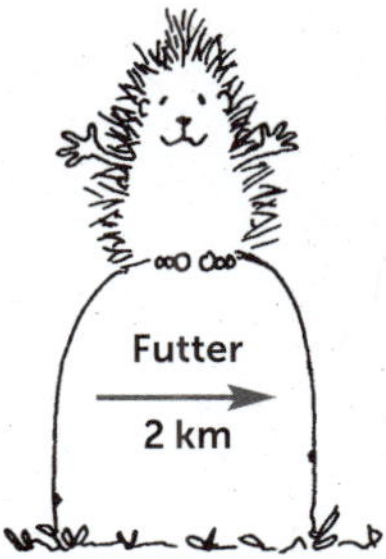

?! *1860 bis 1862 wurde die Eisenbahnbrücke gebaut, damit die neue Eisenbahnlinie Frankfurt – Mainz den Fluss überqueren konnte. An beiden Seiten gab es mittelalterlich aussehende Brückenköpfe aus massivem Sandstein, bestehend aus Rundtürmen mit spitzen Fenstern, Rundbögen und einem gotischen Zinnenkranz. Von der alten Brücke ist nicht viel erhalten, da die Nazis sie 1945 sprengten. Einzig auf der Mainzer Seite gibt es den massiven Sandsteinbrückenkopf.*

Durch den Lennebergwald zum Grünen Haus von Budenheim

55124 Mainz. **Länge:** 7 km hin und zurück. **Altersempfehlung:** ab 5 Jahre gut zu schaffen. **Kinderwagen geeignet:** ja. **Bahn/Bus:** Bus 6, 62 bis Wildpark Gonsenheim, alternativ Bus 68 Schloss Waldthausen. **Zeiten:** Lennebergturm: Mo – Fr 11.30 – 24 Uhr, Sa, So, Fei 10 – 24 Uhr.

Café am Turm, Im Wald 3, Budenheim. © 06131/1437214. www.turm-mainz.de. Mo – Fr 17 – 22 Uhr, Sa, So, Fei 12 – 22; Nov, Jan, Feb Mo und Di Ruhetag. Viele kleine Gerichte, aber auch Schweine- und Rumpsteak.

▶ Ihr beginnt diese Wanderung im Lennebergwald an der **14-Nothelfer-Kapelle** in Gonsenheim. Aus Richtung Bushaltestelle Wildpark Gonsenheim/Friedhof kommend, geht es zunächst nach rechts bzw. Nordwesten Richtung Wald. Kurz darauf wird die A643 überquert, danach taucht ihr in den Wald ein. Die Route verläuft nun knapp 900 m geradeaus an der Wendelinuskapelle vorbei. Dann biegt ihr links in die Altmünsterschneise ein, die schnurstracks zum **Lennebergturm** hinaufführt, das letzte Stück über eine Treppe. Vom Lennebergturm könnt ihr einen weiten Blick über den Rhein und die Rheingau-Berge werfen, was aber nur an wenigen Sonntagen möglich ist, sonst ist er nämlich verschlossen. Neben dem Turm befindet sich das Ausflugslokal Café am Turm mit Biergarten – eine gute Gelegenheit sich zu stärken. Anschließend geht ihr in südwestlicher Richtung auf eine Straßenkreuzung zu. Hier haltet ihr euch Richtung **Schloss Waldhausen** (ausgeschildert). Kurz darauf taucht rechter Hand der Eingang zum Schloss auf. Der Weg führt direkt auf die breite Fassade dieses schön restaurierten Bauwerkes zu. Ihr geht rechts vorbei, wo sich auch der kleine Schlossgarten ausbreitet. Von der Rückseite des Schlosses gelangt ihr hinunter zum nur 300 m entfernten **Forsthaus Lenneberg.** Nach dem Besuch der waldkundlichen Ausstellung im **Grünen Haus** (Do 17 – 19, So 15 – 17 Uhr sowie für Schulklassen und Gruppen nach Vereinbarung) und dem informativen Spaziergang über den Waldlehrpfad kehrt ihr wieder auf der gleichen Route zur

?! *Der Lennebergwald ist neben dem ↗ Ober-Olmer Wald eines der wenigen größeren Waldstücke Rheinhessens außerhalb der Rheinhessischen Schweiz. Für Mainz ist der Kiefernwald ein Haupterholungsgebiet. An Wochenenden ist er daher sehr überlaufen. Um den Wald und seine fast schon mediterrane Flora vor weiteren Schäden zu bewahren, wurde er zum Naturschutzgebiet erklärt.*

14-Nothelfer-Kapelle zurück. Von den Strapazen der Wanderung könnt ihr euch dort in zwei Ausflugslokalen erholen, wobei es aber an Sommerwochenenden oft sehr schwer ist, freie Plätze zu ergattern.

Wie bei Rapunzel oder Dornröschen: Der Lennebergturm

© Annette Sievers

pmv Öko-Tipp!

Taschentuchbaum und Osage-Orange

Botanischer Garten in Mainz, Anselm-Franz-von-Bentzel-Weg 9a, 55099 Mainz. © 06131/22251, www.botgarten.uni-mainz.de. **Kinderwagen geeignet:** ja. **Bahn/Bus:** Bus 57 bis Botanischer Garten. **Zeiten:** Garten täglich 8 – 18 Uhr, Gewächshäuser bis 15.30, Fr bis 13 Uhr. **Preise:** freier Eintritt. **Infos:** Kindgerechte Führung für Gruppen bis 15 Kinder 25 €, Anmeldung © 06131/ 3925686 oder 392251.

▶ In der auf dem Gelände der Universität gelegenen Gartenanlage sind über 9000 Pflanzenarten aus allen Gegenden der Welt zu entdecken. Es erwarten euch ein großer Wald mit Bäumen, u.a. aus Japan, Korea, dem Himalaya und Nordamerika, Teiche, Kräuter- und Blumenbeete, ein Steingarten und eine Reihe von Schauhäusern, z.B. für Kakteen und mediterrane Pflanzen. Selbst tropische Gewächse wie Bananen und Kakaobäume sind hier zu Hause. Hier gibt es viele Aha-Erlebnisse! Ihr könnt den Garten auf eigene Faust erkunden oder an den regelmäßigen öffentlichen Führungen teilnehmen (Termine in der Presse oder im Internet).

Im Sommer gibt es ein buntes **Sommerfest** in der 2. Augusthälfte. Es bietet für jedes Kind etwas: Rallye,

Besonders spannend ist es, den Spuren der Kröte *Bufonia* durch den großen Garten zu folgen. Sie hat zehn Ziele für euch ausgewählt. Dazu gibt es das spannende Büchlein *Bufonias Reise durch die Pflanzenwelt,* Führer für Kinder durch den Botanischen Garten der Johannes Gutenberg-Universität Mainz. Darin ist auch ein Lageplan enthalten. Erhältlich am Automat im Eingangsbereich.

spannende Führungen und ein vielfältiges Musikprogramm.

Goetheplatz

Goethestraße, 55118 Mainz-Neustadt. ✆ 06131/122870, www.mainz.de. **Lage:** Gegenüber Polizeipräsidium. **Kinderwagen geeignet:** ja. **Bahn/Bus:** Bus 28, 62, 67, 69 Richtung Wilhelm-Raabe-Straße bzw. Gonsenheim und Tram 50, 51, 59, Bus 61 Richtung Straßenbahnamt bis Goethestraße. **Zeiten:** Wasserspielplatz im Sommer 10.30 – 18 Uhr.

▶ Die grüne Lunge im Herzen des Stadtteils Neustadt. Man geht hier spazieren, sitzt zusammen und diskutiert, Kinder toben herum. Gemäß der Zusammensetzung der umliegenden Wohngebiete geht es hier schön multikulturell zu. Es gibt einen Platz zum Inlineskaten und Rollschuhlaufen, einen Basketballplatz, Tischtennisplatten und einige Fitness-Geräte. Im Sommer ist der Wasserspielplatz die Attraktion schlechthin. Auch der benachbarte Spielplatz bietet aufregende Spielgeräte.

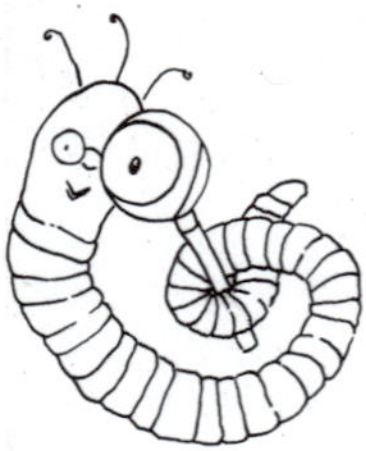

Umwelt erforschen

pmv Öko-Tipp!

Natur erkunden mit NABU und BUND

Kinder- und Jugendgruppe NABU mit der BUNDjugend, und Gartenfeld-Pojekt, Frauenlobstraße 15 – 19, 55118 Mainz. ✆ 06131/1403926, https://mainz.bund-rlp.de. **Altersempfehlung:** ab 6 Jahre. **Bahn/Bus:** Bus 28, 62, 67, 69 bis Kurfürstenstraße. **Infos:** Gartenfeld-Projekt: Forsterstraße 34 – 38, Neustadt, www.gartenfeld-mainz.de, umweltpädagogische Aktionen und Führungen.

▶ Mit Natur in der Stadt ist es ja nicht so einfach, hier zählt jedes Grün! Wie schön, dass es das **Gartenfeld** gibt. Der Garten in der Neustadt ist ein Urban-Gardening-Projekt des BUND Mainz und der Stadt und wird seit 2013 von den Leuten im Quartier gemeinsam bewirtschaftet. Ihr braucht bloß durch die Einfahrt in der Forsterstraße 34 – 38 zu gehen und steht in einem grünen Hinterhofparadies, in dem die Bienen und Hummeln summen und fleißig gegärtnert wird. Macht mit!

Der BUND bietet Kindern im Grundschulalter erste Naturerfahrungen durch eigene Projekte und Spiele. Treffpunkt ist alle 2 Wochen freitags die ↗ *Alte Ziegelei* in Bretzenheim. Die Jugendgruppe für Kinder ab 11 Jahre trifft sich dort alle 4 Wochen samstags.

pmv Öko-Tipp!

Mainzer Umweltladen, Steingasse 3 – 9, Mainz. ✆ 06131/122121. www.mainz.de – Verwaltung – Bürgerservice. Mo – Fr 10 – 13 und 13.30 – 18. Hier bekommt ihr kostenlos Müll- und Hundekottüten, Beratung in Umweltfragen und Infobroschüren. Abgeben könnt ihr Kleinelektroschrott, Brillen oder leere Tonerkartuschen. Veranstaltungen im Laden ↗ Webseite.

Steppe in Mombach

Naturschutzgebiet Mainzer Sand, Arbeitskreis Umwelt Mombach e.V., Obere Bogenstraße 56, 55120 Mainz-Mombach. ✆ 06131/685868, www.akumwelt.de.
Lage: in Mombach auf der Straße Am Lemmchen. Dabei geht es zweimal an Infotafeln mit Plänen vorbei. Eine gute Gelegenheit, sich zu orientieren und die Route für eine Rundwanderung auszusuchen. **Bahn/Bus:** Bus 60, 61, 63 bis Mombach/Am Polygon. **Infos:** Der Verein freut sich über Hilfe bei Baumpflanzaktionen oder Dreck-weg-Tagen.

▶ Das **Naturschutzgebiet Mainzer Sand** am Westrand von Mainz ist der Rest eines Flugsandgebiets, das früher über Ingelheim bis Gau-Algesheim reichte. Das Flugsandgebiet im Mainzer Becken bildete sich während der letzten trocken-kalten Periode der Würm-Eiszeit (18.000 – 10.000 v. Chr.). Der Sand wurde von Winden aus Westen und Nordwesten dorthin getragen. Er stammt aus dem Flussschotter des Rheins und wurde an die Hänge des Rheinhessischen Hügel- und Tafellandes getragen, wo er sich zu bis zu 10 m hohen Dünen anhäufte.

Hier ist eine besondere Pflanzenwelt zu Hause. Die nach dem Ende der Eiszeit einsetzende Erwärmung sowie die Trockenheit und Nährstoffarmut der Bö-

?! Um die Tiere und Pflanzen zu schützen, solltet ihr (mit euren Hunden) auf den Wegen bleiben und die Verhaltensregeln für das Gebiet beachten.

den löste die Einwanderung von Steppenpflanzen aus Südrussland aus. Darunter sind Federgräser, Sand-Lotwurz und Adonisröschen. Später ließen sich hier auch Insekten und Pflanzen aus dem Mittelmeerraum nieder wie die Kartäusernelke und das Nadelröschen, denen das sommerwarme Klima und die nur licht mit Kiefern bewachsene Landschaft gefiel.

Als im Laufe der Zeit das Klima im *Mainzer Becken* feuchter und kühler wurde, verbreiteten sich aber immer mehr Bäume der gemäßigten Zone – zunächst Eichen, dann auch Buchen – und verdrängten die nacheiszeitliche Kiefern-Steppen-Formation bis auf kleine Restgebiete. Ein solches ist das Naturschutzgebiet Mainzer Sand.

Naturerlebnispfade

pmv Öko-Tipp!

Natur in der Stadt erleben – Stadtökologischer Lehrpfad Mainz

ui-UmweltInformationsZentrum, Dominikanerstraße 2, 55116 Mainz. ✆ 06131/122121, www.mainz.de/umwelt-informationszentrum. **Länge:** 4,5 km Rundweg. **Kinderwagen geeignet:** ja. **Bahn/Bus:** Bus 28, 54 – 58, 60 – 66, 68 bis Höfchen/Listmann. **Zeiten:** Mo – Fr 10 – 18 Uhr, Sa 10 – 14 Uhr.

▶ Der Lehrpfad führt durch die Altstadt und Parkanlagen des Inneren Grüngürtels. An 12 Stationen wird an jeweils einem spezifischen Lebensraum der Zusammenhang von Stadt und Natur dargestellt. Der Pfad beginnt in der Altstadt am Kirschgarten und führt über Zitadelle und Inneren Grüngürtel an den Ausgangsort zurück. Lasst ihr euch für die Stationen viel Zeit, könnt ihr den Lehrpfad auch gut in zwei Etappen begehen.

Um den Lehrpfad zu gehen, braucht ihr die Broschüre „Natur erleben in der Stadt" (mit Plan) aus dem ↗ UmweltInformationsZentrum. Sie zeigt und erklärt euch die Stationen.

pmv Öko-Tipp!

Die Natur lässt sich im ehemaligen Steinbruch nieder

Weisenauer Steinbruch, 55116 Mainz-Weisenau. www.mainz.de. **Bahn/Bus:** Bus 60, 61, 63 bis Zur Alten Portland, Bus 65 bis Paul-Gerhardt-Weg.

▶ Im riesigen Weisenauer Steinbruch wurde von 1839 bis 1970 Kalkstein abgebaut, der in der Zementproduktion gebraucht wurde. Danach wurde zunächst eine ackerbauliche Nutzung der ungenutzten Flächen betrieben. Ab 2006 wurde diese Bewirtschaftung durch die Anlage von Wiesen aufgegeben und mit einer Rekultivierung des Kernbereichs des ehemaligen Steinbruchs im Interesse des Naturschutzes und der Naherholung begonnen.

Mittlerweile sieht es im ehemaligen Steinbruch und unterhalb der langen Wand fast wie in der Dschungel-Wildnis aus. Auf den Wiesen stehen dagegen Obstbäume, es gibt auch Feuchtbiotope. Viele – z.T. seltene – Vogelarten und zahllose Insekten sind jetzt in diesen Räumen heimisch. Oberhalb der Felswände hat sich dagegen Magerrasen entwickelt, der ebenfalls artenreich ist. Die Fülle an Blumen bietet insbesondere Wildbienen, Heuschrecken und Tagfaltern gute Lebensbedingungen. Nachgewiesen wurden u.a. 43 Vogelarten (z.B. Dohlen, Neuntöter, Wander- und Turmfalken, Mäusebussarde) sowie Laufkäfer, Eidechsen und Amphibien, 15 Heuschreckenarten, 63 Wildbienen- und Grabwespenarten, 14 Libellen- und 10 Tagfalterarten.

Seit 2011 führt der **Geologische Lehrpfad** als

☐ Vergesst nicht eure Ferngläser, es gibt viel zu beobachten!

Schmusig: Smaragdeidechsen

© NABU Rheinauen

Rundweg durch das Gelände. 12 Infotafeln beschreiben die Entstehung der Gesteine während des Tertiärs im Mainzer Becken, den Kalkabbau und die Produktion von Zement.

pmv Öko-Tipp!

Naturerlebnis mit dem BUND Mainz in der Alten Ziegelei

BUND Mainz-Stadt, Maren Goschke, Alte Ziegelei, 55128 Mainz-Bretzenheim. ✆ 06131/338071, www.mainz.bund-rlp.de. **Bahn/Bus:** Bus 57, 70, 71, 74 bis Albert-Stohr-Straße. **Zeiten:** Etwa 3-stündige Naturerlebnis-Angebote für Schulklassen, Kindergarten- und andere Gruppen in der Regel vormittags und nach Vereinbarung. **Preise:** 2 € pro Kind, Anmeldung: m.goschke@geografin.de. Grillplatz Anmeldung unter ✆ 0176/24607019 (Mo – Fr 8 – 8.30 Uhr).

▶ Der besondere Lernort **Alte Ziegelei:** Nach Stilllegung der *Ziegelei Rosbach* in Mainz-Bretzenheim im Jahr 1972 haben sich auf dem brachliegenden etwa 18 Hektar großen Gelände zahlreiche Biotope entwickelt, die für die Landschaft Rheinhessens typisch sind. Hier hat die BUND Kreisgruppe Mainz-Stadt 1995 einen Naturlehrpfad mit verschiedenen Lebensräumen eingerichtet: Wiese, Streuobstwiese, Hecke, Lößwand, Birkenwäldchen, Schuttflora und viele mehr. Spielerisch lernen die Kinder bei den Naturerlebnistagen auf diesem Gelände verschiedene Lebens- und Naturräume, Pflanzen und Tiere kennen.

Nach Absprache werden Führungen und Naturerlebnisprogramme zu den Themenbereichen „Natur mit allen Sinnen erleben“, „Lebensraum Streuobstwiese“ und „Lebensraum Bach und Teich“ sowie individuelle Naturthemen, die auf Alter und Interesse der jeweiligen Gruppe abgestimmt sind, angeboten. Die Naturerlebnistage sind auch in der näheren Umgebung und in anderen Vororten von Mainz möglich.

?! *Der BUND (Bund für Umwelt und Naturschutz Deutschland e.V.) ist mit 467.000 Mitgliedern (2019) neben dem NABU der zweite große Naturschutzverband in Deutschland. Die Landeszentrale für Rheinland-Pfalz ist in Mainz (www.bund-rlp.de). Im Gebiet unseres Buches gibt es die Kreisgruppen Mainz-Stadt, Mainz-Bingen, Alzeyer Land, Bad Kreuznach, Birkenfeld und Wonnegau. Auch für Kinder gibt es im BUND viele Möglichkeiten, umweltfreundlich aktiv zu sein.*

Was kann man sonst noch auf dem Gelände der Alten Ziegelei unternehmen? Es gibt einen **Bolz-** und einen **Spielplatz** sowie eine **Kletterwand** und **Grillplätze.**

pmv Öko-Tipp!

Grünes Haus und Erlebnispfad Lennebergwald

Forstrevier Lenneberg, Im Wald, 55257 Budenheim. ✆ 06139/370, www.lennebergwald.de. **Bahn/Bus:** Von Mainz Hbf 20 Min mit MVG-Bus 64 bis zur Reitschule, von da 5 Min Fußweg nach Süden. **Infos:** Forsthaus, Do 17 – 19 Uhr, Terminkalender im Internet und als Faltblatt.

▶ Auf Schautafeln wird im **Grünen Haus** die Geschichte und Nutzung des Waldes dargestellt und mit Hilfe von Mikroskopen kann die Tier- und Pflanzenwelt unter die Lupe genommen werden. Rund um das Grüne Haus gibt es einen informativ ausgeschilderten **Waldlehr- und Erlebnispfad** mit Baumtelefon, Xylophon, Tastkästen, Balancierstamm, Barfußpfad und weiteren Stationen sowie einem kleinen Weiher. Der Erlebnispfad kann jederzeit selbstständig erkundet werden, Erklärungen dazu sind auf einem Faltblatt im Grünen Haus erhältlich.

Für Gruppen, insbesondere Schulklassen und Kindergärten, veranstaltet das Forstrevier Lenneberg **Waldführungen**, die auch mit selbstständigen Erkundungen des Waldes und Zeit zum Spielen und Toben verbunden werden können (frühzeitige Anmeldung empfehlenswert). Es gibt im Bereich des Grünen Hauses und in der Umgebung noch weitere Aktivitäten und Veranstaltungen, die für Kinder interessant sind, ein ganzer Terminkalender ist damit gefüllt. An einzelnen Tagen oder im Rahmen von Projektwochen können Schüler sogar unter Anleitung im Wald arbeiten.

Im Lennebergwald steht außerdem eine Grillhütte, die beim Förster angemietet werden kann.

Waschbären & Pferde

Gonsenheimer Tierpark

Kirchstraße, 55124 Mainz-Gonsenheim. www.mainz.de. **Bahn/Bus:** Bus 6, 62 bis Wildpark Gonsenheim. **Zeiten:** frei zugänglich.

▶ Dieser kleine Tierpark liegt direkt neben dem Waldfriedhof, der Lennebergwald ist nah. Er ist von einem Zaun umgeben, an dem ihr entlanglauft. Im Gehege tummelt sich die heimische Tierwelt, z.B. Rehe, Damwild, Wildschweine, Ziegen, Schafe und Wasservögel auf einem kleinen Teich. Aus anderen Ländern gibt es Meerschweinchen und Waschbären zu sehen. Füttert bitte nur mit dem Trockenfutter aus dem Automat. Nach der Besichtigung des kleinen Tierparks bietet sich als weiteres Aktionsfeld der benachbarte **Spielplatz** im Wald an, der ein wenig wie ein Abenteuerspielplatz wirkt.
Nach dem Besuch des Tierparks bietet sich der benachbarte **Waldspielplatz** an, der ein wenig wie ein Abenteuerspielplatz wirkt. Essen und Getränke gibt es in der **Sportklause des SV 1919 Gonsenheim,** ganz nahe bei der 14-Nothelfer-Kapelle.

Der Gonsenheimer Tierpark ist mehr für die Kleinen, für die größeren Kinder empfiehlt sich ein Ausflug in den Frankfurter Zoo, ↗ Frankfurt mit Kindern, pmv, ISBN 978-3-89859-466-0.

Reiten in Mainz

Reit- und Fahrverein 1929 e.V. Mainz Hechtsheim, Klein-Winterheimer Weg 2, 55129 Mainz-Hechtsheim. © 06131/593688, www.reitverein-hechtsheim.de. **Bahn/Bus:** Tram 50, 53 Bürgerhaus. **Preise:** Jahresbeitrag Erw aktiv 65 €; Kinder und Jugendliche aktiv 45 €, Aufnahmegebühr 1. Kind 30, 2. Kind 20 €.

▶ In Mainz stehen mehrere Reitplätze, Ausreitgelände und die Reithalle Kerz (Reitunterricht) zur Verfügung. Eine gute Adresse ist der 200 Mitglieder (darunter circa 70 Kinder) starke Hechtsheimer Reit- und Fahrverein 1929, bei dem ihr das Reiten lernen und es als Reitsportler oder Hobbyreiter betreiben könnt.

@ Ein detaillierter Überblick über alle Reitmöglichkeiten in Mainzer Reitvereinen findet ihr unter www.verband-reit-fahr-vereine-rheinhessen.de.

Radeln & Skaten

Skate Spots in Mainz

Landeshauptstadt Mainz, 55116 Mainz. ✆ 06131/12-2870, www.jugend-in-mainz.de/skateranlagen.html.

Altstadt: Am Kaisertor, einer der beliebtesten Skaterparks der Stadt, Fun Box mit Table, Ledge und Rail, Quarter Pipe, Bank, Curb und Flat Rail;

Bretzenheim: Marienborner Straße, Quarter Pipe, Fun Box, Curb Rail;

Ebersheim: Sportanlage, 1 Halfpipe;

Finthen: Sertoriusring, Quarter Pipe, Bank mit Table, Step Curb, Flat Rail;

Hechtsheim: Bezirkssportanlage, Halfpipe und kleiner Skaterpark mit Fun Box und Quarter Ramp;

Laubenheim: Bezirkssportanlage, kleiner Skaterpark mit Fun Box und Quarter Ramp;

Mombach: Obere Kreuzstraße, Halfpipe aus Beton auf dem Parkplatz des Frei- und Hallenbads.

FIT & FIDEL MIT DEN 4 FREUNDEN

Radeln im Rhein-Main-Dreieck

Mainz – Maaraue – Schleuse Kostheim – Mainspitze – Mainz, 55116 Mainz. **Länge:** 11 km, flach, leicht, viele Freizeit- und Einkehrmöglichkeiten. **Bahn/Bus:** S, RE, RB Bhf Mainz-Römisches Theater.

▶ Vom Bahnhof **Mainz-Römisches Theater** geht es via Holzhofstraße – Rheinstraße – Dagobertstraße zum Rhein hinunter. Anschließend fahrt ihr auf dem Radweg am Fort Malakoff-Park und dem Mainzer Rathaus vorbei flussabwärts bis zur **Theodor-Heuss-Brücke,** über deren Buckel der breite Fluss Richtung Mainz-Kastel überquert wird. Direkt hinter der Brücke rollt ihr dann rechts abwärts. Zwischen der Südseite des Bahnhofs Mainz-Kastel und der Nordseite der *Reduit* hindurch führt die Route direkt neben der *Bastion Schönborn* zum Rheinufer. Kurz darauf überquert ihr auf einem Brückchen den Rheinseitenarm **Floßhafen,** in dem viele Motorboote liegen, und landet auf dem Nordwestzipfel der

Insel **Maaraue.** Anschließend geht es am Rheinufer entlang flussaufwärts bis zur Mainmündung. Unterwegs kommt ihr am Campingplatz, dem Restaurant Bootshaus, der Bootswerft Kaufmann, der großen Liegewiese mit Hütte, Grillplatz und Spielplatz sowie dem Freibad Maaraue vorbei. In diesem Abschnitt ist das Ufer baumlos, dafür ist die Aussicht auf Mainz sehr schön.

Anschließend radelt ihr am Main entlang flussaufwärts. Zunächst kommt ihr am **Restaurant Rhein-Main-Terrasse** vorbei. Dahinter ist ein weiterer Spielplatz. Dann verlasst ihr die Maaraue und radelt an **Kostheim** vorbei. Am Ostrand von Kostheim führt der Mainradweg an einem Fabrikgelände mit hohem Schornstein entlang, das reichlich trist wirkt. Schön, dass danach wieder Flussaue beginnt. Ihr fahrt nun auf dem Hochwasserschutzdamm bis schließlich 2,5 km hinter der Maaraue rechts ein Schild die Route zur **Schleuse Kostheim** anzeigt, die ihr auf dem 400 m langen, schmalen Pfad erreicht. Bei der Überquerung könnt ihr euch die mächtige Schleusenanlage genau ansehen. Die Chance, dass gerade ein Schiff durchkommt, ist sogar recht groß.

Anschließend geht es wieder **Richtung Mainz** zurück. Ihr fahrt zunächst ein Stück auf dem Schutzdamm. Dann geht es direkt am Fluss entlang. 2 km hinter der Schleuse erreicht ihr die große Kostheimer Brücke. Kurz davor liegt ein wirklich schöner Spielplatz. Es geht die Brücke hinauf und über die Straße. Immer geradeaus führt die Fahrradroute an Sportplätzen und dem Mündungsgebiet des Mains in den Rhein (Mainspitze) vorbei. Auf der alten **Eisenbahnbrücke** geht es dann zum Mainzer Rheinufer hinüber (bei Unsicherheit absteigen!). Ihr fahrt noch ein kleines Stück flussabwärts, bis es links via Dagobert-, Rhein- und Holzhofstraße zum Bahnhof **Mainz-Römisches Theater** zurückgeht.

Rhein-Main-Terrasse, Maaraue 21, Kostheim. © 06134/4712. www.rhein-main-terrasse.de. Mai – Okt ab 12 Uhr, Nov – April Mo, Di, Do, Sa 15 – 22, Fr, So, Fei ab 12 Uhr, Mi geschlossen. Gutbürgerliche Küche.

?! *Die **Kostheimer Schleuse** ist ein beeindruckendes Bauwerk. Drei Walzenwehre stauen den Fluss. Die beiden Schleusenkammern sind riesengroß: die eine 342 m lang und 15 m breit, die andere 339 m lang und 20 m breit. Diese Kapazität wird tatsächlich gebraucht, denn die Kostheimer Schleuse soll die verkehrsreichste Binnenschleuse Deutschlands sein.*

pmv Öko-Tipp!

Auf dem alten Leinpfad

Von Mainz nach Nierstein, 55116 Mainz. **Länge:** 16 km, beschilderter, flacher, leichter Radweg. **Altersempfehlung:** gesamte Strecke für sportliche Kinder ab 9 Jahre, ab 6 Jahre Teilstrecke Nackenheim – Nierstein, 5 km. **Bahn/Bus:** S, RE, RB Bhf Mainz-Römisches Theater, Nackenheim und Nierstein liegen an der Bahnstrecke Mainz – Ludwigshafen – Mannheim, S6, RE.

▶ Vom Bahnhof **Mainz-Römisches Theater** fahrt ihr zunächst via Holzhofstraße – Rheinstraße – Dagobertstraße zum **Winterhafen** am Rhein hinunter.

WAS PFERDE MIT SCHIFFEN ZU TUN HABEN

Auf dem Rhein herrscht viel Betrieb: Lastkähne, Frachtschiffe und Ausflugsschiffe fahren hin und her. Aber als Schiffe noch keine Motoren hatten, war es schwierig, gegen die Strömung zu fahren. Mit der Strömung, auf „Talfahrt", war's ja noch recht einfach – die Schiffe trieben mal langsam, mal schneller mit dem Fluss mit. Bergauf aber musste nachgeholfen werden.

Die Germanen nutzten Segel und Ruder, die Römer kombinierten beides, um mit ihren Militärschiffen flott voranzukommen. Doch ihnen war das immer noch zu langsam. So erfanden sie das **Treideln:** Tiere und Menschen mussten die Schiffe an langen Seilen flussaufwärts ziehen. Dazu legten die Römer vor allem linksrheinisch erhöhte Uferstraßen an, die als Deiche gleichzeitig die Siedlungen schützten. Obendrauf trotteten Pferde oder Menschen und zogen die schwere Fracht an Leinen, so entstanden die **Leinpfade.** Als ab 1850 immer mehr Dampfschiffe auf dem Rhein fuhren, waren die Treidelschiffer und Pferdebesitzer wütend. Sie bangten um ihre Arbeit. Sie beschossen die verhassten Schiffe sogar! Vergeblich: Die Treidelschifffahrt wurde eingestellt. Die letzte Treidelstation, an der Pferde ausgewechselt wurden, schloss 1918 am Binger Loch.

Flussaufwärts kommt ihr alsbald unter der riesigen **Eisenbahnbrücke** von Gustavsburg hindurch. Von dort radelt ihr bis **Nackenheim** (Km 11) – von der kurzen Umgehung des Heidelberger Zementwerkes abgesehen – immerzu dicht am Rhein entlang, manchmal so nahe, dass Vorsicht geboten ist. Am Nordrand von **Laubenheim** passiert der Radweg unterhalb der A60 das **Bootshaus Weisenauer Ruderverein** mit Lokal (etwa Km 5), wo ihr den vielleicht aufgekommenen Hunger und Durst stillen könnt.

Bootshaus Weisenauer Ruderverein, Wormser Straße 190c, Weisenau. © 06131/1444457. www.bootshaus-weisenau.de. Mi – Sa ab 17, So und Fei ab 11 Uhr, warme Küche bis 21 Uhr. Sommergarten, kleine Gerichte, Snacks, Schnitzel, Fischgerichte, kleiner Spielplatz.

Auf dem letzten Abschnitt vor Nackenheim führt die Route an der **Sändchensinsel** entlang. Sie ist nur durch eine Rinne von der daneben liegenden **Kisselwörth** getrennt. Auf beiden Inseln existieren noch Reste von ↗ *Weichholzaue* und dienen Enten, Seeschwalben und Wattvögeln als Unterkunft. Schwarzmilane, Wespenbussarde und Spechte wurden hier gesichtet.

Südlich von Nackenheim verlasst ihr den breiten Strom und fahrt am Fuße der Weinberge entlang bis ↗ **Nierstein.** In dem alten Weinbauort bieten sich genug Möglichkeiten zum Einkehren.

Picknick- & Grillplätze

Grillplatz im Hartenbergpark: Minigolfclub, © 06131/387073. Mit Hütte, Grillroste. Bus 64, 65, 68 bis Hartenbergpark.

Grillplatz Alte Ziegelei: Alte Ziegelei, 55116 Mainz-Bretzenheim. Handy 0176/24607019. www.mainz.de. Bus 57, 70, 71, 74 bis Albert-Stohr-Straße. **Infos:** Vermieter: Herr Piccin, © 06131/2630226. Grillroste könnt ihr an der ↗ Alten Ziegelei ausleihen.

Grillplatz Sandkaute Drais: OV Drais, © 06131/940991. 55116 Mainz-Drais. www.mainz.de. **Lage:** Drais, Felder Richtung Lerchenberg. Bus 54, 55 bis Ober-Olmer-Straße. Es gibt zwei Parkplätze. Saison Mai – Okt, Reservierungen ab März möglich. Miete 20 €, Kaution 40 €. Mit

Hütte, bis 22 Uhr erlaubt, für bis zu 25 Pers ausgelegt, Grillroste könnt ihr bei der Draiser Ortsverwaltung ausleihen.

Grillplatz Mainz-Ebersheim: OV Ebersheim, © 06136/4107, 55116 Ebersheim. Bus 67 ab Goetheplatz bis Ebersheim, Senefelderstraße. Am Geflügelzuchtverein gelegen. Mit Hütte. Grillroste können an der Ortsverwaltung Ebersheim ausgeliehen werden.

Grillplatz beim Sportplatz Marienborn: OV Marienborn, © 06131/366631, 55127 Marienborn. Boltzplatz An der Kirschhecke 25. Tram 53, Bus 70 bis Marienborn. Grillroste kann man sich bei der Ortsverwaltung ausleihen.

Grillplatz im Lennebergwald: Forsthaus Lennebergwald, 55116 Mainz. © 06139/370, www.lennebergwald.de. Bus 68, 620 bis Budenheim/Reitschule. **Preise:** 50 € inklusive Holz und WC-Benutzung (barrierefrei), Schulklassen 35 €. Auf der Internetseite gibt es einen Online-Kalender mit den freien Terminen und Möglichkeit der Reservierungsanfrage per eMail. Mit Hütte, Grillroste.

Offenes Grillen ist in Mainz verboten, ihr dürft aber z.B. im Bereich Ingelheimer Auespitze, im Uferbereich Winterhafen und an zwei ausgewiesenen Stellen am Brückenkopf Theodor-Heuss-Brücke grillen. Die Stadtverwaltung bittet im Namen der Anwohner um Verständnis und Beachtung. www.mainz.de.

Erlebnis- & Abenteuerspielplätze

Abenteuerwald und Naturspielplatz Mombach

Landeshauptstadt Mainz, Marcus Hansen, Köppelstraße 14 – 18, 55120 Mainz-Mombach. © 06131/12-2870, www.jugend-in-mainz.de. **Bahn/Bus:** Bus 60, 61, 63, 620 Richtung Mombach bis Eintrachthalle.

▶ Eine kleine Wald-Wildnis ist das: Die Bäume sind teilweise von Efeu umrankt, zahlreiche Sträucher bilden einen Unterholz-Dschungel. Aufregend heimliche Pfade führen hindurch. Hier könnt ihr allerlei kleine Abenteuer unternehmen, durch den Dschungel schleichen, Versteck spielen, Klettern, mit einem Seil von Baum zu Baum schwingen, die

?! *Gerade weil dies ein Naturspielplatz ist, seid ihr nicht allein in diesem kleinen Wald. Viele Vögel und Kleintiere sind hier zu Hause. Stört sie nicht. Auch die Bäume verdienen eine faire Behandlung. Äste abbrechen verletzt sie!*

Wasserpumpe drücken oder auf einem der herumliegenden dicken Stämme balancieren.

Spielen, rutschen, rodeln im Hartenbergpark

Am Judensand, 55122 Mainz-Münchfeld-Hartenberg.
Bahn/Bus: Bus 64, 65, 68 bis Hartenbergpark.

▶ Zu den populärsten Nahausflugszielen der Mainzer Kinder gehört der ausgedehnte Hartenbergpark im „Hamü" über dem Gonsbachtal, wie der Stadtteil Münchfeld-Hartenberg hier kurz genannt wird.
Und hier gibt es viel zu entdecken: den Wasser- und Abenteuerspielplatz, ein Volleyballfeld, eine Seilbahn, Klettergerüste, die steile Hangrutsche, viel Sand, einen Bolzplatz, eine Skateboardanlage, eine Rollschuhbahn, Liegewiese, Tischtennisplatten, eine **Minigolfanlage** sowie eine Grillhütte (Anmeldung beim Minigolfplatz).
Das allergrößte Gedränge herrscht auf dem von Kindern selbst entworfenen **Erlebnisparcours:** Es wird gesprungen, gewackelt, balanciert, gekrochen, gezittert, gelacht und lauthals geschrien.

Das Jugendamt bietet im Hartenbergpark Spiele an und unterstützt Projekte. https://www.jugend-in-mainz.de.

Minigolf im Hartenbergpark, Am Lungenberg 16, Mainz. © 06131/387073. www.mgc-mainz.de. Juli, Aug 11 – 19.30, Apr – Juni, Sep täglich 13 – 17 Uhr (letzter Einlass). 4 €, Kinder 2 €, ermäßigt 3 €.

Abenteuerspielplatz Sertoriusring

Landeshauptstadt Mainz, Marcus Hansen, Sertoriusring, 55126 Mainz-Finthen. © 06131/12-2870, www.jugend-in-mainz.de. **Lage:** Neben Tennishalle Sertoriusring. **Altersempfehlung:** ab 1 Jahr. **Bahn/Bus:** Tram 50 bis Finthen/Römerquelle.

▶ Eigentlich kein Abenteuerspielplatz, aber ein schönes, sonniges Spielgelände, wo ihr viel unternehmen könnt. Er besteht aus zwei Kesseln, auf den hügeligen Rändern stehen viele Bäume. Es gibt Sandkasten, Rutsche, Klettergerüst, eine steile Bergrutsche (Hangseilbahn abgebaut), einen Bolzplatz, eine Skater-Anlage, Tischtennisplatten und viele weitere Spielmöglichkeiten.

Stadt- und Volkspark Mainz

Göttelmannstraße, 55131 Mainz. www.mainz.de. **Bahn/Bus:** Bus 62 bis Volkspark, Bus 64 – 66 bis Zitadellenweg/Bhf röm. Theater (Einstieg Volkspark-Nord). **Zeiten:** Minigolfanlage täglich 11.11 – 17 Uhr, ✆ 0175/2406378. **Preise:** 4 €; Kinder 2 €; Gruppenpreis ab 4 Pers Erw 3,50 €, Kinder 1,50 €.

▶ Der Stadt- und Volkspark, südlich vom Bahnhof Mainz-Römisches Theater oberhalb des Rheins gegenüber der Mainmündung gelegen, bietet mehr als nur Grüngelände für erholsame Spaziergänge. Vor allem gibt es hier vieles, was Kindern großen Spaß macht.

Der südöstliche Teil des Geländes, der **Volkspark**, ist eine große **Spiellandschaft** mit einem vielfältigen Spielplatz: Kletterturm und -netz, Hangelseilbahn, Rutschen, Schaukeln, viel Sand, eine wunderbare Wasserspielanlage mit breiten Kanälen und ein großes Wasserrad sorgen für Spaß an der riesigen Spiel- und Picknickwiese. Außerdem gibt es noch eine Rollschuhbahn, Tischtennisplatten und eine Minigolfanlage. Die **Eisenbahn**, Abfahrt bei der Rollschuhbahn, bringt euch für 1,50 € einmal durch den ganzen Park.

Der **Stadtpark** im Nordwesten dagegen, ist mit seinen alten, hohen Bäumen exotischer Herkunft und breiten kinderwagentauglichen Spazierwegen ein typischer Park. Aber selbst hier gehen Kinder dank einem Teich mit Flamingos und Enten und ein paar Gehegen mit Ziegen und Pfauen nicht leer aus.

?! *Der Flamingo ist eigentlich ein farbloser, nämlich weißer Vogel. Aber so wie Babys vom Karottenbrei essen orange werden, passiert es auch den Flamingos: Sie verputzen haufenweise rote Garnelen und werden davon rosa.*

Gartenlokal Favorite-Parkhotel, Karl-Weiser-Straße 1, Mainz. ✆ 06131/801575. www.favorite-mainz.de. Mai – Sep bei schönem Wetter Mo – Fr ab 16 Uhr, Sa, So, Fei ab 11 Uhr. Restaurant mit Biergarten im **Stadtpark**.

pmv Öko-Tipp!

Die Stadt unter die Lupe genommen

Geographie für Alle e.V. – Stattreisen Mainz, Johann-Joachim-Becher-Weg 21, 55099 Mainz. ✆ 06131/3925145, www.geographie-fuer-alle.de. **Altersempfehlung:** ab 6 Jahre. **Zeiten:** Büro Mo, Do 15 – 17, Di 16 – 18, Fr 12.30 – 13.30 Uhr. **Preise:** öffentliche Führung 7 €; Schüler und Azubis 5 €; Kinder- und Jugendführung für

Macht an eurem **Geburtstag** eine Stadtrallye, wo ihr spannende Aufgaben lösen müsst!

12 Pers 65 € für 2 Std. **Infos:** alljährliches Programmheft.

▶ Der Verein wurde 1994 von Studenten und Mitgliedern des *Geographischen Instituts* der Uni Mainz gegründet, um Wissenschaft und Geschichte anschaulich zu machen. Seine Spezialität sind erlebnisreiche Natur- und Kulturerkundungen in Mainz, Wiesbaden und Frankfurt. Es gibt Angebote speziell für Familien und Kinder bzw. Schülergruppen. Bei den Aktionen entdeckt ihr spielerisch die Natur mit allen Sinnen, geht auf Waldexpedition (ab 8 Jahre, in Gonsenheim) oder erforscht Mainz. Auf der Stadtrallye geht ihr auf Gangsterjagd quer durch die City (ab 6 Jahre), flitzt durch Geschichte und Geografie (ab 10 Jahre) oder erforscht das römische, jüdische oder französische Mainz (ab 11 Jahre). Bei der Umweltrallye entdeckt ihr Mainz mit allen Sinnen, also auch mit der Nase (6 – 10 Jahre).

Fundstücke: Wie ein kleines Kunstwerk liegen sie auf der Rinde

© Geographie für Alle

pmv Öko-Tipp!

Naturgenuss & Freizeitspaß mitten im Rhein: Insel Rettbergsaue

Freizeitgelände Rettbergsaue Biebrich und Schierstein, 65203 Mainz. ✆ 0611/24551 (Rettbergsaue Biebrich), 24508 (Schierstein). www.rettbergsau.de. **Lage:** Der Treppenabgang von der Schiersteiner Rheinbrücke zur Rettbergsaue ist wegen des Brückenbaus gesperrt! Der Fuß- und Radweg zwischen Wiesbaden und Mainz kann genutzt werden. Der Verbindungsweg zwischen den Freizeiteinrichtungen Rettbergsaue Biebrich und Rettbergsaue Schierstein ist gesperrt! Deswegen entscheidet euch vor der Fährfahrt, welche der beiden Einrichtungen ihr besuchen wollt. **Kinderwagen geeignet:** ja. **Bahn/Bus:** Bus 9 ab Mainz Hbf bis Schloss Biebrich oder Schiersteiner Brücke (WI). **Fähre Tamara** Schierstein Hafen – Rettbergsaue Schierstein – Freizeitgelände Biebrich – Biebrich, Ende April – Mitte Sep, in den hess. Ferien täglich 9 – ca. 18 Uhr, Sa, So bis ca. 19 Uhr. Erw 4 €, Kinder bis 16 Jahre 2 €, Kinderwagen 1 €, Bollerwagen mit Zelt und Grill 3 €, www.tamara.rettbergsau.de. **Auto:** Die Insel ist autofrei. **Preise:** freier Eintritt zur Insel. **Infos:** Aus Naturschutzgründen sind Hunde nicht erlaubt, Informationen unter: mattiaqua, ✆ 0611/318078.

▶ Zwischen Mainz und Wiesbaden liegt im Rhein die **Rettbergsaue.** Große Teile dieser 68 ha großen, 3 km langen und bis zu 300 m breiten Insel, die teilweise von Auwald bedeckt ist, stehen seit 1978 unter Naturschutz. Ehemals landwirtschaftlich genutzte Flächen sind heute sich selbst überlassen. Dank dieser Entscheidung leben wieder viele unterschiedliche Vogelarten hier. So ist der Nachtigallenbestand ungewöhnlich dicht und es existiert eine Graureiherkolonie. Zu der schützenswerten Vogelwelt der Insel gehören ferner der Schwarz- und der Rotmilan, die Hohltaube, der Kleinspecht und der Pirol, die alle auf der **Roten Liste** stehen.

Die Rettbergsaue ist zugleich ein stark besuchtes **Freizeitgelände.** Es gibt prima Sandstrände (Baden im Fluss ist aber verboten!), zwei Campingplätze, je einer auf der Ost- und Westseite, Grill- und Spielplätze und auf der Westseite ein Lokal.

Mit dem Neubau der Schiersteiner Brücke ist ein unter der Brücke aufgehängter 2,5 m Geh- und Radweg installiert worden, der Biebrich, die Rettbergsaue und Mainz-Mombachmiteinander verbindet.

Insel Café auf der Rettbergsaue, Schiersteiner Seite, Wiesbaden-Schierstein. ✆ 0611/9279898. Mai – Okt täglich 11 – 19.30 Uhr außer bei schlechtem Wetter. Pommes, Curry-Wurst & Co, Kaffee, Kuchen, Eis, urig, mit Spielgeräten für Kinder, kostenpflichtiges WC.

?! *Auf der* ***Roten Liste*** *sind alle vom Aussterben bedrohten Arten von Tieren und Pflanzen eingetragen. Sie stehen damit unter besonderem Schutz.*

Klettern & Eislaufen

Hier könnt ihr bouldern

Blockwerk in der alten Waggonfabrik, Hauptstraße 17 – 19, 55120 Mainz-Mombach. ✆ 06131/2500927, www.blockwerk.info. **Altersempfehlung:** Kurs ab 6 Jahre, ab 14 Jahre ohne erwachsene Aufsicht. **Bahn/Bus:** RE, RB, Tram 50, 51 bis Turmstraße, Bus 62, 71 bis Waggonfabrik, Bus 60 – 63 bis Zwerchallee. **Preise:** 11 € für einen Zeitslot; Kinder 6 – 13 Jahre 7,50 €; Verleihgurt 2,50 €, Leihschuhe 3,50 €. **Infos:** Nur mit Terminbuchung.

Mit Händen und Füßen: So geht bouldern. Natürlich seid ihr gesichert
© Annette Sievers

▶ In toller Industrie-Atmosphäre können sich im Blockwerk in der alten Waggonfabrik in Mombach Anfänger, Fortgeschrittene und Profis an den Wänden hochziehen. Kinder ab sechs dürfen hier bouldern. Wenn ihr unter 14 Jahre alt seid, müsst ihr aber einen Kurs besuchen oder schon einen Boulder-Führerschein erworben haben.

Klettern in Bretzenheim

Sporttreff Mainz-Bretzenheim GmbH, Hans-Böckler-Straße 114 – 116, 55128 Mainz-Bretzenheim. ✆ 06131/362222, www.sporttreff-mainz.de. **Altersempfehlung:** ab 8 Jahre. **Bahn/Bus:** Bus 75, 650 bis Vor der Frecht, Tram 51, 53, Bus 57, 74 bis Hans-Böckler-Straße/Die Johanniter. **Zeiten:** Kinderklettern Anfänger Mo und Do 17 – 18 Uhr, Fortgeschrittene 18 – 19 Uhr. **Preise:** 8 €; Kinder 5 €. **Infos:** Verleihgurt 2,50 €.

♫ Feiert hier kletternd euren **Geburtstag**. 1,5 Std, 9 €.

▶ Im Sporttreff im Stadtteil Bretzenheim könnt ihr an der 10 m hohen Kletterwand das Klettern von der Pike auf lernen. Auch Erwachsene können für 30 € zweistündige Einführungskurse buchen.

Winterwelt auf der Laubenheimer Höhe

Hofgut Laubenheimer Höhe, Anja und Christian Barth, Auf der Laubenheimer Höhe 1 – 3, 55130 Mainz. ✆ 06131/622260, www.hofgut-laubenheimer-hoehe.de. **Zeiten:** Mitte Nov – Anfang Feb Mi – Fr ab 14, Sa, So ab 11 Uhr, Sa ab 18 Uhr Eisdisco. **Preise:** 4,50 €; Kinder bis 12 Jahre 3 €. **Infos:** Schlittschuhverleih 5 €.

▶ Im Winter stellt das Hofgut Laubenheimer Höhe die höchstgelegene Eisbahn im Rhein-Main-Gebiet auf. Hier könnt ihr im Hof unter freiem Himmel auf 500 qm Schlittschuh laufen oder Eisstock schießen üben. Samstags könnt ihr ab 18 Uhr auch zur Eisdisco kommen.

Auf kalten Kufen

Eishalle am Bruchweg, Dr.-Martin-Luther-King-Weg 19, 55122 Mainz. ✆ 06131/320050, www.eishalleam-bruchweg.de. **Lage:** hinterm Fußballstadion. **Bahn/Bus:** Bus 64, 65, 68 Richtung Mombach bis King-Park-Center/Bruchwegstadion. **Zeiten:** Sep – April Mo – Di 9 – 15.30 Uhr, Mi – Do 9 – 17, Fr 13 – 19, Sa 10.30 – 17.45 und 19.30 – 24 Eisdisco, So 10.30 – 18 Uhr (14 – 16 Uhr Familiennachmittag mit Musik), an Fei andere Laufzeiten. **Preise:** 7,50 €, Disco 8 €, 11er-Karte 75 €, Saisonkarte 280 €, Abendlauf mit Musik 8,50 € pro Pers, Familiennachmittag mit Musik 7,50 €; Kinder und Jugendliche unter 18 Jahre sowie Studenten 6,50 €, 11er-Karte 65 €, Saisonkarte 220 €; Mi Familientag ab 13 Uhr (nicht in den Ferien und an Feiertagen) 4,50 € pro Pers; Schulklassen Mo – Fr 9 – 12 Uhr 5 €, Anmeldung unter ✆ 06131/320050. **Infos:** Schlittschuhe ausleihen 5 €, Personalausweis als Pfand hinterlegen, für Schulklassen 3 € pro Person, Schlittschuhe schleifen 7 €.

▶ Die Mainzer Eissporthalle ist 30 x 60 m groß – viel Platz, um wie der Wind über die Eisfläche zu fegen oder elegante Pirouetten zu drehen. In der Halle trainieren 11 Vereine und zwar in den Sportarten Eishockey, Eiskunstlauf, Eistanz, Eisschnelllauf und Eisstockschießen.

Im Sommer gibt es auf der Laubenheimer Höhe dann die **Kinderwelt** mit Hüpfburg, Rutsche, Ponys und Holzspielplatz.

Hofgut Laubenheimer Höhe, Mainz. ✆ 06131/622260. www.hofgut-laubenheimer-hoehe.de. Kinderpunsch und Glühwein an der Hütte bei der Eislaufbahn sowie zünftig-geschmackvolle Einkehr und Eventlocation.

MAINZ: WISSEN & KULTUR

MEISTER, MUSEN, MUSIKER

Mainz ist die Hauptstadt von Rheinland-Pfalz. Mit über 217.000 Einwohnern ist sie zudem die Hauptstadt von Rheinhessen. Ihre hübsche Altstadt wird von dem großen Dom aus rotem Sandstein überragt. Davor liegt der Marktplatz, auf dem die großen Feste gefeiert werden, der Wochenmarkt zu Hause ist und vier Adventswochen lang der Weihnachtsmarkt für festliche Stimmung sorgt. In Deutschland ist Mainz als Fastnachtshochburg bekannt. Doch hält Mainz das ganze Jahr über ein vielfältiges Kultur- und Kindertheaterprogramm bereit, und in den Museen wird viel mit Kindern unternommen.

... mmh, wie das riecht!
In der Druckwerkstatt des Gutenberg-Museums dürft ihr Hand anlegen

MEINE LIEBLINGSTIPPS FÜR MAINZ: WISSEN & KULTUR

Als Autor eines gedruckten Buches schwärme ich selbstverständlich für alles, was mit der Druckkunst zu tun hat. Das Gutenbergmuseum, aber vor allem die Druckwerkstatt kann ich euch daher nur wärmstens empfehlen. Das Naturhistorische Museum ist mein Favorit, weil es hier für alle Altersklassen Interessantes zu entdecken gibt. Wer sich für die alten Römer interessiert, kommt am Museum für Antike Schifffahrt mit seinen großartigen Schiffsnachbauten und Originalen nicht vorbei. Mainz-Kastel darf beim Thema Zitadelle nicht fehlen, denn die Bastion auf der anderen Rheinseite gehörte einst dazu. Spannend sind die ober- und unterirdischen Stadtführungen. Beeindruckt war ich vom Innenleben des ZDF. Theater und Feste für Kinder gibt es jede Menge, ganz oben stehen die Angebote in der Alten Ziegelei und der Kinderfastnachtszug.

Der *Mainzer Kinderstadtplan* enthält für Kinder interessante und wichtige Plätze und Einrichtungen – Spielplätze, Schwimmbäder, Kinder- und Jugendzentren für alle Stadtteile. Unter www.jugend-in-mainz.de/kinderstadtplan.html könnt ihr den Plan herunterladen.

Am Schluss des Buches findet ihr einen *Stadtplan*, den pmv für euch mit allen genannten Aktivitäten extra gezeichnet hat.

Schlösser, Burgen & Bastionen

Das rote Schloss entdecken

Kurfürstliches Schloss Mainz, Diether-von-Isenburg-Straße 1, 55116 Mainz. www. mainz.de. **Bahn/Bus:** Bus 6, 9, 54 – 58, 70, 71 bis Landtag.

▶ Kommt ihr über die **Theodor-Heuss-Brücke** nach Mainz hinein, empfängt die Stadt euch gleich mit einem seiner schönsten Bauwerke: dem Kurfürstlichen Schloss. Es wurde im 17. und 18. Jahrhundert erbaut und einst lebten dort, in dem reich verzierten Schloss, Erzbischöfe und Fürsten. Wohnen tut dort mittlerweile niemand mehr, doch alljährlich findet im Großen Saal die beliebte Fernsehfastnachtssitzung „Mainz bleibt Mainz wie es singt und lacht“ statt. Ansonsten befindet sich in dem roten Sandsteinbau ein Kongress- und Veranstaltungszentrum. Also gar nichts für euch? Doch schon. An heißen Sommertagen oder lauen Abenden könnt ihr im **Biergarten** der kleinen Mainzer *Eulchen-Brauerei* ein Getränk und Snacks gönnen. Manchmal gibt es hier auch Live-Musik.

Streifzug durch die Festung: Mainzer Zitadelle

Initiative Zitadelle Mainz e.V. (IZM), Windmühlenstraße, 55131 Mainz. www.zitadelle-mainz.de. **Bahn/Bus:** S 6, 8, Bus 64 – 66 bis Bhf Röm. Theater, Bus 70, 71 bis Eisgrubweg. **Zeiten:** Gelände frei zugänglich, öffentliche Führung April – Okt jeden 1. Mi 18 Uhr, 1,5 Std mit unterirdischen Gängen. **Preise:** öffentl. Führung 7 €, Kostümführung z.B. 9 €; Kinder bis 14 Jahre 3,50 €, Kostümführung 5 €.

▶ Auf dem Gelände der Mainzer Zitadelle könnt ihr wirklich einiges tun und erleben. Habt ihr euch beispielsweise schon das ↗ **Stadthistorische Museum** angesehen? Oder wart ihr schon mal auf dem jährlich stattfindenden ↗ **Open-Ohr-Festival?**

TECHNIK & GESCHICHTE MIT M. MAU

@ Auf www.mainz-congress.de könnt ihr euch jeden der prächtigen Säle des Schlosses in einem 360-Grad-Rundgang anschauen.

Ihr könnt auch einfach irgendwo auf dem riesigen Gelände der Zitadelle eine Picknickdecke ausbreiten und Wikingerschach oder ein anderes Spiel spielen.

Café Citadelle im Gebäude D, Am 87er Denkmal, Mainz. 0176/84813447. https://citadelle.gpe-mainz.de. Sonntagsbrunch, Mittagessen, Mainzer Tapas.

Und ist euch schon der **Drususstein** vor dem Museum aufgefallen? Das ist ein 20 m hoher Turm, der im Jahre 9 n. Chr. vom römischen Heer zu Ehren ihres Feldherrn *Drusus,* einem Bruder des Kaisers, errichtet wurde. Drusus war auf einer Expedition von Germanen getötet worden. Der Turm steht exakt dort, wo die Römer ihn von 1900 Jahren einzementiert haben.

Außerdem könnt ihr in **Führungen** von April bis Oktober auch die unterirdischen Gänge ansehen oder euch von Julchen auf einer Kostümführung allerhand über Römer, Räuber und Revoluzzer erzählen lassen. Am *Tag des Denkmals* (2. So im Sep) dürft ihr sogar durch Kasematten, also die beschusssicheren Räume der Zitadelle, gehen.

Die Reduit

Museum Castellum & Flößerzimmer in der Bastion von Schönborn, Gesellschaft für Heimatgeschichte Kastel e.V., Rheinufer 12, 55252 Mainz-Kastel. © 06134/3763, 6763. www.museum-castellum.de. **Lage:** in der Reduit. **Bahn/Bus:** RE, S1, 9, Bus 28, 54 – 58 bis Bhf Mainz-Kastel. **Zeiten:** März – Nov So 10.30 – 12.30 Uhr, weitere Öffnungszeiten ↗ Webseite, Flößerzimmer wie Restaurant. **Preise:** Eintritt frei. **Infos:** Gruppenführung nach Vereinbarung.

?! *Le reduit kommt aus dem Französischen, heißt im Deutschen also korrekt „der Redui". Gemeint ist damit ein besonders stark befestigtes Bollwerk innerhalb einer Festung.*

▶ **Die Reduit,** wie man hier grammatikalisch falsch zu der alten Verteidigungsanlage sagt, liegt am Brückenkopf auf der anderen Rheinseite – und damit schon auf Wiesbadener Gebiet. Sie wurde 1830 vom Mainzer Kurfürsten Johann Philipp von Schönborn errichtet, um die Brücke und das Hinterland zu schützen.

In der Reduit gibt es zwei Ausstellungsorte: Das **Museum Castellum** zeigt Funde aus der Geschichte des Stadtteils von der Römerzeit über mittelalterliche Waffen samt einer Ritterrüstung bis zu einer alten Druckerwerkstatt. Im Fastnachtskabinett sind Fastnachtskostüme zu sehen. Schwerpunkt ist

jedoch die militärische Vergangenheit der Bastion. Lebensgroße Puppen tragen Uniformen aus der nachnapoleonischen Ära bis zur GI-Kluft von 1945 – eine museumspädagogische oder kritische Aufarbeitung dazu fehlt allerdings.
Im Obergeschoss des Schönborn-Restaurants könnt ihr euch im **Flößerzimmer** umsehen. Kastel war 400 Jahre lang ein wichtiger Standort für die Flößerei. Hier wurden die Holzstämme, die über den Main aus dem Steigerwald und über den Rhein aus dem Odenwald kamen, für den Transport nach Holland formiert. Bis zu 220 m lang und 62 m breit konnten die Flöße sein! Die Arbeit auf den Baumstämmen war schwer und gefährlich.

Bastion von Schönborn, Rheinufer 12, Mz-Kastel. © 06134/21086-0. www.bastion-von-schoenborn.de. Täglich ab 11 Uhr. Mit Flößer-Zunftstube, Terrasse und Garten mit Blick auf den Rhein und Mainz. Strandbar **Kasteller Strand** März – Okt mit Liegestühlen und Sand zwischen den Zehen.

Museumsschätze

Die große Kunstschatzkammer der Region: Landesmuseum Mainz

Große Bleiche 49 – 51, 55116 Mainz. © 06131/28570, 285725 (Info-Band). www.landesmuseum-mainz.de. **Barrierefrei:** ja. **Bahn/Bus:** Ab Hbf West Bus 6, 64, 65, 78 Richtung Wiesbaden oder Weisenau bis Bauhofstraße. **Zeiten:** Di 10 – 20, Mi – So 10 – 17 Uhr. **Preise:** Dauerausstellung 6 €; Kinder bis 6 Jahre frei, ab 7 Jahre 3 €; Ermäßigungen für Azubis, Studierende, Rentner, Arbeitslose und Schwerbehinderte, Familienkarten. **Infos:** Führungen auch für Sonderausstellungen, Termine im Monatsprogramm, ↗ Internet, Blinde können sich Tastbücher leihen.

▶ Das Landesmuseum gehört zu den ältesten Museen in Deutschland. Es ist mehr als 200 Jahre alt und besitzt eine riesige Sammlung von Kunstschätzen aus frühester Siedlungszeit bis in die Gegenwart. Es gibt zahlreiche Stationen, wo ihr Exponate anfassen und damit arbeiten/spielerisch umgehen dürft (Markierung „Hands on"). Und auf den zahlreichen Bildschirmen der Infopoints ist extra ein Bereich für

Ihr könnt eure **Kindergeburtstage** ab 5 Jahre hier kreativ feiern. Bastelt mit Mosaik, Speckstein, Gipsarbeiten, Metallfolien, Laubsägen und mehr. Für 10 Kinder, Dauer 2 Std, 70 € plus Materialkosten.

Und, wie riecht das? Bei den Kinderführungen macht ihr eure eigenen Erfahrungen
© Landesmuseum Mainz

Kinder („Junior“) eingerichtet.
Die über mehrere Stockwerke verbreitete riesengroße Dauerausstellung zeigt Frühes, Hohes und Spätes Mittelalter (ab 6., 11. sowie 13. Jahrhundert), Renaissance (ab 1500), Niederländische Malerei, Mainzer Barock, Goethezeit und Biedermeier, Romantik und Historismus, Zeugnisse jüdischen Lebens in und um Mainz, Graphiken vom 16. – 20. Jahrhundert, Kunst um 1900, Jugendstil und Kunst der Moderne. Da ist selbstverständlich vieles zu sehen, was auch Kinder interessiert. Eltern haben es angesichts der Fülle schwer für einen individuellen Besuch eine Auswahl zu treffen. Zum Glück gibt es da ja noch die betriebsamen Museumspädagogen mit ihrem breiten Programm.
Etwas ganz Besonderes bietet der große **zeitRAUM.** Dort sind zehn Stationen zu ausgewählten Epochen der Kultur vom Frühen Mittelalter bis zur Gegenwart aufgebaut, die sich auf die ständige Ausstellung – gelegentlich auch Sonderausstellungen – beziehen. Dazu gibt es kurze Texte und Fragen, für die Material bereitsteht. So könnt ihr an der Station „Stadtluft macht frei“ mit Hilfe eines Bildes und zahlreicher Klötzchen die große mittelalterliche Stadt Mainz bauen. Dieser interaktive Erlebnisraum ist stets zugänglich, es sei denn er ist von Familien überfüllt oder von Gruppen belegt.
Zum umfangreichen Programm der Museumspädagogen gehören Veranstaltungen für Kindergärten und Schulen aller Gattungen sowie Kinder und Familien.

Eine weitere Besonderheit: Das **Offene Atelier – Mitmachwerkstatt** (ab 6 Jahre) jeden 2. Di 16 – 17.30 Uhr, Ausstellungseintritt plus 1 €.

Määnzer Kokolores

Mainzer Fastnachtsmuseum, Neue Universitätsstraße 2, 55116 Mainz. ✆ 06131/1444071, www.mainzer-fastnachtsmuseum.de. **Bahn/Bus:** Bus 6, 6A, 54 – 57, 60 – 65, 71, Tram 50, 52 bis Münsterplatz. **Zeiten:** Di – So 11 – 17 Uhr. **Preise:** 2,50 €, ab 5er-Gruppe 1,50 €; Kinder bis 14 Jahre und Ermäßigte 1,50 €; Schulklassen frei (nach Terminabsprache). **Infos:** Öffentliche Führungen jeden Do 14 – 16 Uhr und jeden 2. Sa im Monat 11 – 13 Uhr nach vorheriger Anmeldung, für Gruppen auch nach Absprache, Faltblatt vorhanden.

▶ Reich illustriert und mit Infotafeln gespickt könnt ihr hier 160 Jahre Geschichte der Mainzer Fastnacht bestaunen. Interessant, dass im Geburtsjahr der institutionalisierten Fastnacht 1837 der Kampf für bürgerliche Freiheiten im Vordergrund stand – und nicht Klamauk, wie es heutzutage verbreitet ist. Natürlich ist hier alles versammelt, was in den Fremdensitzungen und auf dem Rosenmontagszug das bunte Treiben bestimmt: Narrenkappen und Zepter, Gardeuniformen und Kostüme, Orden, Schwellköpfe und den ganzen anderen „Kokolores" (Unsinn). Lustig ist das alles anzusehen. Ihr könnt an DVD-Türmen an den Bildschirmen sogar berühmten Fastnachtsstars von einst wie Ernst Neger, von dem das Lied stammt „Heile, heile, Gänschen, …", *Margit Sponheimer* und *Herbert Bonewitz* bei ihrem Vortrag in der Narrensitzung lauschen. Lobenswert, dass in einem separaten kleinen Saal Aufnahmen von Kindermaskenbällen und -fastnachtszügen gezeigt werden.

Wenn Schambes schennt: Das lustige Schimpf-Lexikon erklärt gut 1700 typische Spott- und Gassenwörter aus Rheinhessen und Mainz. So versteht ihr endlich, was die Großen meinen, wenn sie euch Schloofratz nennen. ISBN 978-3-89859-920-7, pmv.

Wilde Welten mit Riesenhai und Urpferd entdecken

Naturhistorisches Museum nhm, Reichklarastraße 1, 55116 Mainz. ✆ 06131/12-2646, 12-2268 (Information). www.mainz.de/nhm. **Altersempfehlung:** ab 4 Jahre. **Bahn/Bus:** Bus 28, 62, 64 – 66, 68, 78 bis Schusterstraße. **Zeiten:** Di – Fr 10 – 17, Sa, So, Fei 10 – 18 Uhr.

Für **Geburtstagskinder** 4 – 12 Jahre gibt es auf euer Alter abgestimmte Abenteuer im Museum. Bei der „Wolf-" oder der „Eiszeit-"Feier könnt ihr zum Beispiel mit euren Gästen basteln oder einen Schatz suchen. Für 10 Kinder und 2 Erw, 2 Std, 90 €, jede weitere Pers 5 €. Buchung martina.kracht@stadt.mainz.de. ✆ 06131/122913.

Preise: 5 €; Kinder 3 – 18 Jahre 3 €; Familientageskarte 12,50 €, Gruppen ab 10 Pers jeweils 3 €. **Infos:** Jeden Sa „Naturspürnasen" nach vorheriger Anmeldung, ab 3,50 €, 10 und 11 Uhr, Anmeldung ✆ 06131/ 122268, außerdem wechselndes Kinder- sowie Ferienprogramm ↗ Webseite.

▶ Das Naturhistorische Museum in Mainz ist nicht nur das größte naturkundliche Museum des Bundeslandes, sondern darüber hinaus auf den Wissensdurst von Kindern eingestellt. Es präsentiert eine riesengroße Sammlung von Fossilien und ausgestopften Tieren aus vier Erdzeitaltern, die in RLP durch Fossilien gut dokumentiert sind: **Devon** präsentiert das Urmeer, das vor 400 Mio Jahren Rheinhessen bedeckte. Aus jener Zeit stammen in Schiefer eingebettete Tierreste von Trilobiten und Seesternen. Dann, vor rund 300 Mio Jahren, herrschte ein trockenheißes Klima, das **Perm** mit seinen roten Gesteinen, den *Rotliegenden,* in denen Abdrücke von Panzerlurchen und Riesensalamandern zu sehen sind. In der **Erdneuzeit** entstanden unsere Kontinente und Gebirge, die Pflanzen- und Tierwelt entwickelte sich, die Dinosaurier starben aus. Aus allen vier großen Zeitabschnitten jener Epoche seht ihr Präparate und Tierfunde. Beispielsweise das Urpferdchen, das vor 45 Mio Jahren in der Eifel lebte. Oder Haie aus den tertiären Meeren vor 35 – 18 Mio Jahren, die so groß waren wie der weiße Hai. In Rheinhessen sind bis heute Zähne der 23 verschiedenen Haiarten jener Zeit zu finden. Und schließlich eine Vielzahl an Tierresten aus dem Eiszeitalter, das riesige Tiere hervorgebracht hat wie Mammute und Riesenhirsche. Das klingt nach einer Menge Stoff – am besten, ihr kommt immer wieder mal hierher, um alles in Ruhe kennen zu lernen.

Am Anfang steht der Saal **Heimische Tiere** im 2. Obergeschoss. Da lernt ihr nach der Gliederung der Ausstellung in „Wiese und Feldgehölze", „Feuchtgebiete" und „Wald" einerseits, andererseits in „Er-

Unter die Lupe genommen: Im Naturhistorischen Museum
© Naturhistorisches Museum

folgreiche Einwanderer", „Tiere, die sich an den Menschen gewöhnt haben" sowie „In RLP vom Aussterben bedrohte Tiere" viel Neues.
Als Nächstes nehmt ihr euch den **Vogelsaal** vor, wo ihr den Urvogel, den Archäopteryx, seht und allerlei über Falken, Seeadler, Bartmeisen usw. erfahrt. In der ebenfalls sehenswerten **Insektenausstellung** im 2. Zwischengeschoss gibt es Grillen, Vogelspinnen und ein Bienenvolk zu sehen.

Das **Erdgeschoss** mit den spektakulären Funden im subtropischen Mainzer Becken vor 35 Mio Jahren ist etwas für schon etwas kundigere Kinder, die sich einen Dschungel am Rhein vorstellen können. Hier fand man das Skelett einer Seekuh, Nashornfossilien, Quagas, eine ausgestorbene Zebraart, von denen es nur wenige ausgestopfte Exemplare gibt, das Mammutbaby Dina, das Budenheimer Nashorn und ein paar Urpferdchen-Reste.

Die Ausstellungen sind ansprechend gemacht, sodass keine Langeweile aufkommt. Die **Museumspädagoginnen** bieten außerdem ein spannendes naturkundliches Programm. Informiert euch auf deren ↗ Webseite über die aktuellen Veranstaltungen für Kinder und Familien.

café blumen, Große Bleiche 60 – 62, Mz. ✆ 06131/ 4944412. www.cafe-blumen.de. Mo – Sa ab 9, So ab 10 Uhr. Kleines Bistro mit hausgemachten Kuchen.

Römische Schiffe auf dem Rhein

Museum für Antike Schifffahrt (MusAS), Neutorstraße 2b, 55116 Mainz. ✆ 06131/9124, 9124-170 (Führungen). www.rgzm.de. **Lage:** Zwischen Südbahnhof und Rhein.

Kindergeburtstag mit Floßbauen oder Schatzsuche, ab 6 Jahre, max. 10 Kinder, 2 Std, 70 €.

Römisch-Germanisches Zentralmuseum, www.rgzm.de. Der Neubau des großen archäologischen Museums nahe dem MusAS wird voraussichtlich 2024 fertig. Bis dahin gibt es Veranstaltungen für Familien, ↗ Webseite.

?! Aus römischen Inschriften geht hervor, dass es in Mogontiacum (Mainz) Werften gab, jedoch ist nicht klar, wo sie sich befanden oder wo der Hafen lag.

Barrierefrei: ja. **Bahn/Bus:** Ab Hbf West Bus 64, 65, ab Hbf S 6, 8, RB 31, 75 bis Bhf Römisches Theater. **Zeiten:** Di – So 10 – 18 Uhr. **Preise:** Eintritt frei. **Infos:** Führungen nach Vereinbarung.

▶ Das 1994 gegründete Museum ist in der ehemaligen Markthalle untergebracht. Der Anlass für die Gründung war, dass 1981 bei Ausschachtungsarbeiten Reste römischer Schiffe aus dem 4. Jahrhundert gefunden wurden. Die Schiffe waren so gut erhalten, weil sie in der rheinnahen, feuchten Erde luftdicht konserviert waren.

Zwei Schiffe wurden in Originalgröße nachgebaut. An diesen könnt ihr nicht zuletzt auch dank der verständlichen Infos wunderbar studieren, wie diese Schiffe, ihre Ruder, Steuer, Anker und Segel aussahen und wie das alles funktionierte. Aber auch die Überreste der insgesamt sechs Originalschiffe sind zu sehen.

Um eine hohe Geschwindigkeit zu erzielen, wurden die Kriegsschiffe der Römer gerudert und waren gewöhnlich auch mit einem Segel ausgestattet. Sie waren zur Sicherung der Seewege und Schifffahrtsstraßen im Einsatz.

Handelsschiffe, die auf den Meeren unterwegs waren, wurden fast ausschließlich gesegelt, in Binnengewässern wurden sie auch getreidelt, gerudert oder gestakt. Die größten uns bekannten Frachter konnten bis zu 10.000 Amphoren befördern.

Texte, Abbildungen und zahlreiche Ausstellungsstücke zeigen euch diese Technik und Größe der Boote und Schiffe genau. Da möchte man gleich selbst zum Seefahrer werden.

Streifzug durch die Mainzer Stadtgeschichte

Stadthistorisches Museum Mainz, Lutz Luckhaupt, Zitadelle, Bau D, 55131 Mainz. ✆ 06131/629637 (wenn geöffnet), www.stadtmuseum-mainz.de. **Bahn/Bus:** S 6, 8, Bus 64 – 66 bis Bhf Röm. Theater, Bus 70, 71 bis

Eisgrubweg. **Zeiten:** Fr 14 – 17, Sa, So 11 – 17 Uhr, Gruppen und Führungen nach Vereinbarung, barrierefreier Zugang. **Preise:** 3 €; Kinder unter 6 Jahre frei; Schüler, Studenten 1,50 €, Familienkarte (2 Erw, alle Kinder) 5 €, Gruppen mit Führung ab 50 €.

▶ Das Museum für Stadtgeschichte ist neben städtischen Ämtern in der Zitadelle untergebracht, die zwischen 1655 und 1661 zur besseren Verteidigung der Stadt gebaut wurde. Das Museum zeigt in seiner vierteiligen Dauerausstellung 2000 Jahre Mainzer Geschichte.

Die Ausstellung **Mainz von den Anfängen bis zur Gegenwart** bietet mit zahlreichen schönen Bildern und kurzen Erläuterungen eine Zeitreise durch die Stadtgeschichte.

Die Ausstellung **Magenza – 1000 Jahre jüdisches Mainz** berichtet davon, dass Mainz einst ein Zentrum jüdischer Kultur war. Lange bevor es christliche Universitäten gab, konnten Mainzer Juden schon im 11. Jahrhundert die *Jeschiwa,* eine Hochschule zum Studium der heiligen Schriften, besuchen. Dann wurde die Gemeinde von Christen zerstört, doch 1220 fand hier eine berühmte Rabbinerversammlung statt, bei der die Hauptgemeinden Speyer (SCH), Worms (U) und Mainz (M) sich zu einem Bund zusammenschlossen – die SCHUM-Städte wurden 2021 UNESCO-Welterbe. Wünschen wir ihnen weiterhin *Masel tov* (viel Erfolg)! Die Ausstellung zeigt zudem, dass die Juden bis 1792 nur in ihnen zugewiesenen Straßen wohnen durften. Und auch die Zeit der Verfolgung und des Grauen des Völkermordes während der Nazizeit wird dargestellt. Der Text der Infotafeln ist lang und anspruchsvoll, deshalb wohl erst für politisch interessierte Kinder ab 12 oder 13 Jahre geeignet, ↗ Worms.

Es gibt ferner eine kleine Ausstellung **Wirtschafts- und Arbeitsleben in Mainz im 19. und 20. Jahrhundert.** Hier bekommt ihr einen Überblick über die Entwicklung der Hauptzweige der Mainzer Wirt-

Für Rundgänge durch Mainz auf der Suche nach Stätten der Judenverfolgung ist der Stadtführer „Auf den Spuren des Nationalsozialismus durch Mainz" sehr nützlich. 3 €, über den Verein für Sozialgeschichte Mainz (✆ 06131/3938309) oder im Buchhandel erhältlich.

?! *Schin (Sch) = SchPIRA = Speyer*
Waw (U) = Warmaisa = Worms, *↗ Worms*
Mem (M) = Magenza = Mainz
https://schumstaedte.de.

M **Neue Synagoge,** Synagogenplatz 1, Mainz. ✆ 06131/2108800. www.jg-mainz.de. Führungen Mo – Do 10 – 16.30 Uhr nach vorheriger schriftlicher Anmeldung über die Homepage, kostenlos, Spenden erbeten. Auf dem Gelände der 1938 zerstörten Hauptsynagoge in der Hindenburgstraße wurde nach Plänen des Architekten Manuel Herz ein neues jüdisches Gemeindezentrum errichtet, das 2010 eingeweiht wurde.

schaft: Möbelindustrie, metallverarbeitende Industrie, Wein- und Sektkellereien sowie Bierbrauereien. Schön, dass nicht nur Technik und Produkte zu sehen sind, sondern auch die Arbeits- und Lebensbedingungen der dort beschäftigten Menschen dokumentiert werden. Ihr seht beispielsweise wie vor 100 Jahren die Arbeiterfamilie am Küchentisch zusammenkam. Samstags wurde mitten in der Küche eine Zinkwanne aufgebaut, in der reihum gebadet wurde, denn es gab keine Badezimmer. An bestimmten Terminen gibt es hier Vorführungen alter Küchengeräte.

Für euch junge Besucher bietet das Museum nun auch die kleine Dauerausstellung **Kinderwelten,** wo unter anderem alte Kinderkaufläden und Puppenküchen zu bestaunen sind. Sehr stolz ist das Museum auf sein schönes, altes Marionettentheater mit einer kleinen Bühne von 1928.

Stadtinfos & -führungen

Eintritt frei mit der mainzcardplus

Mainz Store / Tourist Info am Domplatz, Am Markt 17, 55116 Mainz. © 06131/242888, www.mainz-tourismus.com. **Barrierefrei:** ja. **Bahn/Bus:** Bus 28, 54 – 58, 60 – 66, 68 bis Höfchen/Listmann. **Rad:** Rhein-Radweg, Main-Radweg, Bonifatiusweg. **Zeiten:** Mo – Do 10 – 15.30, Fr, Sa 10 – 18 Uhr. **Preise:** mainzcardplus 12 € für 48 Std; mainzcardplus bis 5 Pers 25 € für 48 Std.

▶ Die **mainzcardplus** bietet zwei Tage lang Vergünstigungen für Kultur, Freizeit, Shopping und Sightseeing, freie Fahrt in allen öffentlichen Verkehrsmitteln in Mainz-Wiesbaden (RMV-Tarifgebiet 65, am eingetragenen und darauf folgenden Kalendertag), freien Eintritt in die Mainzer Museen und der Stadtführung „Goldenes Mainz“.

Mainz oberirdisch

mainzplus citymarketing GmbH, Rheinstraße 66, 55116 Mainz. ✆ 06131/286210, www.mainz-tourismus.com. **Kinderwagen geeignet:** ja. **Barrierefrei:** ja. **Bahn/Bus:** Bus 28, 54 – 58, 60 – 66, 68 bis Höfchen/Listmann. **Zeiten:** Mo – Fr 9 – 18, Sa 10 – 16, So 11 – 15 Uhr, Fei geschlossen. **Preise:** 7 €; Kinder bis 9 Jahre 3 €; Schüler, Studenten 4 €, Rentner 6 €, Familienkarte 15 €. **Infos:** Anmeldungen Stadtführungen unter gaestefuehrung@mainzplus.com.

▶ Das Tourist Service Center bietet vor allem Stadtführungen für Erwachsene an, jedoch können auch Kinder teilnehmen. Genauso verhält es sich mit den thematischen Rundgängen des vielfältigen Programmes „Mainzer Kulturspaziergänge", die zu bestimmten Terminen angeboten werden.

Das goldene Mainz: Sa 15, So 14 Uhr, Mai – Okt auch Di – Fr 14 Uhr, Dauer 1,5 Std;

St. Stephan und Altstadt: Mai – Okt Mo, Fr 13 Uhr, Nov – Apr Sa 14, So 15 Uhr.

Unter den Straßen von Mainz

Mainzer Unterwelten e.V., Rainer Sauer, 55131 Mainz. www.mainzer-unterwelten.de. **Bahn/Bus:** Bus 62, 67, 69, 76 bis Universitätsmedizin. **Altersempfehlung:** ab 9 Jahre. **Zeiten:** Öffentliche Führung „Mainzer Unterwelten von der Befestigung im Barock bis zum Luftschutzraum im Zweiten Weltkrieg" im Fort Josef 1. So im Monat um 14, 15, 17 und 18 Uhr. **Preise:** 12 €/Pers. Private Führungen nach Absprache (Kontaktformular), max 9 Pers/Gruppe 100 €; Schul-/ Jugendgruppen bis 18 Pers 100 €, bei größeren Klassen weitere 9er-Gruppe je 50 €. **Infos:** Treffpunkte sind Fort Philipp sowie Fort Josef und Wasserschlösschen.

▶ Bei einer Stadt, die so alt ist wie Mainz und so oft im Brennpunkt stand, ist eines klar: Hier haben alle möglichen Menschen auch unterirdisch Spuren hinterlassen. Der Verein Mainzer Unterwelten bietet verschiedene Touren durch den Untergrund.

Themen sind:

- Vom Barock bis zum Zweiten Weltkrieg
- Unterwelten und Festungsbauten
- Im Zweiten Weltkrieg
- Unterwelten aus Sicht eines Krimiautors
- Ein Wasserschlösschen in der Unterwelt
- Unterwelten im Kerzenlicht.

@ „Feste feiern nach Mainzer Art“ heißt ein Faltblatt mit Terminkalender, erhältlich im Rathaus. Fest-Infos auch unter www.info-mainz.de.

Bühne, Leinwand & Aktionen

Familien-Jazz-Picknick

Landeshauptstadt Mainz, Marcus Hansen, 55116 Mainz. ✆ 06131/12-2870, www.jugend-in-mainz.de. **Bahn/Bus:** Bus 62 bis Volkspark, Bus 64 – 66 bis Zitadellenweg/Röm. Theater. **Zeiten:** 11 – 14.30 Uhr.

▶ An drei Sonntagvormittagen während der Sommerferien organisiert das Jugendamt ein Familien-Jazz-Picknick im **Volkspark.** Neben Live Jazz gibt es ein vielseitiges Kinderprogramm mit Spielen und allerlei Kreativem. Zum Grillen stehen Roste zur Verfügung.

Staatstheater Mainz

Gutenbergplatz 7, 55116 Mainz. ✆ 06131 /28510, Kinderbetreuung 2851-217. www.staatstheater-mainz.de. Spielstätten: Großes Haus und Deck 3, Gutenbergplatz 7, Kleines Haus, Tritonplatz. **Bahn/Bus:** Bus 28, 54 – 58, 60 – 66, 68 bis Höfchen/Listmann. **Zeiten:** Vorstellungen für Kindern vormittags und nachmittags. **Preise:** ab 9,50 €; Schüler ab 4,75 €. **Infos:** Kartenreservierung ✆ 06131/2851222 Mo – Fr 10 – 19, Sa 10 – 15 Uhr, Theaterpädagoge Mirko Schombert, mschombert@staatstheater-mainz.de.

▶ Zwischen Schillerplatz und Dom steht das zwischen 1829 und 1833 errichtete Staatstheater. Dort, am Gutenbergplatz werden das **Große Haus** sowie das **Glashaus** hoch unter dem Dach bespielt. Am Tritonplatz nebenan findet sich das 1997 errichtete **Kleine Haus** sowie seit 2014 tief unter der Erde die **Studiobühne U17.** *Oper* mit Musiktheater für Kinder ab 6 Jahre, *Schauspiel, tanzmainz, Konzert* sowie das **Junge Staatstheater** *justmainz* bieten einen vielfältigen Spielplan für alle Altersgruppen. Neben zahlreichen Gästen prägen fünf Hausregisseure und ein Hauschoreograf das künstlerische Profil – ebenso wie ein starkes Ensemble bzw. Compagnie.

Es ein vielfältiges Angebot für Kinder jeder Altersstufe: das alljährliche **Weihnachtsmärchen** im Großen Haus, regelmäßige Konzerte für junge Leute sowie in jeder Spielzeit wechselnde Schauspielstücke für Kinder und Jugendliche.

CinéMayence

Im Institut Francais, Schillerstraße 11, 55116 Mainz. ✆ 06131/228368, www.cinemayence.de. **Lage:** Im ersten Stock des Schönborner Hof. **Bahn/Bus:** Tram 50, 52, 53, Bus 54 – 58, 60 – 63 bis Schillerplatz.

▶ Der Name bedeutet auf französisch einfach nur „Kino Mainz“ (mayence = französisch für Mainz). Es hat 99 Plätze und hin und wieder richtig gute Filme, von denen man sonst nicht so viel mitbekommt.

@ Gesamtes Kinoprogramm: www.mainz.de bei Freizeit & Sport unter Kino.

Kinder im KUZ

KUZ Kultur- und Veranstaltungen GmbH, Dagobertstraße 20b, 55116 Mainz. ✆ 06131/242901, www.kulturzentrummainz.de. **Bahn/Bus:** Ab Hbf West Bus 64, 65, ab Hbf S 6, 8, RB 31, 75 bis Bhf Römisches Theater, Bus 60, 61, 63 bis Holzturm/Malakoff-Passage. **Zeiten:** Theater außer Sommerpause So 11 und 15 Uhr. **Preise:** Vorverkauf 7 €, Abendkasse 9 € für Erw und Kinder. **Infos:** Karten erhältlich im KUZ-Büro, Mo – Fr 12 – 16 Uhr. Programm auf Internetseite.

▶ Das KUZ in dem alten Backsteinbau am Rheinufer ist eine hochkarätige Institution in der Mainzer Kulturszene. Die Gründer kamen aus der Alternativ-Bewegung der 70er, davon ist durchaus noch etwas zu spüren. Das Programm ist reichhaltig: viel Live-Musik, Theater, Literatur, Partys, Freilichtkino im Hochsommer. Natürlich bestimmen Jugendliche und Erwachsene die Szene, aber Kinder bleiben keineswegs außen vor. So gibt es hier von der Sommerpause abgesehen immerhin jeden 1. Sonntag im Monat (in der Regel um 11 und 15 Uhr) spannendes Kindertheater. Für die einzelnen Stücke wird jeweils ein Mindestalter festgelegt – meist 4 Jahre, weil sich

?! *Der KUZ-Bau wurde 1888 als Garnisonswaschanstalt für die Reichswehr errichtet. Ab 1932 war hier eine Industrielehrwerkstatt. Das war seinerzeit eine der ersten überbetrieblichen Ausbildungsstätten Deutschlands. 1981 entstand schließlich das Kulturzentrum.*

jüngere Kinder erfahrungsgemäß vor bestimmten Dingen fürchten.

Mainzer Kindertheaterfestival

Landeshauptstadt Mainz, Marcus Hansen, 55116 Mainz. ✆ 06131/122870, www.jugend-in-mainz.de. **Altersempfehlung:** Kinder und Jugendliche 2 – 18 Jahre. **Zeiten:** zwischen Sommer- und Herbstferien, Beginn der Veranstaltungen unterschiedlich zwischen 11 und 17 Uhr. **Preise:** ab 7 €. **Infos:** Programm und Kurzbeschreibung der Stücke auf der Internetseite.

Das ist natürlich auch für Kinder aus dem rheinhessischen Hinterland, dem Rheingau und dem Untermaingebiet ein wunderbares Angebot.

▶ Das Mainzer Kindertheaterfestival ist seit nun 30 Jahren (2022) eine feste Größe in der Mainzer Kinderszene. Es findet alljährlich im September statt. In gut vier Wochen werden circa 40 Vorstellungen für Kinder aufgeführt. Das Spektrum reicht von Klassikern bis zu aktuellen Stücken, die Familienprobleme zum Thema haben. Es werden die unterschiedlichsten Formen von Kinder- und Jugendtheater präsentiert: Menschentheater, Puppen-, Marionetten-, Figuren-, Tanz- und Musiktheater. Manche Stücke sind mit einer Kreativwerkstatt verbunden. Veranstalter ist das *Amt für Jugend und Familie* der Stadt Mainz, Spielstätten sind die Mainzer Kammerspiele, das Staatstheater und die Junge Bühne, der Frankfurter Hof, das Haus der Jugend und das Kujakk in der Reduit. Karten gibt es am jeweiligen Veranstaltungsort und den bekannten Vorverkaufsstellen. Die meisten Veranstaltungen sind schnell ausverkauft.

Theater für Krümel

Mainzer Kammerspiele, Malakoff Passage, Rheinstraße 4E, 55116 Mainz. ✆ 06131/225002, www.mainzer-kammerspiele.de. **Altersempfehlung:** ab 2 Jahre. **Bahn/Bus:** S8 Mainz Römisches Theater, MVG-Bus 60, 61, 73 Holzturm/Fort Malakoff Passage. **Preise:** ab 8 € pro Pers.

▶ Die Mainzer Kammerspiele haben in ihrem breiten Spektrum auch Kindertheater und -musicals anzubieten. Die Stücke für die Allerkleinsten dauern nur etwa 30 Min, Klassische auf die Ohren gibt es für Kinder ab 4 Jahre und im Dezember präsentiert das Mainzer Kinder- und Jugendtheater seine Weihnachtsmärchen für Kinder ab 5 Jahre. Im September und Oktober stehen zahlreiche Vorführungen im Rahmen des Mainzer Kindertheaterfestivals auf dem Programm.

Frankfurter Hof

Mainzplus Citymarketing GmbH, Augustinerstraße 55, 55116 Mainz. ✆ 06131/220438. **Lage:** Im Herzen der Altstadt. **Bahn/Bus:** Bus 28, 54 – 58, 60 – 66, 68 bis Höfchen/Listmann, Bus 64, 65 ab Hbf West Richtung Laubenheim bis Pfaffengasse. **Infos:** Tickets und Informationen unter www.frankfurter-hof-mainz.de und an allen VVK-Stellen.

▶ Auch in dieser Institution des Mainzer Kulturbetriebes mit ihrem breiten Angebot von Klassik bis Comedy, von Theater über Lesungen, Kabarett, Jazz, Rock, Pop und World Musik fällt für Kinder etwas ab. Hier wird regelmäßig Kindertheater aufgeführt. Außerdem engagiert sich der Frankfurter Hof beim alljährlichen Mainzer Kinder Theater Festival im Herbst. Darüber hinaus zieht die Veranstaltungsreihe „Summer in the city“ mit internationalen Stars Musikbegeisterte jeden Alters nach Mainz.

?! *Im Frankfurter Hof wurde 1793 die erste Republik auf deutschem Boden ausgerufen, ein demokratisches Land ohne Kaiser und König!*

Kultur- & Freizeitzentrum Alte Ziegelei

Enrico Piccin (Verwalter), Alte Ziegelei, 55128 Mainz-Bretzenheim. ✆ 06131/331109 (Ziegeleimuseum). Handy 0176/24607019. www.alteziegelei-mainz.de. **Bahn/Bus:** Bus 57, 70, 71 und 652 bis Albert-Stohr-Straße, Bus 70, 71, 74 bis Alte Ziegelei. **Auto:** Parken bei der IGS-Gesamtschule. **Infos:** www.ziegelmuseum-mainz.de, April – Okt So 10 – 13 Uhr, Eintritt frei.

▶ Auf der kleinen **Bühne** werden ab und an Theater und Konzerte von den Abschlussklassen der Schauspielschule veranstaltet. Ferner gibt es in den gut er-

Fahrradwerkstatt CJD Mainz, Alte Ziegelei, © 06131/ 336120. www.cjd-mainz.de. Fahrradausleihe und -werkstatt des CJD. Ein Verband, der Langzeitarbeitslosen hilft.

haltenen Gebäuden der Alten Ziegelei ein für Technikfreunde interessantes **Ziegelmuseum.** Anfang Sep findet immer ein **Ziegeleifest** statt. Dann gibt es auch Theateraufführungen, das Museum hat geöffnet und es gibt was zu Essen und zu Trinken.
Dazu kommt eine **Fahrradbörse** des ADFC Mainz. An mehreren Tagen im Jahr können auf einem Fahrradmarkt gebrauchte Räder oder Fahrradteile getauscht oder günstig eingekauft werden. In der Fahrradwerkstatt sowie in einigen anderen Projekten sind Langzeitarbeitslose beschäftigt.

Open Ohr Festival in der Zitadelle

55116 Mainz. © 06131/12-2173 oder 12-2827, www.openohr.de. **Bahn/Bus:** S 6, 8, Bus 64 – 66 bis Bhf Röm. Theater, Bus 70, 71 bis Eisgrubweg. **Zeiten:** Pfingsten Fr – Mo. **Preise:** Dauerkarte 47 €, Tageskarte Fr, Sa oder So 30 €, Mo 15 €; Kinder bis 12 Jahre Eintritt frei; Jugendliche Tageskarte 17 €. **Infos:** OPEN OHR Festivalbüro, Landeshauptstadt Mainz – Amt für Jugend und Familie, Martina Zendel, Kaiserstraße 3 – 5, 55116 Mainz, © 06131/12-2173.

▶ Zu den unter Mainzer Kindern beliebten Festen gehört das Open Ohr Festival in der Zitadelle. Ein Schwerpunkt ist zum einen die politische Diskussion eines Hauptthemas. Daran beteiligen sich hauptsächlich die Jugendlichen. Andererseits ist das aber auch lebendiges Kultur-Happening mit Musik, Theater, Kabarett, Film, Workshops und allerlei Projekten. Für Kinder gibt es extra ein Kinderprogramm mit Kinderliedern, Jonglierworkshop, Kinderzirkus, Kindertheater und anderem.

@ In den Oster-, Sommer- und Herbstferien werden für Mainzer Kinder zahlreiche Freizeiten und Ferienbetreuungen angeboten. Detailliert beschrieben sind sie unter www.jugend-in-mainz.de/ferien.

Sommerferienprogramm für Mainzer Kinder und Jugendliche

Amt für Jugend und Familie, Kaiserstraße 3 – 5, 55116 Mainz. © 06131/122870, www.jugend-in-mainz.de/ferienkarte.html. **Preise:** Ferienkarte 26 €; für Inhaber eines Sozialausweises die Hälfte.

▶ Für die Sommerferien bietet die Stadt Mainz ein riesiges Programm an interessanten Veranstaltungen und spannenden Aktivitäten für Kinder und Jugendliche von 6 bis 18 Jahren – insgesamt 500 Veranstaltungen! Ganz grob umrissen gehören dazu: Besichtigungen und Führungen, Tagesausflüge, Discos und Feste, Filme, Kreativangebote (Handwerk und Kunsthandwerk), Kurse, Fotografieren, Naturexkursionen, Projekte, Vorlesen, Tanzkurse, Aktivitäten in fast allen Sportarten.
Zur Teilnahme ist der Erwerb der **Ferienkarte** erforderlich. Diese bekommt ihr 3 Wochen vor den Sommerferien beim Amt für Jugend und Familie, im Haus der Jugend, in allen Ortsverwaltungen sowie bei der Sparkasse Mainz und ihren Zweigstellen und beim Kinderladen Wirth (Große Bleiche).
Die Ferienkarte berechtigt zur kostenlosen Nutzung der Mainzer und Wiesbadener Busse und Straßenbahnen, aller Frei- und Hallenbäder und einer Reihe von Abenteuer- und Aktivspielplätzen in beiden Städten. Bei einigen Veranstaltungen ist ein Kostenbeitrag zu zahlen, der allerdings nicht hoch ist.

Wirth – Der Kinderladen, Schillerstraße 46 – 48 (Spielwarenhaus), Mainz. ✆ 06131/2755 390. https://shop.wirth-mainz.de. Spielzeug, Modellbau, Babyausstattung, Kinderbekleidung, Umstandsmoden, Schulranzen ... Wirth ist der Laden rund ums Kind schlechthin in Rhein-Main.

Bücherwelten & Fernsehmacher

Für Bücherwürmer und Leseratten

Buchhandlung Nimmerland, Susanne Lux, Kurt-Schumacher-Straße 56, 55124 Mainz-Gonsenheim. ✆ 06131/9711760, www.nimmerland-mainz.de. **Lage:** in der Nähe der Evangelischen Kirche. **Bahn/Bus:** Tram 50, 51 bis Wilhelm-Raabe-Straße. **Zeiten:** Mo – Sa 9 – 13, Mo – Fr auch 15 – 18.30 Uhr.

▶ In der schon mehrfach ausgezeichneten Buchhandlung findet ihr schöne Bilder- und Vorlesebücher, Bücher für Leseanfänger, Jugend- und Sachbücher sowie ausgewählte Hörbücher und Spielwaren. Die angebotenen Workshops, Kurse und

Bist du 6 Jahre alt und liest gerne? Dann werde doch Testleser für die Buchhandlung Nimmerland!

Lesungen sind immer aktuell auf der Internetseite einzusehen.

Wie wird Fernsehen gemacht? Besuch beim ZDF

ZDF Service GmbH, Otto-Schott-Straße 9, 55100 Mainz-Lerchenberg. © 06131/70-14972, 70-14381. www.zdf-service.de. **Altersempfehlung:** Mindestalter 8 Jahre. **Bahn/Bus:** Tram 51, 53, Bus 55 bis Lerchenberg Hindemithstraße. **Zeiten:** Kostenlose Führung Mo – Fr 9.30, 12 und 15 Uhr, Mo – Do auch 17.30 Uhr, Führung Studios/Regie Mai – Sep Sa 13 und 17 Uhr, 15.30 Uhr Generalprobe Fernsehgarten, Okt – April Sa 10.30 Uhr, 13 und 17 Uhr. **Preise:** freier Eintritt. **Infos:** Dauer 1,5 Std, Teilnahme samstags ausschließlich für Einzelpersonen oder Kleingruppen (max 25 Pers), Anmeldung notwendig (auch für das Restaurant Casino Mo – Fr) über fuehrungen@zdf-service.de.

▶ Auf dem Mainzer Lerchenberg hat das **Zweite Deutsche Fernsehen** seinen Hauptsitz. Sofern ihr bereits 8 Jahre alt seid, habt ihr die Möglichkeit, bei einer Führung durch die Sendezentrale hinter die Kulissen zu schauen. So könnt ihr beispielsweise die große Sportstudio-Kulisse sehen und auch in die mit Bildschirmen gepflasterten Regieräume. Außerdem könnt ihr vor einem Greenscreen posieren und so tun, als würdet ihr die „heute"-Nachrichten moderieren. Das Ganze dauert circa 1,5 Stunden. Ein lohnender Ausflug!

?! *Die „gemeinnützige Rundfunkanstalt öffentlichen Rechts" wurde durch Staatsvertrag der Länder der BRD am 6.6.1961 gegründet. Das man „mit dem Zweiten" (Auge) besser sieht, können die Mainzer nur deshalb behaupten, weil es auch ein Erstes gibt: Die Anstalten der ARD produzieren seit dem 1.11.1954 gemeinschaftlich das erste Fernsehprogramm. Die Abkürzung steht für Arbeitsgemeinschaft der öffentlich-rechtlichen Rundfunkanstalten der Bundesrepublik Deutschland – „das Erste" klingt doch wesentlich kürzer!*

Schwarze Kunst: Von Blei, Buchstaben und Druckerfarbe

Gutenberg-Museum & Druckladen, Liebfrauenplatz 5, 55116 Mainz. © 06131/122640, 122644. www.gutenberg-museum.de. **Altersempfehlung:** ab 6 Jahre. **Bahn/Bus:** Bus 28, 54 – 58, 60 – 66, 68 bis Höfchen/Listmann, Bus 60, 61, 63 bis Fischtor. **Zeiten:** Di – Sa 9 – 17, So 11 – 17 Uhr, Fei geschlossen. **Preise:** 5 €, ab 10 Pers 3,50 €; Kinder 8 – 18 Jahre 2,50 €; ermäßigt 3 €,

Alle zwei Jahre findet im Mai oder Juni vier Tage lang die **Mainzer Minipressen-Messe** statt. Dabei wird auch für Kinder manches rund um Papier, Druck und Buchbinden geboten.

Familienkarte 10 €, ab 10 Pers 1,50 €. **Infos:** Audioguide 3,50 €, auch als App .

▶ Erlebt die Geschichte von Druck, Buch und Schrift hautnah: Gegenüber dem Mainzer Dom liegt das älteste Buch- und Druckmuseum der Welt. Das im Jahr 1900 gegründete **Gutenberg-Museum** ist dem „Mann des Jahrtausends" *Johannes Gutenberg* und seinen Erfindungen des Buchdrucks gewidmet. Zu den größten Schätzen des Museums gehören zwei originale Gutenberg-Bibeln aus der Mitte des 15. Jahrhunderts. Auch die rekonstruierte **Guten-**

GUTENBERG, DER BERÜHMTESTE MAINZER

Johannes Gensfleisch, genannt Gutenberg, wurde irgendwann zwischen 1394 und 1404 in Mainz geboren (um ihn besser feiern zu können, haben die Mainzer das Jahr auf 1400 festgelegt). Sein Vater „Friele" war ein angesehener Kaufmann, Mutter Else kam aus Eltville, wo die Familie auch mal gelebt hat. Johannes besuchte wahrscheinlich eine Klosterschule, lebte zwischendurch als Münz- und Goldschmied in Straßburg, kam 1448 nach Mainz zurück – und erfand hier den modernen Buchdruck. Dafür goss er aus Blei einzelne Buchstaben, die er in beliebiger Reihenfolge immer wieder zusammensetzen konnte. Bisher musste jede Seite neu in Holz geschnitzt werden, was sehr mühsam war. Mit den beweglichen Lettern konnte Gutenberg nun die gleiche Seite so oft drucken, wie er wollte. Damit hat er die Art, wie wir heute Bücher, Zeitungen oder anderes lesen, erst möglich gemacht.

Man könnte meinen, mit einer solchen Erfindung müsse man ein Leben in Saus und Braus führen. Doch Johannes Gutenberg konnte mit Buchstaben wohl besser umgehen als mit Geld, er war dauernd verschuldet. Dennoch muss er ein hoch angesehener Bürger gewesen sein. Der Erzbischof erließ ihm die Steuern und bezahlte ihn dazu noch mit Wein, Getreide und Kleidung. Johannes starb wahrscheinlich im Winter 1467/68.

Druckladen des Gutenberg-Museums, Liebfrauenplatz 5, Eingang Seilergasse 1, Mz. ✆ 06131/122686. www.gutenberg-museumspaedagogik.de. Termine Mo – Fr 9 – 17, Sa 10 – 15 Uhr und nach Vereinbarung, Werkstattbeitrag ab 3 €.

Kindergeburtstag: Für das Geburtstagskind wird ein Geburtstagsplakat gesetzt und zur Erinnerung gedruckt. 2,5 Std, max. 4 Kinder 80 €.

Werdet Pflanzenvielfaltsexperten! Wer an allen 7 „Expeditionen Vielfalt" teilgenommen hat, bekommt diese Auszeichnung. Immer sonntags, 3 €, Anmeldung übers Web.

berg-Werkstatt ist eine echte Attraktion. Hier wird jeden Tag stündlich vorgeführt, wie zu Gutenbergs Zeiten aus Blei Buchstaben geformt wurden und damit gedruckt wurde. Im Gutenberg-Museum könnt ihr euch umfassend über Drucktechnik, die Buchkunst vieler Jahrhunderte, die Geschichte des Papiers und der Schrift, Pressegeschichte und vieles mehr informieren.

In wechselnden Sonderausstellungen werden Beispiele historischer und moderner Buch- und Druckkunst und Typografie gezeigt. Ein Beispiel: Von der Keilschrift bis zum Emoji.

Spannend ist auch ein Besuch in der museumspädagogischen Werkstatt des Gutenberg-Museums, dem **Druckladen.** Hier könnt ihr unter fachkundiger Anleitung mit Holzlettern Briefe setzen oder vorhandene oder eigene Motive drucken.

Kinder gehen zur Uni

junior campus mainz der Johannes Gutenberg-Universität Mainz, Christina Kölsch, Jakob-Welder-Weg 9, 55128 Mainz. ✆ 06131/39-267206, www.junior-campus-mainz.de. **Altersempfehlung:** Kinderuni für Kinder unter 12 Jahre, weitere Aktionen für die Klassenstufen 9 – 13. **Bahn/Bus:** MVG-Bus 6, 6A, 54 – 58, 64, 65, 68 Universität. **Infos:** Vorlesungen gibt es im RW1, dem größten Hörsaal des Hauses Recht und Wirtschaft.

▶ Kinder im Alter von 8 bis 12 Jahren aus Mainz und Umgebung müssen nicht viele Jahre warten, bis sie endlich den Olymp der Wissensgewinnung, die Universität, betreten dürfen. Die KinderUni bietet den jungen Forschern ausgewählte Vorlesungen, Mitmachaktionen und Workshops zu interessanten Themen und Problemen. Die Teilnahme ist individuell, es ist keine Anmeldung für die Vorlesungen erforderlich. Außerdem gibt es spannende Exkursionen oder eine FairFührung durch den ↗ *Botanischen Garten.*

Die tolle 5. Jahreszeit

Kinderfastnacht und die Mainzer Kleppergarde

55116 Mainz. https://mainzer-fastnacht.de.

Zeiten: alle Termine ↗ Festkalender.

▶ Wisst ihr was eine Kampagne ist, eine Garde macht und wie das Kleppern geht? Nein? Willkommen in der Meenzer Fastnacht! Woher der Schlachtruf Helau kommt, könnt ihr auf der Webseite erfahren, aber besser ist es, alles selbst zu erleben. Mit dem Kindergarten, der Schule oder in einem der rund 70 Fastnachtsvereine! Da dreht sich dann alles ums Verkleiden, Tanzen und das Thema für die nächste Kampagne der närrischen Zeit, die am 11.11. um 11 Uhr 11 beginnt und erst an *Aschermittwoch* endet.

Beliebt ist der große **Jugendmaskenzug**, bei dem Tausende von Mainzer Kindern ab 14.11 Uhr in bunten Kostümen und Masken durch das Stadtzentrum ziehen und Kamelle werfen oder sammeln.

Der **Rosenmontagszug** ist das Hauptereignis in Mainz, ein Riesen-Spektakel, bei dem ihr nicht verloren gehen dürft. Lustig sind die Schwellköppe.

Spaß machen natürlich auch die **Sitzungen**, bei denen Leute „in die Bütt" steigen und in Reimform

Mainzer Klepper-Garde 1856 e.V., Johannes-Kepler-Str. 6, Mainz. ✆ 06131/632311. https://mkg1856.de. Kinderfastnachtsveranstaltung Mi mit Klepperwettbewerb vor Altweiberfastnacht im Frankfurter Hof.

Aufgemotzt: Die Schwellköppe von Mainz sind nicht zu übersehen

© dzt

FESTKALENDER MAINZ & STADTTEILE

Januar: 1. Jan: **Neujahrsumzug der närrischen Garden.**

Ende Jan: **Kindermaskenfest** des MCV in der Rheingoldhalle.

Februar/März: Mi vor Altweiberfastnacht: **Kinderfastnacht** mit Klepperwettbewerb des MKG 1856 e.V. im Frankfurter Hof.

2 Wochen vor Fastnacht: **Jugendmaskenzug.**

2 Wochen vor Fastnacht: **Großes Kinderfest** vom Ebersheimer Carneval-Verein Die Römer, Ebersheim Töngeshalle, ab 14.11 Uhr, mit dem Kinderballett „Rasselbande" der 6- bis 12-Jährigen.

Fastnachtssonntag: **Parade der närrischen Garden.**

Rosenmontag: **Rosenmontagszug,** Riesenspektakel, über 500.000 Besucher.

Fastnachtssonntag: **Kindermaskenball** der TGM Gonsenheim mit Kostümwettbewerb. Los geht's um 15.33 Uhr.

Mai: 2. So: **Gutenberg-Marathon,** Sport-Großereignis.

Pfingsten Fr – Mo: **Open Ohr Festival** auf der Zitadelle.

Juni: 2. Wochenende Fr – Mo, Neustadt/Goetheplatz: **Gaadefelder Kerb.**

2. Wochenende, Bretzenheim: **Brezelfest.**

24. Juni, 4. Wochenende Fr – Mo: **Mainzer Johannisnacht,** größtes Mainzer Volksfest nach der Fastnacht. Mit Programm auf den Plätzen in der Innenstadt, Künstlermarkt und dem traditionellen Gautschen, bei dem Drucker-Lehrlinge in den Rhein getaucht werden.

So 3 x, Ferien: Volkspark: **Familien-Jazz-Picknick.**

Juli: 2. Wochenende Fr – So, Ebersheim: **Weinfest.**

3. Wochenende Fr – Mo, Laubenheim: **Rebblütenfest.**

witzige Sachen erzählen. Da treten dann auch die **Klepper** auf. Die Klepper machen mit zwei Holzblättchen, die sie zwischen den Fingern eingeklemmt haben und nur durch das Schütteln der Handgelenke aneinanderschlagen lassen, ordentlich Lärm. Ursprünglich sollte dadurch der Winter vertrieben werden. Heute könnt ihr euch in Kinderwettbewerben messen, wer die Klepper am virtuosesten schütteln kann.

August: 1. Wochenende Fr – Di, Gonsenheim: **Kirchweihfest.**
2. Wochenende Fr – Mo, Bretzenheim: **Kerb.**
2. Wochenende Sa – Di, Drais: **Draiser Kerb.**
3. Wochenende, Mombach: **Rheinuferfest** und Kerb.
3. Wochenende Fr – Mo, Laubenheim: **Kerb.**
2. Aug-Hälfte, Botanischer Garten: **Sommerfest.**

September: Ende Aug/Anfang Sep, Fr – So und Fr – Mo, Rosengarten/Volkspark: **Mainzer Weinmarkt,** großer Vergnügungspark, Künstlermarkt, Feuerwerk.
Mitte Aug – Mitte Sep: **Mainz lebt auf seinen Plätzen** mit nachmittäglichem Kinderprogramm, Zauberern, Clowns etc. in der Innenstadt.
Ende Aug, 4 Wochen: **Kindertheaterfestival.**
2. Wochenende Fr – Mo, Hechtsheim: **Winzer- und Kerbtage.**
2. Wochenende Fr – Di, Finthen: **Finther Kerb.**
2. Wochenende Fr – Di, Ebersheim: **Kerb.**

Dezember: Do nach dem Totensonntag – 23. Dez, So – Do 11 – 20.30, Fr, Sa 11 – 21 Uhr: malerischer **Weihnachtsmarkt** in Mainz vorm Dom und in den umliegenden Straßen und Höfen. Mit kleiner Bühne, Kulturprogramm, Krippe mit lebensgroßen handgeschnitzten Figuren und zahlreichen festlich geschmückten Ständen. In der **Künstlerwerkstatt** wird handwerkliche Arbeit demonstriert.

INSELRHEIN BIS BINGEN

RHEININSELN UND OBST-PLANTAGEN

Zwischen der Oberrheinischen Ebene, die in Mainz endet, und dem Mittelrheintal, das hinter Bingen beginnt, liegt der Inselrhein: ein breiter Flussabschnitt, in dem sich Insel an Insel reiht. An seinem rheinhessischen Ufer erstrecken sich Reste von Auwald und Feuchtwiesen, durch die ihr wandern und radeln könnt. Die Orte Budenheim, Heidenfahrt, Ingelheim-Nord, Gaulsheim und Bingen liegen direkt am Wasser und bieten spannende Fährfahrten oder Museumsbesuche. In zweiter Reihe locken Heidesheim, Ingelheim, Gau-Algesheim und Ockenheim mit Türmen und Tigern zwischen weiten Obstplantagen.

Ins Netz gegangen: Keschern am Teich bei den Wassertagen im Park des NABU Rheinauen

MEINE LIEBLINGSTIPPS FÜR DEN INSELRHEIN

Ob Walderlebnisweg im Binger Wald oder planschen im Erlebnisbad, ob zu Besuch bei Kaiser Karl oder bei Hildegard – am Inselrhein gibt es für jede Generation was zu tun, zu gucken und zu genießen.
Für die Kleinsten und Quirligsten unter euch ist das Erlebnisbad Rheinwelle toll, hier planscht ihr vergnügt im 32 Grad warmen Wasser. Seid ihr schon 13 Jahre alt, dürft ihr die Turbo-Rutsche ausprobieren. Zum Wandern und Radeln bietet sich das Rheinufer an, wo im Auwald sogar Kinderwagentouren möglich sind. Mit 6 Jahren könnt ihr schon weit radeln und die drei vorgeschlagenen Etappen probieren. Bergfexen erklimmen den Westerberg, besteigen den Bismarckturm und bestaunen die Bengalischen Tiger mitten in Rheinhessen. (Bergfexe nennt man Bergsteiger. Aber keine Sorge, ganz so alpin wird es nicht.)
Auf dem Rochusberg gibt es mehrere tolle Grillstellen. Hildegard von Bingen kommt ihr dort ganz nahe – oder im Museum am Strom. Ein fantastischer Lernort für alle Altersstufen.

Wer den Weg auf einer richtigen Karte nachverfolgen will, greift zur Karte *Ingelheim am Rhein, Topographische Karte 1:25.000*, Nr. 6014, vom Landesamt für Vermessung und Geobasisinformation Rheinland-Pfalz. In jeder Buchhandlung erhältlich.

Erlebnisbäder drinnen & draußen

IM & AM WASSER MIT SAM

Budenheimer Waldschwimmbad

Gemeindewerke Budenheim, Römerstraße 70, 55257 Budenheim. ✆ 06139/291357, www.gemeindewerke-budenheim.de. **Lage:** Am Südwestrand von Budenheim. **Barrierefrei:** ja. **Bahn/Bus:** MVG-Bus 64, Bus 80 (früher ORN 620) bis Waldschwimmbad. **Auto:** Kostenlos parken an der Waldsporthalle. **Rad:** Binger Straße Richtung Heidesheim, Jahnstraße, Waldsporthalle. **Zeiten:** Di, Mi 14.30 – 17 und 17.30 – 20, Do 8 – 10.30, 11 – 14 und 14.30 – 17.30, Fr 13 – 15.30 und 16 – 18.30, Sa 8 – 11 und 11.30 – 14.30 Uhr, Mo, So geschlossen. **Preise:** 4 €; Kinder 3 – 18 Jahre 2 €; Familienkarte (2 Erw, 2 Kinder) 10 €. **Infos:** Schwimmkurs für Kinder und Jugendliche 5 Std 50 €.

▶ Das kleine Hallenbad, 2021 renoviert, reicht mit seinem Schwimmer- und Nichtschwimmer- sowie dem Planschbecken im Großen und Ganzen für die Grundbedürfnisse aller Jahrgänge aus. Ein Hubboden sorgt für die nötige Tiefe bei den Sprungbrettern und Startblöcken bzw. einem absenkbaren Bereich für Schwimmkurse. Im Sommer kommt an schönen Tagen eine Liegewiese hinzu, was nicht schlecht ist, da sie so nahe am Lennebergwald mit seiner würzigen Luft liegt. Eine Cafeteria mit Außenterrasse ist ebenfalls vorhanden.

Sport- und Freizeitbad Rheinwelle

Regionalbad Bingen-Ingelheim GmbH, Binger Str. 99, 55435 Gau-Algesheim. ✆ 06725/30050, www.rheinwelle.com. **Lage:** 1 km nordwestlich von Gau-Algesheim an der L419, ausgeschildert. **Barrierefrei:** ja. **Bahn/Bus:** ORN-Bus 643 Ingelheim – Ober-Hilbersheim Kindergarten bis Ingelheim Regionalbad, mittags auch Stadtbus 611, von Bingen Bhf-Stadt Bus 1 Mo – Sa 10 – 19 Uhr bis Regionalbad, So und Fei Bus 1 und 3 (im RNN-Fahrplan 601 bzw. 603). **Rad:** Vom Bhf Gau-

Kurse für das junge Klientel: Wasserspaß für Säuglinge und Anfängerschwimmkurse. Termine auf der Internetseite.

Algesheim Bahnhof- und Rheinstraße, kurz darauf links in K13/ Binger Straße. **Zeiten:** 10 – 23 Uhr, Einlass bis 1 Std vor Ende der Badezeit. **Preise:** 1 Std 2,90 €; 2 Std 5,60 €, 1 Tag 9 €, Zeitzuschlag je 30 Min 1,70 €, Sauna 17,50 € für 2 Std; Kinder 6 – 16 Jahre 1 Std 2,20 €; 2 Std 4,10 €, 1 Tag 6,40 €, Zeitzuschlag 1,20 €; Familientarif pro Pers ab 1 Erw und 1 eigenes Kind 1 Std Erw 2,60 €, Kind 2 €, 2 Std Erw 4,40 €, Kind 3,60 €, Tag Erw 7,70 €, Kind 5,90 €; Ermäßigungsberechtigte wie Kinder.

▶ Das moderne Hallenbad Rheinwelle ist das Spaßbad für alle Jahreszeiten. Zentrum ist das 30 Grad warme **Erlebnisbecken.** Ihr könnt im Strömungskanal mit Wellen treiben, am Delfin euch von Rippe zu Rippe hangeln, an den künstlichen Felsen klettern und euren Mut im kleinen Wasserfall testen. Einen Heidenspaß machen auch die schnellen Abfahrten in der 96 m langen Reifenrutsche. Entspannung findet ihr auf Sprudelliegen und Whirlpool. Die ganz Kleinen planschen im Eltern-Kind-Becken mit Wasserspielen, Mini-Rutsche und Duschpilz (Wasser 32 Grad).

Wenn ihr sportlich schwimmen wollt, gibt es die Sportwelt mit **Schwimmerbecken** (6 Bahnen à 25 m) und 1- und 3-m-Brett. Wer schon 13 Jahre alt ist, darf von der 60 m hohen, steilen Turborutsche (bis 17 % Gefälle) in den Keller rasen.

Im **Außenbereich** gibt es noch das Natur-Sole-Becken (ganzjährig), einen natürlichen Badeteich, das Ruhehaus und große Liegewiesen. Auf Eltern und Großeltern warten darüber hinaus Saunen, Solarium und Massagen.

Naturerlebnisbad Bingen-Bingerbrück

Naturerlebnisbad Bingen-Bingerbrück, Regionalbad Bingen-Ingelheim GmbH, Wilhelm-Beumer-Straße, 55411 Bingen am Rhein-Bingerbrück. ✆ 06721/32735 (Kasse), 184-128. naturbad.rheinwelle.com. **Lage:** Zwischen Honigberg und Rupertsberg. **Barrierefrei:** ja. **Bahn/Bus:** Von Bingen Bhf Stadt oder Hbf Bus 606 bis

Wilhelm-Beumer-Straße. **Rad:** langer, steiler Aufstieg. **Zeiten:** Mai – Sep täglich 10 – 20 Uhr. **Preise:** 3 €, 10er-Karte 25 €, Saison 50 €; Kinder 5 – 17 Jahre 1,50 €, 10er-Karte 7,50 €, Saison 20 €; Feierabendtarif ab 16.30 Uhr 1 Std 1,50 €, Familienkarte für die ganze Saison 75 €.

▶ Das Freibad in Bingen-Bingerbrück präsentiert sich als ein wunderbares Naturerlebnisbad. Das große Mehrzweckbecken wird von Wasser gespeist, das eine natürliche Klärung durchlaufen hat. Nur im Planschbecken wird das Wasser aus Hygienegründen gechlort. Ihr könnt euch auf einen interessanten Spielplatz mit Bachlauf, Barfußweg und Hangrutschen freuen. Die Liegewiesen sind weitläufig. Eure Eltern werden sich dafür begeistern können, dass das hoch über dem Stadtteil Bingerbrück gelegene Naturerlebnisbad einen fantastischen Ausblick auf die Dächer von Bingen, den Inselrhein und den Rheingau bietet.

Das Naturerlebnisbad kann maximal 1500 Besucher pro Tag verkraften. Also früh anfahren!

Freibad Ingelheim

Regionalbad Bingen-Ingelheim GmbH, Im Blumengarten 40, Sportzentrum, 55218 Ingelheim am Rhein. ✆ 06132/2166, freibad.rheinwelle.com. **Barrierefrei:** ja. **Bahn/Bus:** RE, RB, MRB Bhf Ingelheim, dann Bus 613 bis Im Blumengarten. **Auto:** Parkplatz vorhanden. **Zeiten:** Mitte Mai – Mitte Sep Mo 13 – 20.30, Di – So 8 – 20.30 Uhr, ab Sep schließt das Bad um 19.30 Uhr. **Preise:** 2 €, 10er-Karte 15 €, Saison 40 €; Kinder 1 €, 10er-Karte 7,50 €, Saison 20 €; Studenten und Behinderte wie Kinder, Familien-Saisonkarte 70 €. **Infos:** Ausleihe von Liegestühlen und Sonnenschirmen.

▶ Das Schwimmerbecken ist mit einer Sprunganlage versehen (1-, 3- und 5-m-Brett). In das Nichtschwimmerbecken führen eine kleine und eine große Rutsche hinab. Die kurvenreiche Großrutsche ist ein Riesenerlebnis für alle Kinder jenseits des Kleinkindalters. Die Kleinen haben ihr Planschbecken, in das eine kleine rote Rutsche führt. Es gibt einen kleinen Spielplatz (könnte fantasiereicher sein!), eine geräumige Liegewiese und einen Kiosk. Insgesamt ist das Ingelheimer Freibad sportlich und gemütlich.

Am & auf dem Fluss

Burgen bauen am Rhein

Strandbad Ingelheim, 55218 Ingelheim am Rhein-Frei-Weinheim. **Bahn/Bus:** RE, RB Bhf Ingelheim und Stadtbus 611 bis Talstraße und ein paar Minuten zu Fuß. **Auto:** Parkplatz beim Lokal Strandbad. **Rad:** Nahe Radweg Mainz – Bingen am Westrand von Ingelheim-Nord.

▶ Wenige hundert Meter westlich vom Ingelheimer Hafen befindet sich, was vom alten Strandbad noch blieb – ein recht breiter Sandstreifen. Es existieren aber keine Kabinen und Duschen und auch keine Betreuung. Dennoch ist dieser Flecken an Land wie im ganz flachen Uferbereich an sonnigen Hochsommertagen stark bevölkert. Zu dieser Anziehung trägt zweifellos bei, dass es hier auch ein Lokal gibt, das gängige Gerichte und Snacks bietet.

Strandbadgaststätte, Außerhalb 6, Ingelheim. © 06132/84205. 10 – 24 Uhr (im Winter abends kürzer).

BADEN IM RHEIN

Ab den 1920er-Jahren waren öffentlich oder privat betriebene Strandbäder an Rhein und Main weit verbreitet. Noch 1947 gab es allein im Bereich des rheinland-pfälzischen Rheinabschnitts 60 Bäder. Es war nicht nur das Aufkommen der Schwimmbäder, das bis Anfang der 1970er-Jahre zu ihrem Verschwinden führte. Schlimmer war, dass die Flüsse in jener Zeit so dreckig wurden, dass Fische und Krebse starben. Durch den Bau von Kläranlagen und anderen Gewässerschutzmaßnahmen konnte dieser Negativtrend zwar gebrochen werden. Trotzdem ist die ökologische Qualität des Rheinwassers nur „mäßig“ (Güteklasse II) – längst nicht genug für gesundes Baden im Fluss.

Wassersport auf dem Inselrhein

Ruderverein Ingelheim 1920 e.V., Bootshaus Rheinstraße 257, 55218 Ingelheim am Rhein-Frei-Weinheim. ✆ 06132/7392341, www.ruderverein-ingelheim.de. **Altersempfehlung:** ab 12 Jahre. **Bahn/Bus:** Bus 618 ab Ingelheim Bhf, Bus 611 aus Nieder-Ingelheim bis Frei-Weinheim Talstraße (Fähre). **Zeiten:** Mo und Fr 17 – 19.30 Uhr. **Infos:** Drei kostenlose Probetrainings unter email@rvi.de vereinbaren.

▶ Jungen und Mädchen ab 12 Jahre dürfen anfangen zu rudern, für kleinere Kinder ist es zu gefährlich. Trainiert wird im Sommer auf dem Rhein, manchmal steuert ihr die Inseln an und könnt euch im Wasser abkühlen. Denn Spaß soll der Sport auch machen!

Wenn ihr Wassersport auf dem Rhein betreiben wollt, müsst ihr gut schwimmen können!

Fähr- & Schiffsfahrten

Fahrradfähre Budenheim – Walluf

Personenschifffahrt Nikolay, Isola-della-Scala Platz, Fährhaus am Rhein, 55257 Budenheim. ✆ 06139/378, 2415. www.schiffahrt-nikolay.de. **Kinderwagen geeignet:** ja. **Barrierefrei:** ja. **Bahn/Bus:** RB26, Bus 68 aus Hochheim bis Budenheim Bhf, Bus 80 Laubenheim – Ingelheim bis Budenheim Hauptstraße. **Zeiten:** Mai – 3. Okt So und Fei 10 – 18 Uhr Pendelverkehr Budenheim – Walluf. **Preise:** 2 €; Kinder bis 10 Jahre 1 €. **Infos:** Fahrrad 1 €, Hund 0,50 €.

▶ Im Juni und August schippert die „Möwe" jeden Do nach Bacharach auf **Burgenfahrt** (von Schierstein und Walluf über Budenheim, Eltville, Heidenfahrt und Ingelheim). Jeden Di im August gibt es eine **Altrheinfahrt** von Budenheim über Walluf, Schierstein, Mainz (Fischtor) und Nackenheim bis zum Kühkopf. In der Adventszeit geht es Mi und So von Schierstein (über Walluf, Budenheim, Heidenfahrt und Ingelheim) zum **Rüdesheimer Weihnachtsmarkt.**

Rheinfähre Ingelheim – Oestrich-Winkel

Rheinfähre Maul GmbH, Michael Maul, Heidesheimer Straße 46, 55124 Mainz. ✆ 06131/326916, www.rheinfaehre.de. **Barrierefrei:** ja. **Zeiten:** Ganzjährig halbstündlich, ab Oestrich-Winkel Mo – Fr 6 – 22 (April – Sep bis 22, im Winter nur bis 21 Uhr), Sa ab 7, So und Fei ab 8 Uhr; ab Ingelheim jeweils 10 – 15 Min später. **Preise:** Pkw 4,80 €, Beifahrer 1,50 €, Fußgänger 2 €, Kind 0,80 €, Fahrrad mit Fahrer 2,70 €.

Rheinfähre Bingen – Rüdesheim

Bingen-Rüdesheimer Fähr- und Schifffahrtsgesellschaft eG, Fahrgastschifffahrt Mittelrhein, Rheinkai 10, 55411 Bingen am Rhein. ✆ 06721/308080, 06722/2972 (Agentur Rüdesheim). www.bingen-ruedesheimer.de. **Lage:** Anlegestelle im Ort. **Barrierefrei:** ja. **Bahn/Bus:** Bingen Bhf Stadt. **Zeiten:** Loreley- und Burgenfahrten Ende März – Anfang Nov. Personenfähre: ganzjährig ab Bingen 7 – 21, ab Rüdesheim ab 7.30 – 21.30 Uhr, Nov – April erheblich weniger Fahrten. Autofähre: ganzjährig ab Bingen 5.45 – 21.45 (im Sommer bis 0.10 Uhr), ab Rüdesheim 6 – 22 Uhr (im Sommer bis 24 Uhr). Genaue Fahrpläne telefonisch und im Internet. **Preise:** Zwischen 2,70 € (Rüdesheim – Bingen einfach) und 23 € (Loreleyfahrt Rüdesheim – St. Goarshausen/ St. Goar und zurück); Kinder 4 – 13 Jahre (in Begleitung ihrer Eltern) bei der Burgen- und Loreleyfahrt 5 €; Freifahrten für Geburtstagskinder und Hochzeitspaare, erhebliche Ermäßigungen für Gruppen. **Infos:** Anlegestellen in Rüdesheim (Adlerturm, ✆ 06722/2972), Assmannshausen, Lorch, Trechtingshausen, Bacharach, Kaub, Oberwesel, St. Goarshausen und St. Goar.

▶ Hier dürfen auch Radler und Fußgänger mit. Auf der Binger Seite legt sie am östlichen Ortsende unterhalb des Rochusberges an. Linienverkehr auf der Strecke Bingen/Rüdesheim – St. Goar/St. Goarshausen.

Burgenrundfahrt: Rüdesheim – Bingen – Assmannshausen – Burg Rheinstein – Burg Reichenstein/ Trechtingshausen und zurück, Hinweg 40 Min, hin und zurück 1,45 Std.

Loreleyfahrt: Rüdesheim – Bingen, Assmannshausen – Trechtingshausen – Lorch – Bacharach – Kaub – Oberwesel – St. Goarshausen – St. Goar, 1,45 Std.

pmv Öko-Tipp!

Schiffsexkursion im Europareservat

NABU-Naturschutzzentrum Rheinauen, An den Rheinwiesen 5, 55411 Bingen-Gaulsheim. ✆ 06721/14367, www.nabu-rheinauen.de. **Länge:** Ca. 3,5 Std, sehr spannende und schöne Tour. **Bahn/Bus:** ➚ Bhf Rüdesheim oder Bhf Bingen Stadt. **Rad:** Rhein-Radweg. **Zeiten:** Start 8.30 Uhr in Assmannshausen Steg 2, 9.15 Uhr am Anleger 8 in Bingen (hinter dem Rheintal-Kongresszentrum), 9.30 Uhr vom Anleger 16 „Rössler" gegenüber der Brömserburg in Rüdesheim, Fahrten im Jan, Feb (zweimal), Mai und Nov einmal im Monat, immer So, Termine auf der Internetseite. **Preise:** 14 €, Gruppe ab 10 Pers 10 € pro Person; Kinder 7 €; Studenten 11 €. **Infos:** Anmeldung für Gruppen erforderlich; Reisende mit ÖPNV müssen die Ankunftszeit dem NABU-Naturschutzzentrum mitteilen.

▶ Mitglieder vom Naturschutzbund Deutschland, dem NABU, unternehmen mit euch eine Fahrt mit dem bewirtschafteten Passagierschiff „MS Rheingau" durch das Europareservat zwischen Bingen und Eltville. Die Route führt an den Rheininseln *Ilmen Aue, Fulder Aue, Winkeler Aue, Mariannen Aue* und *Königsklinger Aue* entlang. Dabei bekommt ihr die **Vogelwelt** dieses Gebietes erläutert, die je nach Jahreszeit aus verschiedenen Vogelarten besteht, und es

Fahrgastschifffahrt Rössler Linie, Lorcherstraße 34, Rüdesheim. ✆ 06722/2353. www.roessler-linie.de. Das Schiff „Rheingau" gehört zu dieser Linie. Es gibt noch mehr tolle Fahrten, die ihr mit dieser Linie machen könnt.

?! *Häufige Wintergäste im Europareservat sind Graugans, Schnatterente und Kormoran. Ziemlich selten sind dagegen Sterntaucher, Fischadler, Samtenten und Blässgänse. Aber wer weiß, vielleicht seht ihr ja einen seltenen Gast?*

Frau und Herr Adebar: Sie könnt ihr in den Rheinauen beobachten

wird auch immer gesagt, welche Vögel ihr gerade seht. Viele seltene Wasservögel aus nordischen Ländern legen auf dem herbstlichen Zug in den warmen Süden hier Rast ein, andere bleiben sogar zum Überwintern in den Rheinauen. Ihr könnt Bestimmungsbücher und Ferngläser ausleihen. An Bord des Schiffes gibt es auch Speisen und Getränke.

NATUR & UMWELT MIT KARLOTTA

Wanderungen

pmv Öko-Tipp!

Am Inselrhein entlang: Von Budenheim nach Heidenfahrt

55257 Budenheim. www.nabu-rheinauen.de/projekte/auenservice/schutzgebiete/. **Länge:** 6,5 km, flach, leicht, durch die Rheinaue. **Altersempfehlung:** ab 6 Jahre. **Kinderwagen geeignet:** ja. **Bahn/Bus:** MRB Bhf Budenheim; Rückreise Bus 80 (früher ORN 620), 649 von Heidenfahrt. **Infos:** Faltblätter zu den Schutzgebieten vom NABU als PDF-Download und im Naturschutzzentrum Rheinauen erhältlich.

▶ Ihr startet am **Bahnhof Budenheim.** Über Uferstraße und Rheinstraße kommt ihr zum kleinen **Fährhafen** (Km 0,7). Dort habt ihr einen schönen Blick auf Walluf im Rheingau. Ihr biegt links auf die **Auenerlebnisroute,** die z.T. als Erdweg, z.T. auf dem befestigten Sommerdamm Richtung Heidenfahrt/Bingen führt. Nach circa 900 m beginnt rechts ein langer Streifen Streuobstwiese. Infotafeln informieren über alte Apfelsorten. Nach 800 m begebt ihr euch rechts auf einem breiten Weg zum 300 m entfernten Flussufer. Kurz darauf geht es am ausgedehnten Gelände des Kanu-Clubs Budenheim vorbei. Zur Linken habt ihr immer noch Streuobstwiesen. Bald geht es durch ein urwaldhaftes **Auwäldchen.** Es gehört zur geschützten **Haderaue,** die einst eine Insel war. Bei Km 4,2 habt ihr von der Dammhöhe einen schönen Blick auf die Obstplantagen,

?! *Ein Sommerdamm schützt landwirtschaftlich genutzte Flächen nur vor den in der Regel niedrigeren Sommerhochwassern. Von höheren Winterhochwassern wird der Damm überströmt.*

Heidesheim und die Nordhänge des Rheinhessischen Hügellandes.
Danach verläuft der Weg bis Heidenfahrt (Km 6,5) immer nah am Rheinufer. Zwischen den Bäumen hindurch seht ihr die **Königsklinger Aue** mit ihrem dichten Auwald. Kurz vor Heidenfahrt endet die Insel, hier könnt ihr auch mal wieder den Rheingau sehen – jetzt um Eltville.
Das Rheinufer von **Heidenfahrt** ist parkartig gestaltet worden. Es gibt eine große Spiel- und Liegewiese. Ihr könnt an dem kleinen Bach spielen, der hier in den Rhein mündet. Am Ufer stehen Bänke, von denen ihr mit euren Eltern gemütlich die Schiffe auf dem Rhein und die Enten rund um die Anlegestelle beobachten könnt. Ferner besteht die Möglichkeit einzukehren. Im Sommer unterhält der Campingplatz ein Lokal im Freien. Nur wenige Meter oberhalb gibt es außerdem das **Café-Restaurant Rheinterrasse**, das in der warmen Jahreszeit auch einen Garten geöffnet hat.

Rheinterrasse, Unteraue 38, Heidesheim-Heidenfahrt. © 06132/58614. www.facebook.com/rheinterrasseheidenfahrt. Nov – Ende März täglich 14.30 – 19 Uhr, April – Ende Okt täglich ab 12 – 20 Uhr, So, Fei schon ab 10 Uhr. Café-Restaurant am Hauptdamm, mit Sommergarten. Salate, Pizza, Geflügel, Schnitzel und Rumpsteak.

pmv Öko-Tipp!

Am Inselrhein entlang: Von Heidenfahrt nach Ingelheim-Nord

55262 Heidesheim. www.lebensader-oberrhein.de. **Länge:** 7 km, flach, leicht, spannende Route durch Auwald und Auwiesen, nur bei trockenem Wetter realisierbar. **Altersempfehlung:** ab 6 Jahre. **Bahn/Bus:** RB Bhf Heidesheim und Bus 620 bis Heidenfahrt, Rückreise: Bus 611 bis Bhf Ingelheim.

▶ Von der **Heidenfahrter Anlegestelle** wandert ihr zwischen Hochwasserschutzdamm und Campingplatz gen Westen. Heidenfahrt liegt versteckt und vor der Flut geschützt im Süden. Es geht ein Stück an Streuobstwiesen entlang und dann durch Auwald. Rechts blickt ihr zwischen den Bäumen hindurch auf die *Mariannenaue.* Nach 1,3 km kommt ihr an der *Angler-Klause* vorbei – obwohl schön, doch zu früh zum Einkehren. Knapp 2 km hinter Heiden-

Rhein-Klause / Angler-Klause, Alter Sand 3, Stromkilometer 515,6, Ingelheim. © 0177/8664604. www.angler-klause.de. So, Fei 10 – 18 Uhr. Biergarten, Wochenende Grillstation, Kaffee, Kuchen. Spielplatz, großer Park zum Spielen.

Schilfrohr: Ideales Versteck für Vögel und Amphibien
© Annette Sievers

Der Lehrpfad **Erlebnis Jungaue** ist als Rundweg ab Ingelheim Fähre angelegt (2,5 km). Er führt von Station 14 – 1 erst am Ufer, auf dem Rückweg auf dem Damm entlang. Markiert ist er mit Rolli, dem Regenwurm, https://lebensader-oberrhein.de/erlebnis-pfad-jungaue-kleiner-rundweg-rlp.html.

fahrt besteht mal ein offener Blick auf das andere Ufer mit seinen Weinbergen, über denen sich der 600 m hohe Kamm des Rheingau-Gebirges erhebt. Dann verschluckt dichter Röhricht wieder die Aussicht, während sich links Obstplantagen auftun. 1 km weiter geht es wieder ein Stück durch Au- und Feuchtwiesen. Im Flussarm zwischen der Mariannenaue und unserem Ufer ist kaum Bewegung im Wasser, ein ideales Terrain für Wasservögel und ihre Küken.

Nach einer langen Pappelallee seht ihr links in der Auwiese einen **Aussichtsturm.** Ihr überblickt hier die *Alte Sandlache,* einen ehemaligen parallel zum Rhein verlaufenden Rheinseitenarm, der noch vor etwa 100 Jahren die *Jungaue* und die *Lebertsaue* vom Festland trennte. Die letzten 4 km seid ihr also entlang der Sandlache gewandert.

Bis Ingelheim-Nord lauft ihr nun auf dem **Naturpfad Erlebnis Jungaue.** Nach 700 m überquert ihr die *Selz,* die aus dem über 60 km entfernten Donnersberggebiet kommt. Kurz darauf verweist euch eine Infotafel darauf, dass hier der **Rheinhafen Karls des Großen** lag. In der **Erlebnisbucht** führt ein langer Steg auf den Rhein hinaus, von wo ihr einen tollen Blick auf den Rheingau von Schloss Johannisberg bis Oestrich habt. Auf dem letzten Stück vor Ingelheim-Nord stehen dichte Trauerweiden. Wie ein Vorhang hängen ihre langen Zweige, scheinbar traurig herab; sie rascheln beim leisesten Windhauch. Links liegt im Auenforum ein schöner **Spielplatz** mit Wasserpumpe und Bandolo. Südlich vom Hochwasserschutzdamm befindet sich *Frei-Weinheim,* das bürokratisch **Ingelheim-Nord** heißt. Eure Wanderung geht an der Rheinstraße zu Ende. Doch macht noch einen Abstecher zum circa 200 m entfernten **Fähranleger.** Dort findet ihr die Erlebnispfadtafel 15 „Die Vogelwelt der Jungaue“ sowie ein Fernglas, ein **Spektiv** mit starker Vergrößerung, das euch Stockenten, Grau- und Nilgänse, Kormorane und Höckerschwäne heranzoomt. Bei einem Schleckeis oder vom gemütlichen **Sommergarten** aus könnt ihr dem Treiben auf dem hier über 1 km breiten Rhein zuschauen.

Umwelt erforschen & Natur entdecken

Durch die wilde Kreuzbachklamm hinauf zur Waldgaststätte Heiligkreuz

55411 Bingen-Bingerbrück. **Lage:** Circa 1,5 km nordwestlich vom Hbf Bingen, Einstieg an der B9 Richtung Koblenz. **Bahn/Bus:** MRB, RB, RE, IC Hbf Bingen, dann circa 1,5 km zu Fuß oder Rad auf dem linksrheinischen Radweg flussabwärts. **Rad:** Rhein-Radweg, Räder am Eingang in die Schlucht stehen lassen.

▶ Der Einstieg in die **Kreuzbachklamm** liegt an der B9 circa 1,5 km nordwestlich von Bingen Hbf. Durch die enge Schlucht im Wald verläuft ein dürrer Bach, der meist fast vollständig ausgetrocknet ist. Es geht auf einem schmalen Pfad 1 km stark bergauf, erst am Schluss lässt die Steigung nach. Ihr kommt an schroffen Felsen vorbei, die Route ist stellenweise steinig, im Bachbett liegt viel Totholz. Auf der Höhe mündet der Wanderweg in ein Teersträßchen, das rechts zur nahen **Waldgaststätte Forsthaus Heiligkreuz** führt. In der Nähe gibt es den ↗ Erlebnispfad und einen Botanischen Garten. Nach der gemütlichen Rast könnt ihr auf derselben Route wieder ins Rheintal zurückkehren.

Waldgaststätte Forsthaus Heiligkreuz, Bingen. ✆ 06721/4003828. www.forsthaus-heiligkreuz.com. Di – So 11 – 22 Uhr. Gutbürgerliche Küche mit saisonalen Spezialitäten.

pmv Öko-Tipp!

Hildegard Forum und Rochuskapelle

Rochusberg 1, 55411 Bingen am Rhein. ✆ 06721/181000, www.hildegard-forum.de. **Kinderwagen geeignet:** ja. **Barrierefrei:** ja. **Bahn/Bus:** Bus 607 bis Hildegardishaus, So und Fei bis Rochuskapelle. **Rad:** Von Bingen: Auf dem Hinweg steiler Aufstieg, auf dem

Begegnungsstätte Hildegard Forum, Rochusberg, Bingen. ✆ 06721/ 181000. www.hildegard-forum.de. Di – So 11.30 – 18 Uhr. Di – Sa reichhaltiges Mittagsbuffet (11.30 – 14 Uhr) mit nachhaltigen und vollwertigen Lebensmitteln 9,90 € pro Person, Fleisch und vegetarisch. Kinder bis 6 Jahre essen kostenlos. Großes Sonntagsbuffet 17,90 €, Kaffee, Tee, Kakao von Fair Trade, hausgebackener Kuchen, Laden Di – So 11.30 – 17 Uhr.

Feiert hier mitten in der Natur euren **Geburtstag.** Wählt zwischen 16 spannenden Themen, wie „Rheinauenforscher", „Kräuter – k(l)eine Hexerei" oder „Indianer", circa 2,5 Std, Mitglieder 65 €, Nichtmitglieder 75 €, max. 13 Kinder, min. ein Elternteil.

Rückweg rasante Abfahrt. **Infos:** Führungen im Kräutergarten möglich, außerdem werden Vorträge angeboten.

▶ Im Hildegard Forum auf dem Rochusberg gibt es einen schönen kleinen **Kräutergarten** nach den Vorstellungen der berühmten mittelalterlichen Naturheilkundlerin *Hildegard von Bingen.* Das ist eine gute Gelegenheit viele wichtige Heilkräuter kennen zu lernen, z.B. Akelei, Rainfarn, Fenchel und Baldrian. Insgesamt sind es 65. Alle sind am Namensschild erkennbar. Außerdem gibt es im Hildegard Forum eine kleine **Ausstellung** zum Leben der Hildegard von Bingen. Und da ist auch noch ein Restaurant, in dem ihr leckeres, sehr gesundes Essen und gut schmeckende Säfte bekommt.
Ihr könnt euch bei dieser Gelegenheit auch die nahe gelegene **Rochuskapelle** ansehen und ein Päuschen im dortigen Park einlegen. Besonders interessant ist es, diesen Ausflug während des 10-tägigen Rochusfestes zu unternehmen. Dann kommen fast täglich Pilgerprozessionen auf den Berg.
Ich schlage vor: Ihr wandert von Kempten auf dem Weinwanderweg zum Hildegard Forum hinauf, schaut euch den Waldlehrpfad an und steigt vom Scharlachkopf nach Büdesheim ab. Beide Orte haben Busverbindung mit Bhf Bingen-Stadt.

pmv Öko-Tipp!

NABU-Naturschutzzentrum Rheinauen

NABU Bingen und Umgebung e.V., An den Rheinwiesen 5, 55411 Bingen am Rhein. ✆ 06721/14367, www.nabu-rheinauen.de. **Bahn/Bus:** RE, RB bis Bingen-Gaulsheim an der Bahnlinie Mainz – Koblenz, dann 10 – 15 Min zu Fuß. **Rad:** Unweit vom Rhein-Radweg Mainz – Bingen. **Zeiten:** telefonisch erreichbar Mo – Fr 9 – 16 Uhr.

▶ Der NABU hat am Rande der unter Naturschutz stehenden Auenlandschaft des Inselrheins mit den beiden Inseln Fulder Aue und Ilmen Aue ein Informationszentrum eingerichtet. Dieses engagiert sich einerseits in Projekten zur Erhaltung der gefährde-

ten Auenlandschaft des Inselrheins und Schaffung von Lebensräumen für selten gewordene Tier- und Pflanzenarten und bietet andererseits ein breites Aufklärungsprogramm mit Informationsveranstaltungen, Seminaren und naturkundlichen Exkursionen. Alle Veranstaltungen für Kinder, Familien und auch Erwachsene könnt ihr auf der Webseite aktuell nachschauen. Sogar eine ganze Woche dauern die Kinderakademien im Sommer und Herbst mit einem ganzen Paket von Aktivitäten in der Natur. Und dann ist da noch das nicht minder interessante Exkursionsprogramm für Kindergärten und Schulklassen.
Ein brandneues Naturschutzzentrum ist gerade errichtet worden und soll 2022 für Besucher samt Café geöffnet werden.

Winzling: So einen Laubfrosch auf die Hand zu nehmen, ist ein schönes Erlebnis
© NABU Rheinauen

Erlebnispfade

pmv Öko-Tipp!

Der Natur auf der Spur in der Ingelheimer Rheinaue

Erlebnispfad Jungaue, 55218 Ingelheim am Rhein-Frei-Weinheim. https://lebensader-oberrhein.de. **Länge:** 2,4 km (kleiner Rundweg), 3,8 km (Erweiterung) und 7,9 km (großer Rundweg). Kleiner Rundweg: Er ist kurz und enthält dennoch 13 der 15 Schautafeln, Fernglas mitnehmen. **Altersempfehlung:** Kleiner Rundweg ist eine gute Wahl für kleine Kinder, die längeren Stücke ab 8 Jahre. **Kinderwagen geeignet:** ja. **Bahn/Bus:** RB, MRB, RE Bhf Ingelheim, Bus 80 Mainz Hbf – Gonsen-

?! *Renaturierung der Selz: Um die Selz wieder so natürlich wie möglich zu gestalten, wurden an zwei Stellen breite und flache Gewässerbetten angelegt, umgestürzte Bäume wurden liegen gelassen, damit das Wasser sich aufstauen kann. Es entstanden acht Laichbiotope, Röhrrichtzonen und auentypische Bäume wurden gefördert und die Wasserqualität verbessert, sodass sich jetzt wieder Fische ansiedeln können, die es schon früher einmal in der Selz gab.*

heim – Ingelheim Bhf. **Infos:** Faltblatt *Erlebnis Jungaue* mit Karte bei der Tourist-Information Ingelheim erhältlich.

▶ Die Exkursion beginnt circa 100 m südlich vom **Ingelheimer Hafen.** Hier befindet sich ein großer Infostand, an dem ihr den Verlauf der Route erst einmal in aller Ruhe studieren könnt. Es geht zunächst einmal 1,2 km am Rheinufer flussaufwärts. Zuerst führt die Route an prächtigen Trauerweiden vorbei. In diesem Abschnitt geht auch der lange Steg auf den Fluss hinaus. Von der Plattform habt ihr einen außerordentlich guten Blick auf den Rheingau, der von Schloss Johannisberg über Winkel, Kalte Herberge (619 m), Hallgartener Zange (580 m), Hallgarten bis Kirche Oestrich reicht. Kurz danach wartet rechts in der Auwiese das Auen-Forum auf euch. Dort könnt ihr allerlei untersuchen, mit einem **Bandolo** überprüfen, ob ihr wisst, welche Insekten bestimmte Pflanzen der Auwiese bestäuben, Grundwasser heraufpumpen und mit Rhein- und Selzwasser vergleichen oder mit einer Riesenlupe Blüten untersuchen. Nach 500 m führt der Erlebnispfad über die *Selz,* die dort in den Rhein mündet. Dieser Bach, der vom über 60 km entfernten Donnersberg kommt, war noch bis vor wenigen Jahren ökologisch fast tot. Dank des Engagements rheinhessischer Naturschützer verwandelt er sich jetzt durch verschiedene Renaturierungsmaßnahmen allmählich in ein natürliches Gewässer.

Anschließend wandelt ihr lange durch eine **Pappelallee.** Allerdings ist das eine auenfremde Abart der Kanadischen Pappel, die nach dem Krieg wegen ihres schnellen Wachstums angepflanzt wurden. Diese Bäume, die mittlerweile ein Alter erreicht haben, in dem häufig Astbrüche auftreten, sollen in nächster Zeit durch auentypische Bäume ersetzt werden. Nach 1,2 km verlasst ihr das Flussufer und geht rechts zum Aussichtsturm hinüber. Auch hier ist der Ausblick ein Erlebnis. Die Route verläuft weiter gen Süden durch Auwiesen. Dann werden in einem urwaldhaft-üppigen Streifen die Selz und die Sandlache überquert. Anschließend geht es in Richtung Südwesten durch Auwiesen zum 1 km entfernten Ausgangspunkt zurück. Unterwegs kommt ihr an den Infostationen Auwald, Leben im Totholz und Hochwasser vorbei. An der letzten sind zahlreiche Baumstümpfe aufgestellt, die zeigen, wie hoch der Wasserstand in Jahren mit schweren Hochwassern war. Kurz vor dem Ziel könnt ihr die Rundwanderung auf dem gut eingerichteten Spielplatz oder dem benachbarten Bolzplatz ausklingen lassen. Das wäre auch ein geeigneter Fleck fürs Picknick.

pmv Öko-Tipp!

Naturdetektive in Aktion: Auenerlebnisroute Budenheim

55257 Budenheim. www.nabu-Rheinauen.de. **Länge:** 2,5 km, flach, leicht, Rheinaue, die Informationen auf den Tafeln können als Basis für eigene Beobachtungen dienen – z.B. der Erforschung der Streuobstwiesen. **Kinderwagen geeignet:** ja. **Bahn/Bus:** RB26, Bus 68 aus Hochheim bis Budenheim Bhf, Bus 80 Laubenheim – Ingelheim bis Budenheim Hauptstraße.

▶ Dieser schöne Naturerlebnispfad durch die Rheinaue ist eine gute Möglichkeit für junge Entdecker, die Vogel- und Pflanzenwelt des Inselrheins ein wenig kennen zu lernen. Ihr beginnt an der **Anlegestelle** der Budenheimer Fähre. Es geht flussabwärts.

Am Westende des *Isola-della-Scala-Platzes* könnt ihr euch einmal den Plan ansehen, bevor es losgeht. Der Weg verläuft zunächst 1,7 km mit 100 – 300 m Abstand zum Rhein, linker Hand begleitet euch der Hochwasserschutzdamm. Nach 900 m beginnen rechts große **Streuobstwiesen.** Eine Infostation informiert euch über die Geschichte des Geländes.

Früher gab es viele verschiedene Apfelsorten, heute werden meist nur noch solche Sorten gepflanzt, die

?! *Im Frühling, zur* ***Apfelblüte****, wie auf dem Foto oben, erblüht die Haderaue weiß-rosa. Bienen und Hummeln schwirren geschäftig über das Gelände, Grillen zirpen lautstark und tausende bunte Blumen blühen. Auch viele bunte Schmetterlinge sind unterwegs.*

Foto © Annette Sievers

viele Äpfel an niedrigen Stämmen tragen und sehr eng stehen können. Dank des Engagements des NABU konnte der Niedergang der Obstkultur hier beendet werden. Einige alte Bäume wurden erhalten. Zusätzlich wurden junge Bäume von früher in der Region verbreiteten Apfelsorten gepflanzt.

Nur wenig später kommt links ein **Pumpwerk.** 800 m hinter der Infostation Streuobstwiesen geht es rechts zum Fluss hinüber. Nun habt ihr Gelegenheit, Auwald und Flussufer zu studieren. Allerdings wird diese Aktivität kurz darauf durch das Gelände der Wassersportvereine erschwert. Auf diesem und dem letzten Abschnitt der Auenerlebnisroute gibt es noch die Infostationen *Alte Fischerei und Auwald.* Anschließend kehrt ihr zum Ausgangspunkt zurück oder geht weiter rheinabwärts nach Heidenfahrt.

pmv Öko-Tipp!

Pappel la Papp – Erlebnispfad Binger Rheinauen

NABU-Zentrum Rheinauen – Mitmach-Zentrum, NABU Bingen und Umgebung e.V., An den Rheinwiesen 5, 55411 Bingen-Gaulsheim. ✆ 06721/14367, www.nabu-rheinauen.de. **Bahn/Bus:** RB, Bus 602 von Aspisheim, 604 über Büdesheim bis Bingen-Gaulsheim. **Zeiten:** Mo – Fr 9 – 16 Uhr und nach Vereinbarung. **Preise:** Eintritt frei.

▶ Am NABU-Naturschutzzentrum von Bingen-Gaulsheim beginnt ein Naturinformationspfad, der durch das **Naturschutzgebiet Fulder Aue – Ilmen Aue** führt. An 8 Infotafeln erfahrt ihr alles über die Tier- und Pflanzenwelt dieser Flussaue, über ihre Eigentümlichkeiten und insbesondere auch, was zu schützen ist.

Auf Anfrage bietet der Auenservice **Führungen** für Gruppen durch die Rheinauen an. Los geht's am Naturschutzzentrum vorbei an Tümpeln, Kopfweiden und Storchennest bis an den Stillwasserbereich der Rheininseln.

?! *Infostationen: 1 Überblick Fulder Aue am Naturschutzzentrum, dort auch Nisthilfe für Wildbienen, 2 Kopfweiden am Weg zum Ufer, alle anderen Stationen am Ufer, 3 Pappel, 4 Pirol, 5 Flusswald, 6 Schilf, 7 Hindenburgbrücke.*

pmv Öko-Tipp!

So weit springen wie Fuchs und Hase: Erlebnispfad Binger Wald,

Rochusallee 2, 55411 Bingen am Rhein. ✆ 06721/184-0, www.erlebnispfad-bingen.de. **Länge:** 5,5 km Rundweg, Wald, sehr abwechslungsreich gestaltet, Fülle von Infos und Erlebniselementen. **Bahn/Bus:** MRB, RB, RE, IC Bingen Hbf (Bingerbrück), dann zu Fuß via Prinzenkopfstraße und Heiligkreuzweg, 2,5 km, steiler Aufstieg bis zum Aussichtspunkt Erlebnispfad und weiter zum Forsthaus Heiligkreuz. **Rad:** Wie Fußweg, also reichlich steil. **Infos:** Informationsblatt mit Skizze und Hinweisen möglichst vorher bei der Touristinformation Bingen beschaffen.

▶ Im Binger Wald gibt es einen langen **Walderlebnispfad** mit vielen spannenden Stationen. Ihr könnt Bäume raten, werdet zur Untersuchung von Baumschäden angeleitet, könnt mit dem Schlagholz auf den Waldxylophonen Musik machen, in einer Weitsprunggrube mit den Tieren des Waldes um die Wette springen und auf einem Barfußpfad die unterschiedlichsten Bodenbeläge mit den Füßen fühlen. Es ist empfehlenswert, den Rundgang an der Infostation mit Karte gegenüber der ↗ **Waldgaststätte Forsthaus Heiligkreuz** zu beginnen. Auf einem steilen Pfad geht es aufwärts. Nach wenigen 100 m mündet dieser in einen breiten Waldweg. Auf ihm geht es nach rechts. Nun wandert ihr knapp 2 km immer geradeaus – leicht bergauf – bis zur Straße nach Waldalgesheim. Unterwegs geht es außer an Bauminfos u.a. an so interessanten Stationen vorbei wie der

Balancieren, Töne erzeugen, springen oder über eine Hängebrücke wandeln: Der Erlebnispfad hält, was er verspricht
© Eberhard Schmitt-Burk

INSELRHEIN BIS BINGEN

Wusstet ihr, dass die Familie der ***Ameisen*** *rund 6000 verschiedene Arten umfasst und dass die kleinste Ameise nur 1,5 mm groß ist? Die Rote Waldameise besitzt eine Art Stachel am Hinterleib, mit dem sie Gift verspritzen kann. Trotzdem ist sie genauso harmlos für den Menschen wie die anderen Arten. Sie leben in gut organisierten Staaten, in denen die Weibchen das Sagen haben.*

Hängebrücke über die Kreuzbachklamm, den gewaltigen Baumwurzelwerken und dem Steg durch dichten Jungwald. Dicht am Erlebnispfad liegt außerdem die **Villa rustica.** Von der Straße gibt es noch den Abstecher zum **Biotop-Teich.** Dort geben Frösche lautstarke Konzerte.
Dann geht ihr auf der Straße in südwestlicher Richtung bis zum Waldrand, wendet euch dort nach links und geht 2 km geradeaus, leicht bergab. Kurz hinter der Abzweigung könnt ihr links einen Abstecher zu einer Infostation und der **Grillhütte Lärchenwiese** unternehmen – ein schöner Platz zum Picknicken. Auf dem Hauptweg kommt ihr an der **Kinderstube der Hirschkäfer,** der **Weitsprunggrube der Waldtiere** und einem großen **Ameisenhaufen** vorbei. Bald darauf taucht der **Sinneserlebnis- und Balancierpfad** auf. Zum Schluss kehrt ihr schließlich in nordwestlicher Richtung zum Forsthaus Heiligkreuz zurück.

pmv Öko-Tipp!

Geheimnisvolle Salamanderlöcher

Geoökologischer Lehrpfad Gau-Algesheim, 55435 Gau-Algesheim. ✆ 06725/910-185, www.gau-algesheim.de. **Länge:** 7,5 km markierter Rundweg mit 14 Infostationen, starke Steigung zwischen Km 1 und 3, landschaftlich abwechslungsreich. **Altersempfehlung:** ab 8 Jahre. **Bahn/Bus:** RB Bhf Gau-Algesheim. **Auto:** A60 Ausfahrt 15 Ingelheim-West. **Infos:** Flyer mit Planskizze bei der Tourist-Info der Verbandsgemeinde in der Rathausscheune erhältlich.

▶ Der Lehrpfad beginnt am **Graulturm** auf dem Festplatz. Hier befindet sich ein Übersichtsplan. Auf 14 Tafeln werden Gesteinsaufbau und geologische Entwicklung der Region vorgestellt. Neben dem Kreislauf des Wassers werden die Wechselbeziehungen zwischen Ausgangsgestein, Boden, Landschaftsformen, Wasser, Klima, Vegetation, Tierwelt und Mensch beschrieben. Das klingt vielleicht schwierig

oder theoretisch, ist es aber nicht, die Tafeln sind optisch sehr ansprechend gestaltet.
Ihr geht zuerst 1,1 km am beschaulichen *Welzbach* entlang. Dann biegt ihr nach links ab und steigt auf der Bergstraße bergauf. Nach circa 400 m führt der Lehrpfad rechts in den Weinberg. An der Infotafel 4 endet die Steigung zunächst. Die Route verläuft ein Stück parallel zum Hang, bevor sie steil zur Infostation 5 hinaufgeht. Ab dort hält der Weg wieder ein Stück die Höhe, Gelegenheit zu Atem zu kommen. Schließlich biegt ihr nach links ab und geht – nun wieder stark bergauf – zum Wald hinauf, wo ihr die Infotafel Quelle in der Michelskaut passiert. Dort gilt es, 100 m Treppe zu steigen. Nun seid ihr endgültig auf der Höhe und für eine Weile im Wald. Von der Hauptroute erfolgt alsbald ein kurzer Abstecher zu den geheimnisvollen **Salamanderlöchern.** In diesen Feuchtbiotopen, die wie kleine Krater aussehen, leben vier Molch- und sechs Libellenarten, aber komischerweise keine Salamander!
Nachdem ihr auf die Hauptroute zurückgekehrt seid, geht ihr rechts weiter. Kurz danach haltet ihr euch links. Immer geradeaus Richtung Nordwesten kommt ihr 1,2 km hinter den Salamanderlöchern an der **Steinkantergewann** vorbei. Kurz dahinter geht es in die Flur hinaus zur Info Landwirtschaft, wo der ökologische Landbau positiv hervorgehoben wird. Der Lehrpfad verläuft von dort ein kurzes Stück nach Nordosten und ein langes Stück nach Nordwesten. Kurz vor dem **Bismarckturm**, den ihr rechts liegen lasst, taucht er noch einmal in den Wald ein. Schon bald beginnt der Abstieg nach Gau-Algesheim. Hinter der Lehrtafel zur Geologie von Hunsrück und Taunus könnt ihr noch einmal in einer **Schutzhütte** rasten – und den Ausblick in den Rheingau genießen. Am Schluss geht es steil nach **Gau-Algesheim** hinunter. Die Infotafeln sind sehr informativ. Es gibt sogar Fragen und Antworten, da habt ihr immer was zu tun!

Nüsse-Spiel: Auf ebener Fläche grabt ihr eine kleine Mulde, 5 Schritte davon entfernt zieht ihr eine Linie, hinter der ihr euch aufstellt. Nun versucht jeder, seine 6 Nüsse in die Mulde oder so nah wie möglich daran zu werfen. Aber nicht über die Linie treten! In der Mulde = 3 Punkte, eine Fußlänge davon entfernt = 1 Punkt. Wer die meisten Punkte hat, hat gewonnen. Dieses Spiel haben übrigens schon die Römerkinder im Binger Wald gespielt.

Tigerzoo

Bengalische Tiger beim Bismarckturm

Tiger-Garten Waldeck e.V., Peter Schweikhard, Waldeck 1, 55218 Ingelheim am Rhein-Ober-Ingelheim. Handy 0172/6121741. www.tiger-garten-waldeck.de. **Länge:** 7 km hin und zurück, auf dem Hinweg starker Anstieg, Markierung Selztalradweg, R Rheinhöhenweg. **Kinderwagen geeignet:** ja. **Bahn/Bus:** RB, MRB, RE Bhf Ingelheim, Bus 80 Mainz Hbf – Gonsenheim – Ingelheim Bhf. **Zeiten: Tigergarten** nur mit Führung So, Fei 15 und 17 Uhr, Sommerferien RLP zusätzlich Mi – Sa 15 Uhr, in der Winterpause nur So 15 Uhr. **Bismarckturm** April – Sep 9 – 20, Okt – März 10 – 16 Uhr. **Preise:** Tigerführung 4 € (min. 7 Pers). **Infos:** Tigerführung nur mit Anmeldung per Telefon oder Mail, So 15 Uhr öffentliche Führung.

Bergrestaurant Waldeck, Waldeck 1 (Am Bismarckturm), Ingelheim-Waldeck. ✆ 06725/4313. www.waldeck-ingelheim.de. Sommer Mi – Sa ab 12, So, Fei ab 11 Uhr, Winter Fr – So 12 – 18 Uhr. Überdachte Außenterasse mit Panoramablick auf den Rheingau, barrierefrei, Spielplatz. Wurstwaren und Kuchen aus eigenem Meisterbetrieb. Pension: 7 Zimmer, 1 rollstuhlgerechtes Zimmer, 1 App bis 8 Pers, EZ ab 45 €, DZ ab 75 €.

▶ Es geht zu Fuß nach Indien: Vom **Bahnhof Ingelheim** geht es nach rechts zur Binger Straße und gleich darauf über die Selz. Hinter der Brücke biegt ihr links ab und folgt dem beschaulichen Bach auf dem **Selz-Radweg** aufwärts. Ihr folgt dem dicht bewachsenen Gewässer 1,5 km bis zur Altegasse. Dort biegt ihr rechts ab, überquertdas **Rondell** und begebt euch kurz danach rechts in das mit **R – Rheinhöhenweg** markierte Sträßchen, auf dem der rund 1,5 km lange Fußweg direkt zum Turm auf 220 m Höhe hinaufführt. Die Landschaft mit Wein, Obstbäumen und den sanften Hügeln erinnert an die Toskana, dann wird der Anstieg steil, aber interessant: Bis zum Ziel lauft ihr durch einen 500 m langen, schattigen Hohlweg.

Vom **Bismarckturm** (31 m, erbaut 1912) besteht ein wunderbarer Ausblick auf den Inselrhein und die Städtchen, Dörfer und Berge des Rheingaus vom Binger Loch bis Walluf. Neben dem Turm befindet sich das viel besuchte **Bergrestaurant Waldeck,** das auch ein kleines Gehege mit Hasen und Ziegen besitzt – eigentlich nichts Ungewöhnliches, wären da nicht die **Bengalischen Tiger!** Auf einem weitläufigen Freigelände lagern die großen Raubkatzen und scheinen sich wohlzufühlen. Denn alle paar Jahre gibt es sogar Nachwuchs bei den in freier Natur selten gewordenen indischen Tigern. Begonnen hat der Tigerpark 1984 als Auffangstation eines pleitegegangenen Safari Parks, zu dem der Metzgermeister *Peter Schweikhard* intensiven Kontakt gehabt hatte. Ein Tiger kam zum andern und auch das Gelände wuchs um Ställe, Wasserbecken, Felsen, Kratzbäume etc. Durch Sichtfenster könnt ihr *Mara, Bombay, Marun* und *Lilly* sogar ohne Gitter beobachten.

Signalturm: Der Bismarckturm zeigt euch den Weg zu Tigern und Torten
© Annette Sievers

Rückweg: Ihr könnt auf dem gleichen Weg nach Ingelheim zurückkehren oder dem Rheinhöhenweg nach Gau-Algesheim (ebenfalls RB-Station) folgen. Beide Routen sind etwa gleich lang – und auch gleich leicht, denn es geht jeweils ins Rheintal hinunter.

FIT & FIDEL MIT DEN 4 FREUNDEN

Radtour

Mit dem Rad durchs Naturschutzgebiet

Von Ingelheim nach Bingen, 55218 Ingelheim am Rhein. **Länge:** 16 km ab Ingelheim-Nord Bhf. **Bahn/Bus:** RE, RB, MRB Bhf Ingelheim plus Stadtbus 611 bis Talstraße (Fähre) oder Bhf Oestrich-Winkel plus Fähre nach Ingelheim; Rückreise RE, RB von Bhf Bingen-Stadt.

▶ Die Radtour von Ingelheim nach Bingen führt euch etwa 16 km am Rhein entlang. Den **Ingelheimer Bahnhof** verlasst ihr nicht in die Innenstadt Ingelheims, sondern in Richtung Boehringer. An deren Gelände fahrt ihr auch die ersten Meter entlang. Zuerst folgt ihr den grünen Fahrradschildern in Richtung Frei-Weinheim und Oestrich-Winkel. Die ersten 2 km führen euch zwar an der Straße entlang, doch die ist immer von gut befahrbaren Radwegen gesäumt.

Fast am Rhein angekommen, direkt hinter der Feuerwehrwache und gegenüber dem **Frei-Weinheimer Glockenspiel**, biegt ihr endlich links in Richtung Bingen ab und seid von nun an autofrei unterwegs. Nun seid ihr direkt hinter dem Deich. Zu eurer rechten Seite beginnt das **Naturschutzgebiet Ilmen-Aue und Fulder-Aue.** Immer wieder wird auf Schautafeln auf die Bedeutung des Naturschutzgebietes für Tiere und Pflanzen hingewiesen.

Nun taucht hinter der Straße schon **Gau-Algesheim** auf, das ihr einfach links liegen lasst. Kurz darauf kommt ihr zu eurem **Rastplatz.** Die Hälfte der Tour ist geschafft und ihr habt euch eine Pause am Rhein verdient. Durch die Streuobstwiese am Hollerberg gelangt ihr an einen schönen Rheinabschnitt. Hier könnt ihr eure heiß getretenen Füße in den Fluss halten und Steine über das Wasser flippen.

Nach der Pause fahrt ihr weiter und gelangt schnell nach **Gaulsheim.** Ihr fahrt aber nur kurz an der Straße entlang, denn bald biegt der Weg für Fahrräder wieder rechts ab und führt hinunter zum Rhein. Nun seid ihr direkt im Naturschutzgebiet und habt ununterbrochen den Rhein direkt neben euch. Bei schlechtem Wetter oder Regenfällen kann es hier ganz schön matschig und unwegsam sein.

Nachdem ihr die historische Ruine der **Hindenburgbrücke** – sie wurde im Zweiten Weltkrieg zerstört – durchfahren habt, kommt ihr bald ins **Binger Stadtgebiet.** Ihr radelt ungestört am Rhein entlang. Achtet dabei aber auf die Beschilderung, an der Promenade ist das Fahrradfahren oft verboten. Mich musste ein Parkwächter stimmgewaltig darauf aufmerksam machen.

Picknick- & Grillplätze

Grillplätze in Ingelheim

Stadtverwaltung Ingelheim, Ulrich Reussner, 55218 Ingelheim am Rhein. ✆ 06132/782-0 (Reservierung), 782-156. www.ingelheim.de. **Preise:** 25 € pro Grillplatz zuzüglich Kaution 100 €. **Infos:** Verleih von Grillrosten und Schwenkgrill.

▶ Im Stadtgebiet gibt es fünf Grillplätze: **Westerberg, Carolinenhöhe, Gau-Algesheimer Weg, Auf der Steig** (Großwinternheim), **Ikasee.** Mai – Sep sind auf allen Plätzen Toilettenanlagen vorhanden.

Grillplätze in Bingen

Stadt Bingen, Sekretariat Gartenamt, 55411 Bingen. ✆ 06721/41316, 184-236, www.bingen.de. **Infos:** Anmeldung Mo – Fr 8.30 – 12, Mo auch 14 – 18 Uhr.

Elisenhöhe: Hoch über Bingerbrück, Aussicht auf Bingen, den Inselrhein und Rüdesheim. Bus 606 bis Elisenhöhe. Mai – Sep 25 € pro Tag. Infos: Mo – Fr 8.30 – 12, Mo auch 14 – 18 Uhr. 20 Sitzplätze, Toilette, Spielplatz.

Hermannsruhe: Großer Grasplatz, 20 Sitzplätze, keine Toilette. Ganzjährig 15 € pro Tag.

Lärchenwiese: Grillhütte im Binger Stadtwald mit 50 Sitzplätzen und Toilette, allerdings nicht behindertengerecht, nur in den Sommermonaten, große Wiese, ↗ Walderlebnispfad in der Nähe. 50 € pro Tag.

Grillen im Höhenpark Rochusberg

Stadt Bingen, Sekretariat Gartenamt, 55411 Bingen am Rhein. ✆ 06721/41316, www.bingen.de. **Lage:** 2,5 km südöstlich vom Stadtzentrum 100 m über Bingen. **Bahn/Bus:** Stadtbus 607 bis Hildegardishaus. **Auto:** Parken an der Rochuskapelle. **Preise:** Grillen Mai – Sep 25 € pro Tag, außerhalb der Saison ohne Toilette 15 €. **Infos:** Anmeldung Grillplatz Mo – Fr 8.30 – 12, Mo auch 14 – 18 Uhr.

▶ Auf dem Binger Rochusberg befindet sich ein Freizeitgelände mit einer großen Liege- und Pick-

Lauschhütte, Kletterwald & Camping, 55442 Daxweiler (Soonwald, außerhalb unseres Gebietes, aber ein toller Tipp!). ✆ 06724/6038013, www.lauschhuette.de. April – Okt Di – Do 11 – 20, Fr – So, Fei 11 – 21 Uhr, Nov – März Di – Do 11 – 18, Fr – So, Fei 11 – 20 Uhr. Kletterwald 18 €, Kinder 6 – 18 Jahre 12 €. Unterkunft im Baumhaus 2 Erw, 2 Kinder 45 €, Trekkingzelte 2 – 4 Pers 40 €, Hängematte mit Dach 1 Pers 12 €, Baumzelt 1 – 3 Pers 40 €, Schlafsack mitbringen. Ehemaliges Forsthaus, auf einer Lichtung, mit Biergarten, Spielplatz mit Tipi sowie Boden-nicht-berühren-Parcours. Deutsche Küche außer Regionales, mehrere Gerichte für Kinder.

nickwiese mit Spielplatz, drei Grillstellen und einem Trimmpfad im Wald. Die kleine Wanderkarte weist 8 Rundwege zwischen 2 und 9 km aus.

Grillplatz Rochuskapelle: Mit mobiler Toilette, allerdings nicht behindertengerecht. Naher Parkplatz.

Grillplatz Trimm-Dich-Platz: Benachbart Spielplatz mit Seilbahn, Volleyballanlage, Spiel- und Liegewiese und Trimm-dich-Pfad, Grillplatz mit 20 – 30 Sitzplätzen und mehreren Tischen, Toilette, schön für Gruppen. Nahe den Tennisplätzen und dem Weinlokal Bingium

Grillplatz Scharlachkopf Rondell: Am Ende des Waldlehrpfades, am Waldrand, Blick auf Büdesheim. Mit Steinhütte.

Grillplatz Gau-Algesheim

Tourist Information Gau-Algesheim, 55435 Gau-Algesheim. © 06725/992143, www.gau-algesheim.de. **Lage:** 3 km südwestlich, auf dem Laurenziberg, unterhalb der bekannten Wallfahrtskirche. **Preise:** Bis 50 Pers 40 €, Kaution 50 €.

▶ Ruhig, Grillhütte mit Grill, Tische und Bänke, Wiese, Spielplatz mit Zug aus Holz, Hangelseilbahn.

Spielpark & Erlebniswelten

Matschen und Klettern

Wasserspielplatz Ingelheim, Auf dem Graben 42, 55218 Ingelheim am Rhein. © 06132/782156, **Bahn/Bus:** Bus 611 aus Frei-Weinheim, 618 vom Bhf Ingelheim bis Natalie-von-Harder-Straße, Bus 80 (ehemals 620) bis Untere Stiftstraße.

▶ Im Sommer kann man hier jede Menge matschen, dafür gibt es zum Beispiel einen Wasserkanal. Auch zum Herumklettern sind einige Elemente da. Da der Wasserspielplatz direkt an der Kaiserpfalz gelegen ist, kann man super beides miteinander verbinden.

Freizeitgelände Ika-See

Stadtverwaltung Ingelheim, Im Blumengarten 52, 55218 Ingelheim am Rhein. ✆ 06132/7820, www.ingelheim.de. **Kinderwagen geeignet:** ja. **Bahn/Bus:** Bus 613 aus Gau-Algesheim, 619 ab Ingelheim Bhf bis Nieder-Ingelheim Im Blumengarten. **Rad:** Auf dem Selz-Radweg vom Stadtzentrum erreichbar. **Preise:** 25 € für die Nutzung des Grillplatzes mit Toilettenkabine Mai – Sep.

Nebenan könnt ihr schwimmen, ↗ Freibad Ingelheim, oder minigolfen gehen.

▶ Im Norden von Ingelheim liegen Seite an Seite zwei Seen. Am Südufer des östlichen befindet sich ein sehr ansprechender Spielplatz mit Wiese und ein Bolzplatz. Ihr findet auch einen schattigen Kleinkinderspielbereich mit Matschbereich und Barfußpfad. Praktisch sind auch die öffentlichen Toiletten. Obwohl der Spielplatz in der Nähe der A60 liegt, ist der Autolärm durch Bäume gedämpft. Ihr könnt hier den Anglern zuschauen.

Auch Grillen ist möglich, wenn ihr den Platz mit einer schönen Grillhütte vorher reserviert und ein Entgelt bei der Stadtverwaltung entrichtet.

Das Binger Kulturufer

Park am Mäuseturm, 55411 Bingen-Bingerbrück. www.park-am-mäuseturm.info. **Lage:** gegenüber vom Hbf. **Bahn/Bus:** Bingen Hbf, Bus 601, 606 bis Hbf. **Rad:** Rhein-Radweg. **Zeiten:** jederzeit zugänglich. **Preise:** kein Eintritt. **Infos:** Flyer Kulturufer Bingen erhältlich bei der ↗ Tourist Information Bingen.

Im Juli wird an einem Samstag das bunte *Kulturuferfest* gefeiert. Ihr seht Gaukler, Straßenkünstler und Musiker.

▶ Das Gebiet am Bingerbrücker Rheinufer, auf dem sich einmal ein ausgedehnter Rangierbahnhof befand, ist vor wenigen Jahren in einen großen **Kultur- und Freizeitpark** verwandelt worden, in dem sich jetzt die Bürger von Bingen in Scharen erholen.

Ihr könnt hier mitten im Grünen vieles unternehmen. Auf dem **Spielplatz** gibt es neben einer großen Burganlage, Schaukeln, Rutschen, Holzhäuschen, eine Kletterwand, viel Sand und ein Heckenlabyrinth einen langen **Spielfluss.** Mehrere Pumpen ermöglichen es, ihn mit Wasser zu versorgen. Mit Hilfe von Wehren könnt ihr ihn auch an verschiedenen Stellen stauen. Außerdem ist das Gelände gut geeignet für die Anlage von Flussarmen.

In der Nachbarschaft könnt ihr euch austoben: in der **Skate-Arena** mit vielen Ramp-Elementen, auf dem schönen **Beachvolleyballplatz** oder den **Bolzplätzen** mit oder ohne Sand. Am östlichen Ende dieses wunderbaren Spielbereichs gibt es etwas sehr Originelles, da sind neben dem Freiluftschach fantasiereiche **Bewegungsgeräte** aufgestellt, die ihr unbedingt mal testen müsst. Auf Infotafeln könnt ihr erfahren, wie sie zu bedienen sind und welche Wirkung die Bewegungen auf euren Körper haben.

Zum Angebot dieses großen Parks mit der ausgedehnten Spiel- und Liegewiese gehören ansonsten noch die informative Ausstellung im ehemaligen **Stellwerk** und der **Tiergarten der Region** des NABU, der zudem ein grünes Klassenzimmer anbietet.

TECHNIK & GESCHICHTE MIT M. MAU

Bahnen & Burgen

Ehemaliges Stellwerk der Bahn

Stellwerk Bot – Mensch, Natur, Technik, Bingerbrücker Straße, 55411 Bingen-Bingerbrück. ✆ 06721/184135, www.stellwerk-bingen.de. **Lage:** im Park am Mäuseturm. **Bahn/Bus:** Bingen Hbf, Bus 601, 606 bis Hbf. **Rad:** Rhein-Radweg. **Zeiten:** April – Nov Di – So 11 – 17 Uhr, Nov, Feb, März Sa, So 11 – 16 Uhr, Dez, Jan geschlossen. **Preise:** Eintritt frei. **Infos:** Informativer Prospekt zum Stellwerk.

▶ Das Stellwerk Bot des einstigen Rangierbahnhofs von Bingerbrück ist seit der Landesgartenschau von 2008 in einem schön restaurierten Zustand. Gezeigt werden interessante Ausstellungen zur Eisenbahngeschichte und zur Natur und Umwelt des oberen Mittelrheintals, das sich seit ein paar Jahren sogar zum UNESCO-Welterbe zählen darf.

In der multimedialen Wissenswand im Paterre bekommt ihr durch allerlei Filme richtig spannend und anschaulich erzählt, wie Bingerbrück sich zu einem viel benutzten Eisenbahnknoten entwickelte und deshalb im Zweiten Weltkrieg aus strategischen Gründen schwer bombardiert wurde. Auf Grund der Modernisierung der Bahn hat Bingerbrück diese große Bedeutung nun vor Jahrzehnten verloren, der Rangierbahnhof und die große Ausbesserungswerkstatt wurden geschlossen. Ihr erfahrt viele interessante Dinge über die Rheinschifffahrt und die Pflanzen- und Tierwelt rund um das Binger Loch.

Ihr erfahrt neben den technischen Infos viel über die Natur am Binger Loch und seht: Terrarien mit Laubfröschen und Smaragdeidechsen sowie ein Rheinfischaquarium.

Es gibt regelmäßig Aktionswochen für Kinder, wie die Wassertage.

© NABU Rheinauen

DIE SAGE VOM MÄUSETURM

Einst lebte ein Bischof, der nie seinem Volk etwas von seinem Reichtum abgab. Auch als eine Hungersnot kam, ignorierte er sein Klagen. Hartherzig ließ er sie in eine Scheune einsperren und diese in Brand stecken. Als er die Schreie der Menschen hörte, spottete er nur: „Hört, wie die Mäuschen pfeifen!“
Die Schreie verstummten und Dunkelheit überkam ihn: Mäuse schossen aus allen Ecken des Schlosses hervor und fielen über das Festmahl des Bischofs her. Aber auch als sie den letzten Krümel gefressen hatten, waren die Mäuse noch hungrig. Ihr nächstes Ziel war der Bischof. Der floh auf den Turm, der auf allen Seiten vom Rhein umgeben war, doch auch hierhin verfolgten ihn die Mäuse. Im höchsten Zimmer des Turms fanden sie ihn und fraßen ihn bei lebendigem Leibe. Den Geist des Bischofs soll man bei Nacht noch sehen können. Noch immer aber heißt der Turm Mäuseturm.

Text: Johanna S., Schülerpraktikantin bei pmv 2022

Im Obergeschoss sind verschiedene kleine Ausstellungen. Absoluter Höhepunkt ist die große Modelleisenbahn, die den Bahnhof Bingerbrück in seiner Blütezeit spielt. Mit Kohle beladene Züge fahren zum Rheinufer. Mehrere Wagen werden auf ein Trajet geladen und zum anderen Rheinufer transportiert. Dort geht's an Land und zu einem Güterzug. Wenn genügend Waggons zusammen sind, geht's auf die Reise nach Wiesbaden.

Wo einst Raubritter hausten: Burg Reichenstein

Kinder können hier an einer spannenden Führung teilnehmen und **Geburtstag** feiern. Da werden gruselige Geschichten erzählt und nach alten Geheimgängen gesucht.

Burgweg 24, 55413 Trechtingshausen. ✆ 06721/6117, www.burg-reichenstein.de. **Lage:** Oberhalb von Trechtingshausen. **Zeiten:** 10 – 18 Uhr, Mo Ruhetag, Mitte Nov – Ende Feb witterungsbedingte Öffnungszeiten, normal ab 11 Uhr. **Preise:** Erwachsene und Jugendliche 8,50 €; Kinder bis 13 Jahre 4 €. **Infos:** Kostenlose Burgführung für Gruppen ab 20 Pers, vorher unbedingt anmelden.

▶ Die erste Burg war ein gefürchtetes Raubritternest. Sie wurde 1282 von den Habsburgern zerstört. Nachdem die Ruine 1344 in den Besitz von Kurtrier kam, begann der Wiederaufbau. Als ihre strategische Bedeutung zurückging, ließ man sie im 16. Jahrhundert wieder verfallen. Dann eroberten 1689 die Franzosen das Mittelrheintal und sprengten die Reste. Das Schicksal hatten ja fast alle Burgen der Region. Lange schien es sodann unwahrscheinlich, dass hier noch einmal ein entsprechendes Bauwerk entsteht. Die Rhein- und Burgenromantik machte es möglich. Der reiche Industriekapitalist Baron von Kirsch-Puricelli fand Gefallen an dem Flecken und ließ hier 1899 – 1902 ein Riesenbauwerk errichten. Allerdings war das etwas Neues, nämlich eine neugotische Wohnburg im englischen Stil.

Heute wird Burg Reichenstein als Museum, Hotel mit Restaurant und Hochzeitssaal vermarktet. Es sind reichlich Ritterrüstungen, allerlei feudale Mö-

Keine Angst, die wollen nur spielen: Auf der schönen Burg Reichenstein
© Burg Reichenstein

belstücke und eine Sammlung gusseiserner Ofenplatten zu sehen.

Museumsschätze

Museum bei der Kaiserpfalz

Kaiserpfalz und Museum bei der Kaiserpfalz, Francois-Lachenal-Platz 5, 55218 Ingelheim am Rhein. ✆ 06132/7147-01, www.museum-ingelheim.de. **Barrierefrei:** ja. **Bahn/Bus:** RB, RE Ingelheim Bhf, weiter mit Bus 610, 611 bis Ottonenstraße; Bus 80 ab Mainz Hbf (früher ORN 620) bis François-Lachenal-Platz, Bus 610 bis Ottonenstraße. **Zeiten:** April – Okt Di – Do 10 – 17 Uhr, Fr – So, Fei 10 – 18, Nov – März Di – So, Fei 10 – 16 Uhr. **Preise:** 3 €; Kinder Eintritt frei. **Infos:** Regelmäßig öffentliche Führungen, Veranstaltungen und Workshops für Familien ↗ Webseite. Broschüre „Eine Entdeckungsreise durch das Saalgebiet in Ingelheim" mit Plan zur Kaiserpfalz.

▶ Mittelalterliche Kaiser hatten keinen festen Herrschersitz so wie unser Kanzler, der in der Hauptstadt

Spielplatz direkt vor dem östlichen Rundbau der einstigen Kaiserpfalz. In einem langen Kanal rauscht hier Wasser runter und bietet Gelegenheit für allerlei Planscherei mit den Wehrvorrichtungen. Daneben gibt es Spielgeräte wie Rutschen, Kriechrohr, Schaukel und Balancieranlage.

Zeitreise mit Kostüm: Römertage im Museum Kaiserpfalz
© Stadtverwaltung Ingelheim

residiert. Vielmehr verfügten sie über ein Netz von großen Gutshöfen, Pfalz genannt, zwischen denen sie nach Vorlieben oder aktuellen Erfordernissen mit ihrem Gefolge hin- und herzogen. Auch in Ingelheim gab es seit Karl dem Großen eine solche **Pfalz.** Das war allerdings kein x-beliebiger Herrschersitz, sondern ein besonders großes und prächtiges Bauwerk, das nach 785 gebaut wurde. Für Karl den Großen war Ingelheim neben Aachen die wichtigste Residenz. Er hielt sich des Öfteren hier auf, mehrmals sogar einige Monate. Auch seine Nachfolger sind häufig in die Pfalz am Inselrhein gekommen. Unter den *Saliern* verlor sie schließlich ihre Funktion. Ab 1354 setzte der allmähliche Verfall ein. 650 Jahre später konnten dann Reste, wie der Thronsaal (Aula regia) und das Heidesheimer Tor, freigelegt und zugänglich gemacht werden. Im **Museum** ist der Kaiserpfalz eine Abteilung gewidmet, der das **Besucherzentrum** mit drei Computer-Terminals angeschlossen ist. Hier erfahrt ihr, wann die Pfalzen entstanden, welche Aufgabe sie hatten und wie sich das im Laufe der Zeit änderte.
Anhand eines Modells könnt ihr sehen, wie die frühe karolingische Pfalz von Ingelheim aussah.
Ferner bietet das Museum eine kleine Ausstellung zur Vor- und Frühgeschichte sowie zur Römer- und Merowingerzeit im Ingelheimer Raum. Die jüngsten Besucher finden in den Ausstellungsräumen spezielle Kinder-Texttafeln auf „Augenhöhe“.

M **Freilichtmuseum Kaiserpfalz,** François-Lachenal-Platz 5, Ingelheim am Rhein. www.museum-ingelheim.de. Frei zugänglich. Nach eurem Museumsbesuch seid ihr gerüstet für einen Rundgang auf dem Gelände der Kaiserpfalz. Ihre Reste sind zum Teil in den Häusern integriert oder ihr Mauerverlauf ist im Straßenbelag markiert (8 Stationen).

Erlebnis Geschichte im Museum am Strom und Hildegard von Bingen

Museumstraße 3, 55411 Bingen am Rhein. ✆ 06721/ 184-353, 184-350. www.bingen.de/kultur/museum-am-strom. **Lage:** Am Rheinufer. **Altersempfehlung:** ab 4 Jahre. **Barrierefrei:** ja. **Bahn/Bus:** Von Bhf Bingen-Stadt und Bingen-Hbf zu Fuß, Bus 601, 604 bis Fischmarkt. **Auto:** P Museumsstraße kostenlos. **Rad:** Rhein-Radweg, Nahe-Radweg. **Zeiten:** Di – So 10 – 17 Uhr. **Preise:** 3 €; Kinder ab 6 Jahre 2 €; Gruppe ab 10 Pers 2 €, Kindergärten und Schulklassen 1 € pro Kind, Familie 6 €, Gruppenführung 50 € plus Eintritt. **Infos:** Öffentliche Führungen 1,50 €, Museumsquiz für das 3. – 8. Schuljahr oder Rallye durch alle Abteilungen.

▶ In einer denkmalgeschützten Industriehalle befindet sich ein Museum, das zu Begegnungen mit 2000 Jahren Kultur und Geschichte einlädt.

Die größte Dauerausstellung beschäftig sich mit dem Leben und Wirken der berühmten Äbtissin **Hildegard von Bingen** (1098 – 1179). So wird gezeigt, dass sie schon als Kind Visionen hatte – Erscheinungen, die im theologischen Sinne ausgelegt wurden. Sie wurde von der Nonne Jutta im *Kloster Disibodenberg* erzogen, wo sie 1136 Leiterin des Klosters wurde. 1147 gründete sie das **Kloster Rupertsberg** bei Bingen. Sie war sehr gebildet, ist viel durch Deutschland und Frankreich gereist und schrieb sich mit Kaiser, Königen, Kardinälen und anderen belesenen Männern viele Briefe. Außerdem leistete sie im naturwissenschaftlichen und medizinischen Bereich Pionierarbeit. Alles Dinge, die in der damaligen Zeit für Frauen sehr ungewöhnlich und oft auch verboten waren. Frauen durften allenfalls dichten, wenn sie überhaupt lesen und schreiben konnten. Und gedichtet hat Hildegard auch. Nebenbei.

Beeindruckend ist auch der **Hildegarten** neben dem Museum. Hier könnt ihr sehen, was Hildegard in der Naturkunde vollbracht habt. Sehr hilfreich ist die Broschüre *Hildegarten am Strom. Hildegard von*

♫ Wie wär's mit einer **Geburtstagsparty** im Museum? Zuerst gibt es eine kleine Führung, anschließend wird gebastelt. Themen können sein: Spielen wie die alten Römer; Tunica, Toga & Co, wie die Römer sich kleideten, zum Abschluss Modenschau; Stein für Stein, schöner wohnen bei den Römern, wie ein Mosaik gelegt wird. Dauer 2 – 2,5 Std, Kosten für max. 12 Kinder 45 € zzgl. 3 € Materialkosten pro Teilnehmer.

Bingen und die Heilkraft der Pflanzen, die ihr im Museum bekommt.

Ihr könnt weitere Abteilungen besuchen, wie die Abteilung **Stadtgeschichte.** Hier erfahrt ihr etwas über Bingen zur Zeit der Römer und im Mittelalter. Absolute Attraktion sind die im Grab eines römischen Arztes gefundenen chirurgischen Instrumente („das römische Ärztebesteck") aus dem 2. Jahrhundert n. Chr. Es besteht aus 67 Messern, Wundhaken, Skalpellen, Löffeln und Pinzetten. Sogar ein vollständiges Besteck für Schädeloperationen ist dabei. Beim Anblick der groben Werkzeuge und mit dem Wissen, dass damals ohne Betäubung operiert wurde, wird euch bestimmt wie mir Angst und Bange.

Fahrräder im Schloss Ardeck

eBike-Erlebnis Rheinhessen, von Alexander.Kraft bei pmv. ISBN 978-3-89859-333-5. Eine Tour führt natürlich auch am Schloss Ardeck und dem Fahrradmuseum vorbei.

Rheinhessisches Fahrradmuseum, Museumsleiter, Emil Busch, Schlossgasse 12, 55435 Gau-Algesheim. ✆ 06725/1787, 992143 (bei Touristik-Information). Handy 01520/7414468. www.fahrradmuseum-rheinhessen.de. **Barrierefrei:** ja. **Rad:** vom Rhein-Radweg 2 km. **Zeiten:** Ostern – Fest des jungen Weines (2. So im Okt) an So und Fei 14 – 18 Uhr sowie nach Vereinbarung, Führungen für Gruppen möglich. **Preise:** Eintritt frei. **Infos:** Barrierefreier Zugang.

▶ Oftmals führt der Weg zu einem besseren technischen Verständnis über die Haptik. Deswegen dürft ihr das Motto des Museums – „bei uns können Sie auch schon mal am Rad drehen" – wörtlich nehmen. Das Museum präsentiert in fünf Abteilungen 85 Zweiräder, vom historischen Rad über Alltags- und Sporträder bis zu Kinder- und Spezialfahrräder. Kunstobjekte und Plakate rund ums Velo, Ausrüstungen und berühmte Trikots sowie Filme über Kunstradfahren, BMX-Radsport und die Geschichte des Fahrrades zeigen die Vielfalt des Themas.

Aber so richtig spannend wird es, wenn ihr versuchen dürft, das **Hochrad** (Sattelhöhe 150 cm) zu besteigen und eine **Singelspeed-Bahnmaschine** zu tes-

ten. Auf dem Museumsvorplatz könnt ihr sogar einen Nachbau einer **Laufmaschine** von *Anton Burg* (Original von 1818) erproben sowie ein Schwingbike „Cavallo“ von Herkules, das über Lenker- und Sattelbewegungen angetrieben wird, ebenso ein Fendt-Cardano mit Kardanantrieb oder auch ein Rad mit einer stufenlosen Nabenschaltung von NuVinci (N330 Variogetriebe). Wollt ihr ein **Artisten-Rad** (Höhe 45 cm, Länge 40 cm) bezwingen? Dann fragt Herrn Busch einfach. Er macht vieles möglich.
Das Museum ist übrigens im **Schloss Ardeck** untergebracht, das 1444 als Amtssitz der kurmainzischen Verwaltung erbaut worden ist.

?! *Auf der Welt fahren über 1 Milliarde Menschen Rad, womit das Fahrrad das meistgenutzte Einpersonenverkehrsmittel ist.*

Stadtinfos & -führungen

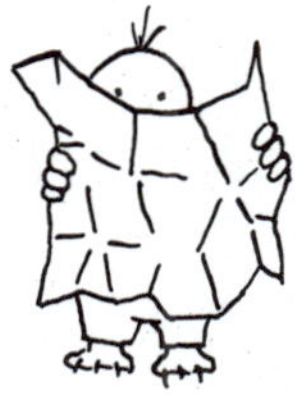

3 x Ingelheim erleben

Tourist-Information Ingelheim, Binger Straße 16, 55218 Ingelheim am Rhein. © 06132/71000920-0, www.ingelheim-erleben.de. **Barrierefrei:** ja. **Bahn/Bus:** RB, RE auf den Bahnstrecken Frankfurt – Mainz – Saarbrücken und Mainz – Bingen – Koblenz, Bus 68, 79 über Gonsenheim zum Mainz Hbf. **Rad:** Verbindung zum Rhein-Radweg. **Zeiten:** Mo – Fr 9 – 18, Sa 9 – 14 Uhr. **Infos:** Hier bekommt ihr auch Infos zur VG Heidesheim, außerdem Kartenvorverkaufsstelle.

▶ Ingelheim ist 1939 durch Zusammenlegen der drei Orte *Ober-Ingelheim, Nieder-Ingelheim* und *Frei-Weinheim* entstanden. **Frei-Weinheim** liegt direkt am Rhein und ist durch seine Fähranlegestelle für euch wichtig. **Nieder-Ingelheim**, auch Ingelheim-Nord genannt, war einst bedeutend durch eine unter Karl dem Großen begonnene und Ludwig dem Frommen im 9. Jahrhundert vollendete *Kaiserpfalz.* Heute stoßt ihr immerzu auf das Gelände des Pharma-Riesen Boehringer. **Ober-Ingelheim**, gelegentlich Ingelheim-Süd genannt, ist durch seine *Burgkirche* und den dort stattfindenden Festen, wie

Winzerkeller, Binger Straße 16, Ingelheim. © 06132/9999160. https://winzerkelleringelheim.de. Mo – Mi 16 – 22, Do – Fr 11 – 22, Sa, So, Fei 10 – 22 Uhr. Restaurant, Vinothek, Veranstaltungsort – der Winzerkeller ist außer Tourist-Info vieles.

das traditionelle *Rotweinfest* oder das bunte *Eurofolk-Festival,* bekannt. Ausflüge führen euch zum ↗ **Bismarckturm** und dem dortigen ↗ **Tigerzoo.**

2019 ging ein neues Mobilitätskonzept an den Start, das 2022 auf den LK Mainz-Bingen ausgeweitet wurde, erkennbar an dem Logo bin-go, Taschenführer bei den Stadtwerken oder der Tourist-Info. www.bin-go-mobil.de.

Stadtinfo Bingen

Tourist-Information Bingen, Rheinkai 21, 55411 Bingen am Rhein. ✆ 06721/184205, 184200. www.bingen.de. **Bahn/Bus:** ICE, IC/EC, RE2, RB17, 26, 33, 35, 65 auf der Strecke Mainz – Koblenz, RB, RE auf den Strecken Bingen – Kaiserslautern und Bingen – Idar-Oberstein. Achtung: 2 Bahnhöfe, Bingen Hbf (Bingerbrück) und Bingen Stadt-Bhf (hier nur RE 2, RB 26, 33, 35); Niederflurbus SEV, Hochflurbus 658 (Hbf), Fähre F3 nach Rüdesheim (Stadt). **Stadtbus:** 2019 ging ein neues Mobilitätskonzept an den Start, das 2022 auf den LK Mainz-Bingen ausgeweitet wurde, erkennbar an dem Logo bin-go. **Auto:** P Vorstadt. **Rad:** Rhein-Radweg, Nahe-Radweg. **Zeiten:** Mo – Fr 9 – 16, Sa, So 10 – 13 Uhr. **Infos:** Reichhaltiges Angebot an Infos und Karten.

▶ Das malerische Bingen (25.700 Einwohner) ist stark vom Tourismus geprägt. Es bietet Sehenswürdigkeiten gleich fast im Dutzend: so den **Mäuseturm** im Fluss, die **Burg Klopp** über der Stadt, die altehrwürdige **Basilika St. Martin** im Häusermeer der Stadt oder das hochkarätige **Museum am Strom – St. Hildegard** direkt am Rheinufer. Auch die **Freizeitmöglichkeiten** sind überaus groß: Ihr könnt von der betriebsamen Rheinpromenade zu Schiffsausflügen starten, auf dem Rochusberg und im Binger Wald auf Lehrpfaden wandern und natürlich gibt es auch Schwimmbäder und Spielplätze.

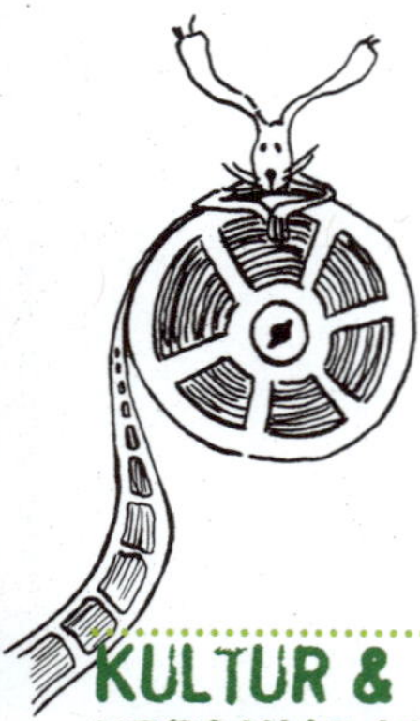

Kultur & Termine mit Mockes

Bühnen & Bücher

Kinocenter Ingelheim

Die Kinosäle Casablanca und Cadillac, Binger Straße 75, 55218 Ingelheim am Rhein. ✆ 06132/75100, 75101. https://kino-ingelheim.de. **Barrierefrei:** ja. **Bahn/Bus:**

RE, RB bis Ingelheim Bhf, Bus 75, 613, 643 bis Gartenfeldstraße/kING, Bus 80, 611 bis Neues Rathaus. **Preise:** 8,50 €; Kinder unter 12 Jahre Sa, So, Fei in der 1. Vorstellung um 17 Uhr 6,50 €; Ermäßigungsberechtigte 6,50 €.

▶ Das Kinocenter bietet die beiden Kinosäle Casablanca und Cadillac. Es werden auch regelmäßig Filme gezeigt, die auch für Kinder ab einem bestimmten Mindestalter zugänglich sind (ohne Einschränkung oder ab 6 oder 12 Jahren). Teilweise sind es auch Filme, die Kinderwelt thematisieren.

Musik und Magie in Ober-Ingelheim

Das Zeitensprung Zaubertheater, Stiegelgasse 2, 55218 Ingelheim am Rhein-Ober-Ingelheim. www.zauber.theater/theater/theater_entree.aspx. **Lage:** am Marktplatz. **Altersempfehlung:** ab 10 Jahre. **Bahn/Bus:** Bus 75, 612, 640, 643 bis Ober-Ingelheim Marktplatz. **Auto:** Parken an der Burgkirche. **Infos:** Das Jahresprogramm findet ihr auf der Website des Zeitensprung Zaubertheaters.

▶ *Jürgen* und *Andreas Thelen* haben sich einen Traum erfüllt: Aus einer alten Bäckerei haben sie während der Corona-Zeit ein kleines Theater gemacht: das **Zeitensprung Zaubertheater.** Seit 2021 gibt es hier live Musik- und Zaubershows, zur Not auch online. Das Aushängeschild ist der *Magische Salon.* Auch Angebote für Kinder sind dabei: z.B. „Die Geisterstunde" (für Unerschrockende ab 10, sonst ab 12 Jahre) und um Weihnachten „Der magische Nachlass". Für Jugendliche interessant sind die „Magischen Kabinettstücke". Ein regelrechtes Kinderprogramm ist angedacht. Ich konnte selbst noch keine Show besuchen. Aber das klingt doch spannend, oder nicht?

Das Zeitensprung-Team bietet Zauberkurse für Jugendliche ab 14 Jahre an.

KiKuBi – Programmkino

Förderverein KinoKultur Bingen e.V., Mainzer Straße 9, 55411 Bingen am Rhein. Handy 0151/65862974. www.kikubi.de. **Bahn/Bus:** Bus 601 Villa Sachsen.

▶ Das Programmkino wird ehrenamtlich betrieben und bietet zu günstigen Preisen KinderKino-Programm sowie wechselnde Filme und Veranstaltungen für die Älteren.

FESTKALENDER INSELRHEIN

Mai: Start in den **Kultursommer RLP** mit rund 200 Veranstaltungen und Ausstellungen auf dem Land und in den Städten bis in den Oktober hinein, empfehlenswert, https://kultursommer.de.

Juni: Mitte, Ober-Ingelheim: **Eurofolk-Festival,** hier tanzen und feiern die Generationen, mit buntem Markt.

Juli: 1. Wochenende Do – Sa, Rochusberg: **Binger Open-Air,** das BOAF bietet ein buntes Kinderprogramm.

1. Sa, Bingen/Rüdesheim: **Rhein in Flammen,** berühmtes Fest am Rhein mit spektakulären Feuerwerken.

1. So, Bingen: **Kulturuferfest.**

Letztes Wochenende, Ingelheim: **Hafenfest** auf der Jungau mit Fahr- und Vergnügungsständen.

August: 2. – 3. Wochenende Fr – Mo, Gau-Algesheim: **Kerb** und **Algastmarkt,** großes traditionsreiches Fest.

September: Anfang, 11 Tage, Bingen: großes **Winzerfest,** Vergnügungspark, Feuerwerke, Festzug.

Letzte Woche, Ingelheim: **Rotweinfest** rund um die Burgkirche.

Oktober: 2. Wochenende, Gau-Algesheim: **Fest des jungen Weines.**

Dezember: 2. und 3. Wochenende, Ingelheim: **Weihnachtsmarkt,** 11 – 19 Uhr, Alte Markthalle, Binger Straße 9 – 11, Weihnachtsmarkt im Warmen und in der Halle – das ist doch mal was anderes!

3. Advent Fr – So, 4. Wochenende Do – So, Bingen: **Weihnachtsmarkt** mit 30 Ständen in der Fußgängerzone.

Von himmelblauen Katzen und Zauberschatten

junge KUNSTWERKstadt, VHS Bingen, Friedhof 11, 55411 Bingen am Rhein. ✆ 06721/12327, 991103. www.vhs-bingen.de. **Lage:** Die Kurse finden in der Grundschule an der Burg Klopp statt. **Altersempfehlung:** für Kinder 6 – 9 und 10 – 14 Jahre. **Zeiten:** Mai – Sep und in den Ferien. **Infos:** Anmeldung Mo – Fr 8.30 – 12, Mo auch 14 – 18 Uhr.

▶ Joseph Boys hat einst verkündet, dass jeder ein Künstler sei. Die junge Kunstwerkstatt der Volkshochschule Bingen folgt einfach dieser Behauptung. Sie bietet euch ein buntes Programm an Kursen und Aktivitäten. Es wird gemalt, mit Ton modelliert, mit Kork, Pappe und Pappmaché gearbeitet, gedrechselt, mit Ästen und Zweigen gebaut oder auf Fotosafari gegangen. Ihr lernt Comics zu zeichnen, wie man druckt, Speckstein bearbeitet oder ihr macht Collagen aus Fundstücken. Toll sind auch die Eltern-Kind Kurs (ab 5 Jahre) sowie die Medienkurse, bei denen ihr eigene Kurzfilme dreht oder euch als DJ versuchen könnt.

Vorlesestunden in der Stadtbibliothek Bingen

Bücherei Bingen, Stadtbibliothek Bingen/Rhein, Basilikastraße 6, 55411 Bingen am Rhein. ✆ 06721/ 184644, www.bingen.de. **Lage:** hinter der St.-Martin-Basilika. **Altersempfehlung:** ab 3 Jahre. **Bahn/Bus:** Bus 606 bis Puricelli-Platz. **Zeiten:** Mo, Di, Do 14 – 18, Fr, Sa 9 –12 Uhr, Vorlesen jeden 1. Do im Monat. **Infos:** Zum Vorlesen muss man sich nicht anmelden und es ist kostenfrei.

▶ Vorlesen für Kinder ab 3 Jahre. In den Sommerferien könnt ihr am Lesesommer teilnehmen, er ist für Kinder 6 – 14 Jahre. Gelegentlich lesen auch Kinderbuchautoren.

Bücher Schweikhard, Schmittstraße 33 – 35, Bingen am Rhein. ✆ 06721/ 2444514787. https://schweikhard.buchhandlung.de. Mo – Fr 10 – 13 und 14.30 – 18 Uhr, Sa 10 – 14 Uhr. In der Binger Traditionsbuchhandlung könnt ihr euch in eurem eigenen Bereich mit den neuesten Kinderbüchern oder auch mit Schulsachen eindecken.

RHEINAUE BIS WORMS

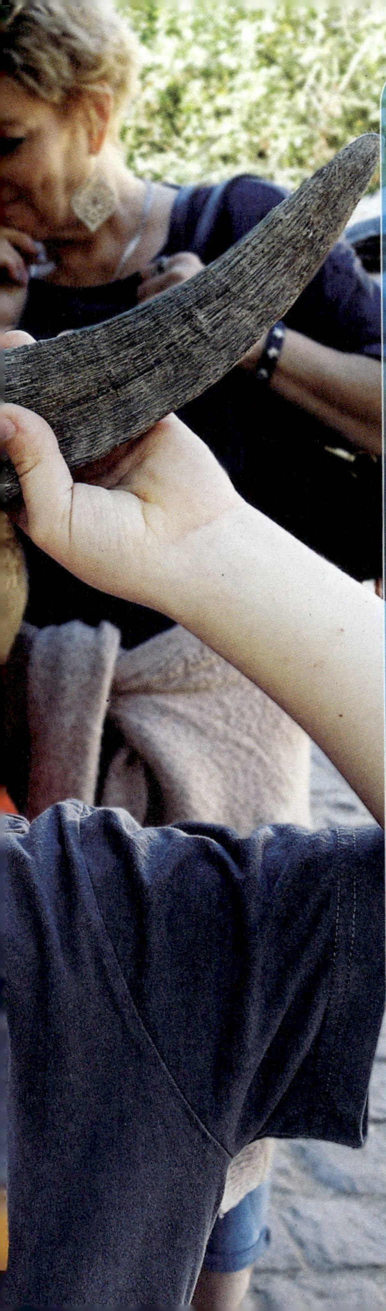

VON DER STADT INS RIED

Die Flusslandschaft zwischen Bodenheim und Worms bietet gleich mehrere ökologische Höhepunkte – dazu zählen die steilen Weinberge zwischen Bodenheim und Oppenheim ebenso wie die Eicher Seen in der Rheinebene. Die traditionsreichen Weinstädtchen Bodenheim, Nackenheim, Nierstein und Oppenheim müssen sich ans Ufer quetschen, so abrupt beginnen die Weinberge. Oppenheim hat sogar in die Tiefe gebaut. Sein Kellerlabyrinth wird euch faszinieren. Höhepunkt der Region ist unangefochten Worms, eine der ältesten Städte Deutschlands. Bekannt ist Worms als Nibelungen- und Lutherstadt, für seinen Dom und seine jüdische Vergangenheit.

Modisch top: Hörner-anprobe beim Fest im Tiergarten Worms

MEINE LIEBLINGSTIPPS FÜR DIE RHEINAUE

Ein Höhepunkt der Rheinauen-Region liegt paradoxerweise in der Tiefe: das Kellerlabyrinth von Oppenheim. Das Städtchen bietet zudem ein interessantes Weinbaumuseum, das viele Fragen klären kann, die beim Wandern durch die Steillagen am Rheinhang entstehen können. Naturkundlich sehr spannend sind Radtouren und Wanderungen in der Rheinaue zwischen Oppenheim und Eich – vor allem, wenn ihr euch für Wasservögel interessiert. Seid ihr selbst Wasserratten, dann habt ihr die Wahl zwischen den Eicher Seen und dem Herrnsheimer Badesee. In Worms lockt der Tierpark mitten im „Wäldchen“, einem Spiel- und Erholungspark. Sehr anspruchsvoll, aber für die schon etwas Älteren unter euch interessant, sind Besuche im Jüdischen Museum Worms sowie dem KZ Osthofen.

Worms ist für eine alte Sage, das Nibelungenlied, weltbekannt. Mehr über die Geschichten von Siegfried, dem Drachen und dem Goldschatz erfahrt ihr in den Büchern von Andrea Liebers, *Das Gold der Nibelungen,* Band 1 – 3, erschienen im Worms Verlag.

Sehr nützlich ist die *Freizeitkarte der Verbandsgemeinde Eich* (Alsheim, Eich, Gimbsheim, Hamm, Mettenheim) zum Herunterladen auf der Webseite der VG Eich. Damit könnt ihr interessante Touren planen.

Schwimm- & Freibäder

Heinrich-Völker-Bad

Alzeyer Straße 111, 67549 Worms. ✆ 06241/9728-0 (Kasse), www.freizeitbetriebe-worms.de. **Lage:** Im Südwesten der Kernstadt. **Altersempfehlung:** Babyschwimmkurse ab 3 Mon, Bambinischwimmen ab 4 Jahre und Kinderkurse aufbauend. **Barrierefrei:** ja. **Bahn/Bus:** Bus 401 bis Heinrich-Völker-Bad. **Rad:** Vom Hbf 1,7 km über Bahnhof- und Alzeyer Straße. **Zeiten: Freibad** Mai – Sep 9 – 21 **Hallenbad** Mo – Mi, Sa, So, Fei 9 – 21, Do, Fr 15 – 21, Traglufthalle ab 9 Uhr, Mo und Fr bis 8 Uhr, Di, Mi bis 21, Do bis 20 Uhr, Sa, So bis 16 Uhr. **Preise:** 5 €; Kinder 6 – 15 Jahre 3,50 €; ermäßigt 3,50 €, Feierabendticket 3 €, Familienkarte (3 Pers, davon 1 Kind) 11 €, große Familienkarte (2 Erw, 4 Kinder) 15 €. **Infos:** Ab 2022 entsteht ein neues Lehrschwimmbecken, der Stelzenbau wird saniert und um barrierefreie Umkleiden erweitert.

▶ Das Sport- und Spaßbad in Worms besteht aus Freibad, Hallenbad und Traglufthalle und garantiert wetterunabhängigen Badespaß. Das **Hallenbad** besitzt ein 25 x 15 m Schwimmerbecken, ein Erlebnisbecken mit Nackenduschen und Massagedüsen sowie ein Kinderplanschbecken und Wellnessbecken. Im Warmwasser-Außenbecken ist relaxen angesagt. Das **Freibad** bietet ein 50 x 21 m großes Schwimmerbecken, ein Nichtschwimmerbecken mit Wasserpilz und Massageliegen sowie ein Springerbecken mit einem 10 m hohen Sprungturm. Kleinkinder können im Planschbecken mit verschiedenen Spiel- und Spaßangeboten ihre Freude haben. Ein Strömungskanal und die Breitrutsche bieten zusätzlichen Badespaß. Nach der Freibadsaison steht den Badegästen mit der **Traglufthalle Luftikus** ein zusätzliches, überdachtes 50-m-Becken zur Verfügung.

Der Wellness-Bereich rundet das Angebot ab. Gastronomiebetriebe und ein umfangreiches Kursangebot sorgen dafür, dass es euch an nichts fehlt.

Das Pfeddersheimer **Paternusbad** wird derzeit saniert, Wiedereröffnung für Sommer 2023 geplant.

Das Gimbsheimer Freibad ist derzeit das einzige in dem Abschnitt Mainz – Worms. In Oppenheim ist ein Neubau angedacht, aber noch in weiter Ferne. Es bleiben euch im Sommer aber ja die Seen zum Baden.

Gimbsheimer Freibad

Zum Schwimmbad, 67578 Gimbsheim. © 06249/4977, www.schwimmbad-gimbsheim.de. **Lage:** Am Südostrand von Gimbsheim. **Bahn/Bus:** Von Worms oder Bhf Guntersblum Bus 432 nach Gimbsheim Marktplatz. **Auto:** Parkkarte 1 €. **Rad:** Radwege zum Bhf Guntersblum sowie zum Rhein-Radweg. **Zeiten:** Juni – Mitte Sep Di 6 – 8, 12 – 21, Mi 5 – 21, Do – Mo 6 – 21 Uhr. **Preise:** 3,80 €, 20er-Karte 55 €, ab 17.30 Uhr 1,80 €; Kinder 6 – 18 Jahre 2,50 €; ab 17 Uhr 2,20 €, Kind 1,30 €.

▶ Das einzige beheizte Freibad zwischen Mainz und Worms bietet alles, was für unbeschwerten Wasserspaß nötig ist. In das große Schwimmerbecken (50 x 16 m) ist ein Springerbecken mit Sprungturm integriert, am Nichtschwimmerbecken (20 x 20 m) befindet sich eine große Rutsche. Die Kleinen haben das Planschbecken mit Spielplatz. Dann gibt es noch eine ausgedehnte Liegewiese mit genügend Baumschatten sowie ein Beachvolleyballfeld und einen Boule-Platz. Zudem könnt ihr euch am Kiosk „Seepferdchen“ mit kalten und warmen Speisen und Getränken versorgen.

Badeseen & Wassersport

Badeseen im Altrhein von Eich und Gimbsheim

Touristinformation der VG Eich, Hauptstraße 26, 67575 Eich. © 06246/6917, www.vg-eich.de. **Bahn/Bus:** BRN-Bus 432, dann 500 m zu Fuß. Ruftaxis ergänzen abends den Busverkehr zwischen VG Eich, Osthofen und Worms. **Auto:** Parkplätze am Altrheinsee und Pfarrwiesensee, Gebühr 3 €. **Rad:** Radwege nach Eich bzw. Gimbsheim von Bhf Guntersblum, Alsheim oder Mettenheim. **Preise:** Eintritt frei.

▶ Zwischen den Ortsgemeinden Eich und Gimbsheim liegt hufeisenförmig im auf natürlichem Wege entstandenen Altrheinarm ein halbes Dutzend klei-

pmv-Öko-Tipp

Eishorn, Eicher Straße 1, Gimbsheim. www.eishorn.com. März – April 13 – 19 Uhr, Mai – Okt Mo – Fr 13 – 19 und Sa, So 12 – 20 Uhr. Hausgemachtes Eis auch für Veganer und Öko-Freunde, selbst die Becher sind aus Maismehl.

ner Seen. Das ist eine schöne Feuchtlandschaft, in der eine besondere Flora und Fauna gedeiht. Viele Arten sind selten. Gut, dass Teile dieses Gebietes unter Naturschutz stehen.

Riesensandkasten: Spielplatz am Badestrand Altrheinsee Eich

© VG Eich

Der **Altrheinsee** direkt am Nordrand von Eich ist das größte Gewässer des Gebietes. Er besitzt im Westen einen Abschnitt mit flacher Uferzone, wo ihr baden könnt, und einen Strand mit Liegewiese. In den Sommermonaten ist auch ein Kiosk geöffnet.

Ebenfalls nahe an Eich befinden sich der **Elisabethensee** und der **Heinrichs-Thalaue-See**, die beide unter Naturschutz stehen, weshalb dort baden verboten ist.

Die zweite Ansammlung von Seen befindet sich am Südrand von Gimbsheim. In dem größten der insgesamt drei Seen, dem im Jahr 2000 eröffneten **Pfarrwiesensee**, darf gebadet werden. Dort gibt es einen Badestrand und im Sommer Kiosk und WC mit Babywickelraum, allerdings bietet kein Baum Schatten, wenn die Sonne sticht. Wie im Altrheinsee wird auch hier noch Kies gebaggert.

NABU, Rheinstrandführer. Naturschutz und Erholung am Rheinstrand, 210, 34 Seiten.

Strandbad Oppenheim

55276 Oppenheim. www.stadt-oppenheim.de. **Länge:** Von Nierstein Fähranleger als Wanderung machbar, 4 km. **Bahn/Bus:** Vom Bhf Oppenheim an der RB Mainz – Ludwigshafen knapp 2 km. **Rad:** Vom Rhein-Radweg am nordöstlichen Stadtrand 600 m Richtung Osten. **Zeiten:** frei zugänglich.

▶ Ein km östlich von Oppenheim liegt ein recht großer Sandstrand am Rheinufer. Es gibt eine Liegewiese und die Möglichkeit, sich kalt abzuduschen

?! *Die Geschichten von Karl dem Killerkarpfen oder dem Rhoi-Hoi, die man sich hier erzählt, gehören ins Reich der Märchen. Gefährlich kann euch allein die Rhoischnaake werden.*

Rheinrestaurant Oppenheim, Außerhalb 2, Oppenheim. © 06136/7667100. www.stecklers.de. Di – Fr 8.30 – 22, Sa, So 9 – 22. Restaurant, Café, Biergarten Mittagstisch ab 6 €.

Wenn es euch langweilig wird, könnt ihr eine Runde auf dem **Waldlehrpfad in den Klauern** drehen, der beim Eingang des Strandbades beginnt. Auf einer Infotafel könnt ihr den Verlauf des Rundweges durch das größte zusammenhängende Waldstück der Stadt Worms studieren.

Campingplatz Kanuverein Worms e.V., Am Salzstein 6, Worms. © 06247/904990. www.kvworms.de. Bootsanlegestelle unmittelbar am Gelände. Übernachtung Nicht-DKV-Mitglieder 6,50 €, Kinder 6 – 15 Jahre 5 €, Zelt 3,50 €.

und auf die Toilette zu gehen. Wenn ihr Hunger oder Durst habt, könnt ihr zum **Rheinrestaurant** hinübergehen. Hinter dem Sandstrand und dem Campingplatz (nur für Dauercamper) liegt ein dichter Auwaldstreifen.

Am Strand zu sitzen und mit Sand und Steinen zu spielen und den Schiffen zuzuschauen, ist schön und geruhsam. Es ist ratsam, es dabei zu belassen. Denn Schwimmen ist wegen der Strömungen im Fluss höchstgefährlich. Auch ist der Fluss trotz aller Reduzierung der Schadstoffe gesundheitlich riskant.

Badesee Herrnsheim

Fahrweg 68, 67547 Worms-Herrnsheim. © 06241/53031, www.heimatkreis-herrnsheim.de. **Lage:** Östlich von Herrnsheim, nördlich von Neuhausen. **Bahn/Bus:** Stadtbus 407 bis Richard-Stumm-Straße, 1 km via Slevogtstraße, rechts Von-Steuben-Straße, links Fahrweg, bald darauf rechts zum See. **Auto:** Fahrweg ab B9/Mainzer Straße, Parkplatz vorhanden. **Zeiten:** im Sommer bei gutem Wetter 10 – 19 oder 20 Uhr. **Preise:** 1,50 €; Kinder ab 4 Jahre 1 €.

▶ Hier herrscht Idylle pur: Der 4 ha kleine Herrnsheimer Badesee hat einen Sandstrand und Liegewiesen. Es gibt Schatten spendende Bäume und fest montierte Schirme. Ein Beachvolleyballfeld, Tischtennisplatten, eine Boulebahn und Platz zum Fußball spielen sorgen für Abwechslung. Umkleidekabinen, Freiluftduschen und Toiletten sind vorhanden. Den ehemaligen Baggersee säumen stellenweise Bäume, Sträucher und Schilf, durch das die kleinen schwarzen Blesshühner paddeln. Auch Angler sind hier aktiv. Die Vereinsmitglieder betreiben bei großem Andrang einen Kiosk.

Paddeln auf dem Rhein

Kanuverein Worms e.V., Am Salzstein 6, 67547 Worms. © 06241/82261, www.kvworms.de. **Lage:** Rheinufer Flusskilometer 442,2 neben dem Yachthafen des MYC.

Bahn/Bus: Bus 410 bis Am Salzstein. **Preise:** 66 € Jahresbeitrag, 31 € Aufnahmegebühr; Kinder bis 14 Jahre 26,40 € Jahresbeitrag, keine Aufnahmegebühr, Jugendliche bis 18 Jahre 48 €, 10 € Aufnahmegebühr.

▶ Hier könnt ihr Kanu fahren lernen. Das Bootshaus mit Campingplatz liegt direkt am Rhein.

Mit Schiff & Fähre

Schiffstouren zum Neckar ab Worms

Weiße Flotte Heidelberg GmbH & Co. KG, Neumarkt 14, 67547 Worms. ✆ 06241/23852, 06221/20181 (Heidelberg), https://weisseflottehd.de/#!ticket-shop_de. **Lage:** Schiffsanleger an der Rheinpromenade beim Hagendenkmal. **Bahn/Bus:** Vom Hbf Bus 410 bis Rheinpromenade. **Auto:** P kostenlos auf dem Festplatz. **Zeiten:** Saison April – Okt 10, 11, 12 Uhr sowie 14, 15 und 16 Uhr. **Preise:** Rundfahrt 19 €, einfache Fahrt 14 €; Kinder 9,50 €, einfache Fahrt 7,50 €.

▶ In Nierstein und Oppenheim legen die Schiffe der *Primuslinie* nur selten an. Doch von Worms aus könnt ihr im Sommer mit der Heidelberger *Weißen Flotte* in See stechen, genauer gesagt zu Flusstouren auf Rhein und Neckar. Es gibt Motto-, Rund- und Linienfahrten. Rundfahrten nach Heidelberg und Neckarsteinach dauern etwa 3 Stunden, Verpflegung gibt es an Bord. Fahrkarten bekommt ihr im Shop am Dom oder direkt auf dem Schiff.

Rheinfähre Nierstein – Kornsand

Rheinfähre Landskrone GmbH, Am Fahrt 1, 55283 Nierstein. ✆ 06133/5195, www.rheinfaehre-nierstein.de. **Zeiten:** ganzjährig, von Nierstein 6 – 21.30, Mitte Okt – Mitte März nur bis 21, So nur 7 – 21 Uhr; von Kornsand 6.15 – 21.45 Uhr, Mitte Okt – Mitte März nur bis 20.45, So nur 7.15 – 20.45 Uhr. **Preise:** 1,50 €, mit Fahrrad 2,50 €, 10er-Karte 12 €; Kinder 4 – 14 Jahre 0,80 €, mit Fahrrad 1,50 €, 10er-Karte 6,40 €.

Zum Rheinblick, Am Steindamm 33, Trebur. 0178/4390782. www.rheinblick-trebur.de. April – Anfang Okt Mo – Fr ab 11, Sa, So ab 10 Uhr.

Weitere Fähren: Guntersblum – Kühkopf, Personen- und Radfähre in der Saison; **Eich – Gernsheim,** Auto- und Personenfähre ganzjährig.

▶ Vor dieser Auto- und Personenfähre stehen oft lange Autoschlangen. Am hessischen Ufer gibt es ein Gasthaus und den Imbiss **Rheinblick**, vor dem ihr im Freien sitzen und beim Würstchenbeißen oder Eisschlecken dem Treiben der Rheinschiffe und fetten Motorradmaschinen zuschauen könnt.
Eure Überfahrten nach Hessen könnt ihr aber auch durch andere Aktivitäten anreichern: *Nierstein – Kornsand* mit einer Radtour zu den Badeseen Vogel oder Riedstadt-Leeheim, die **Fährfahrt Guntersblum – Kühkopf** mit einer Wanderung im dortigen Naturschutzgebiet oder der Radtour zum *Kühkopf-Informationszentrum* und die **Fährfahrt Eich – Gernsheim** mit dem Bummel im Gernsheimer Hafen oder der Radtour zum *Gernsheimer Badesee.*

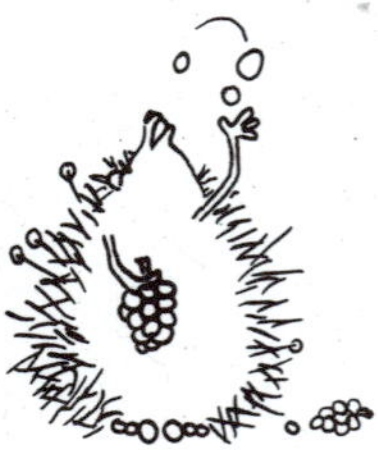

NATUR & UMWELT MIT KARLOTTA

Wandern & Spazieren

Türme bei Nierstein: Wartturm, Schlossturm und Trutzturm

55283 Nierstein. **Länge:** 5 km, steiler Aufstieg am Anfang, über weite Strecken Höhe haltend, am Schluss stark bergab nach Nierstein, über weite Abschnitte durch Weinberg. **Geocaching Wartturm:** N 49° 51. A+B+36, E 008° 20. C-A+16. **Altersempfehlung:** ab 7 Jahre. **Kinderwagen geeignet:** ja. **Bahn/Bus:** RB44 bis Bhf Nierstein, Bus 662 bis Bahnhof Fußweg via Bleichweg und Langgasse zum Alten Marktplatz. **Rad:** Rhein-Radweg. **Infos:** Schlüssel zur Niersteiner Warte gegen Pfand bei der Stadtverwaltung, Bildstockstraße 10. Trutzturm mit eigener Webseite, www.trutzturm.de.

▶ Die Wanderung beginnt in **Nierstein** am alten Marktplatz. Ihr geht auf der Karolingerstraße in nordwestlicher Richtung ortsauswärts. Ihr kommt am **Winzerhaus** vorbei. Immer geradeaus geht es im

Winzerhaus, Karolinger Straße 6a, Nierstein. © 06133/5689. www.winzerhaus-nierstein.de. Di – So 11 – 14 und 17.30 – 23 Uhr. Terrasse, Hof, je 3 Kindersitze innen und außen, italienische, deutsche und vegetarische Küche.

Weinberg kräftig bergauf. An der alten Kelter haltet ihr euch links. Es geht weiter stark bergan. Auf der Höhe erreicht ihr den hohen Turm der **Niersteiner Warte** im Roten Hang. Der gut 11 m hohe Rundturm wacht seit 1427 über Nierstein zur Starenabwehr. Schade, dass er in der Regel verschlossen ist. Aber auch so habt ihr einen schönen Rundblick bis zum Donnersberg, der hessischen Bergstraße und bis zum Taunus. Es gibt Bänke und Tische zum Picknicken.

Schwabsburg: Vom Schloss nichts zu sehen – aber von oben ein herrlicher Blick

© Annette Sievers

Anschließend geht ihr ein kurzes Stück zurück und biegt rechts Richtung Schwabsburg ein (markiert, Rheinterrassenweg). Der Weg geht nahezu Höhe haltend immer geradeaus. Von der **Schwabsburg** aus dem 12. Jahrhundert ist nur der **Schlossturm** übrig, die Burg wurde im 30-jährigen Krieg von den Spaniern zerstört, die restlichen Steine wurden anderweitig verbaut. Den restaurierten, quadratischen *Donjon* könnt ihr besteigen – bis zur Aussichtsplattform auf über 22 m Höhe kostet das zwar ein bisschen Puste, lohnt sich aber. Tief unten liegt der alte Winzerort **Schwabsburg**, in den ihr anschließend über Burgweg und rechts Schlossstraße absteigt. Ihr stoßt auf die Kreuzung bei der **Kirche**, wo ihr via Kirch- und Laidlebstraße den *Flügelsbach* überquert und das Örtchen beim **Bürgerhaus** Richtung Dexheim verlasst. Ihr folgt dem Asphaltweg durch ausgedehnte Rebfelder knapp 200 m in südöstlicher Richtung aufwärts und schließlich links auf den **Rewe-Markt** zu. Ihr geht bis zum Parkplatz vor, wo ihr die B420 überqueren könnt. Nun geht ihr auf einem landwirtschaftlichen Nutzweg, vorbei am **Kanzlereck**, zum knapp 1 km südöstlich gelegenen **Trutzturm**. Etwa 215 m ü.NN gelegen, ist er schon von Weitem zu sehen – und ihr könnt von hier aus

?! ***Donjon** ist französisch und bezeichnet bei französischen Burgen den Hauptturm, das was bei uns der Bergfried ist. Ein Donjon war im Gegensatz zu diesem aber zum dauerhaften Wohnen eingerichtet (lat. domus dominationis = Haus der Herrschaft).*

?! *Das **Kanzlereck** markiert einen Halt des Valtinche, der Bahn nach Köngernheim, mit der der damalige Bundeskanzler Adenauer bei seinem Besuch 1957 fuhr.*

die Türme von Frankfurt ausmachen. Der Turm wurde 1964 als Weinbergshäuschen errichtet und dient heute Funkamateuren als Standort.
Danach habt ihr gut 1,5 km bis zum Ziel in **Nierstein** zurückzulegen – zuerst Richtung Nordost zum *Rastplatz Hummertal,* dann setzt schon bald der Abstieg ein. Am Ortsrand steuert ihr via Am Hummertal, rechts Wörrstädter Straße, links Bildstockstraße, Schmiedegasse und rechts Oberdorfstraße den schönen **Marktplatz** an.

Auf dem Rheinterrassenweg von Nackenheim nach Nierstein

55299 Nackenheim. **Länge:** 8 km, langer Anstieg am Anfang, Rest leicht, wegen der Aussicht auf den Fluss populäre Wanderroute, sonnenausgesetzt. Markierung Rheinterrassenweg (auch Rheinhöhenweg), bis Oppenheim 12 km. **Altersempfehlung:** für Kinder ab 9 Jahre oder per Rad. **Kinderwagen geeignet:** ja. **Bahn/Bus:** Bhf Nackenheim, zurück ab Bhf Nierstein, beide an der Bahnstrecke Mainz – Worms.

Unbekanntes Flugobjekt? Nein, nur Baron von Münchhausen
© Annette Sievers

▶ Vom **Bhf Nackenheim** geht ihr am Markt- bzw. Parkplatz durch die Straße An der Turnhalle zur Mainzer Straße und auf ihr nach links (Schwarz-gelb markierter Zuweg). Bald geht rechts die Langgasse Richtung **Rathaus** ab. Anschließend führt die Tour geradeaus weiter auf der **Weinbergstraße** auf dem Grün-blau-weiß markierten Hauptweg des **Rheinterrassenwegs** bis links die **Adam-Winkler-Straße** abgeht. Nun beginnt ein Schweiß treibender Aufstieg. Ablenkung verschaffen die lustigen Blechfiguren in einem Garten auf der linken Seite. Nach 400 m passiert ihr die Guts-Remise *Forum Vinum.* 200 m weiter haltet ihr euch beim **Wegkreuz** links. Bald ist Kante oberhalb des Rheins erreicht und ihr wandert nach rechts weiter. Von einem **Ehrenkreuz** besteht ein schöner Ausblick. Unten fällt auf der Rhein-Insel *Kisselwörth* im Auwald ein einzelnes Haus auf. Dort lebte früher der Stromwärter, heute ein Landwirt, der die Streuobstwiesen der Insel pflegt. Der Blick reicht bis weit ins Hessische Ried, flussaufwärts könnt ihr euer Ziel erkennen.

Schönste Weinsicht am Roten Hang: Bringt euer eigenes Fernglas mit
© Annette Sievers

Der Weg führt an einer **Mistkaute** vorbei, dort wurde Kies und Dünger für die Weinberge gelagert. 400 m weiter heißt es aufpassen, denn es geht links ab. Bei dem alten **Wanderwegweiser aus Stein** teilt sich der Weg zum Brudersberg. Der Rheinterrassenweg nimmt den unteren. Jetzt ist es nicht mehr weit zu der großen Aussichtspunkt auf dem **Brudersberg.** Das ist ein optimaler Picknickplatz mit Hütte, Bänken im Freien und grandioser Aussicht und deshalb 2012 zur **Schönsten Weinsicht** am **Roten Hang** gekürt. Die Hälfte des Wegs habt ihr geschafft.

Anschließend umgeht der **Rheinterrassenweg** in einem Bogen die tiefe Senke des *Rehbachs*. Dann geht es wieder am Hang entlang. Kurz vor der **Fockenberghütte** haltet ihr euch links. (Wer geradeaus bleibt, kann einen Abstecher zur ↗ *Niersteiner Warte* anfügen, 1 km.) Nun geht immer bergab nach **Nierstein** hinunter und direkt auf den **Marktplatz,** wo es mehrere Möglichkeiten zum Einkehren und Eisessen gibt. Hier befindet sich auch das wunderbare kleine ↗ *Fossilienmuseum.* Via Langgasse und Bleichweg gelangt ihr zum **Bahnhof.**

Ins Eichelsbachtal

Weinbergstraße 84, 55299 Nackenheim. **Länge:** 4 km, längere Steigung, enges Tal, beschaulicher Bach, Hecken, kein Weinberg, mal was ganz anderes. **Altersempfehlung:** ab 4 – 5 Jahre. **Bahn/Bus:** RE14, S6

Auf der Ostseite der **Insel Kisselwörth** liegt eine DLRG-Station mit einem Badestrand, der Mai – Sep angefahren wird. http://nackenheim.dlrg.de.

Forum Vinum, Nackenheim. www.forum-vinum.de. Termine auf der Webseite. Weinproben und weinkulturelle Veranstaltungen im Atrium, auf der oberen Terrasse zeigt ein Weinlehrgarten verschiedene Arten der Rebenerziehung und typische Traubensorten. Vinothek auf der unteren Terrasse.

?! *Carl Zuckmeyer wurde am 27.12.1896 in Nackenheim geboren und verlebte seine Jugend in Mainz. 1920 ging er nach Berlin, weil er Theaterregisseur werden wollte, doch dann hatte er mit seinen Bühnenstücken mehr Erfolg: Der fröhliche Weinberg (1925), Der Schinderhannes (1927) und vor allem das hintergründige Stück Der Hauptmann von Köpenick (1930). 1938 mussten Zuckmeyer und seine Frau Alice emigrieren. Mit Des Teufels General hatte er 1945 seinen größten Erfolg, weil es Bezug auf den blinden Gehorsam der Nazizeit nahm. Carl Zuckmeyer starb 1977 in der Schweiz.*

Mainz – Worms bis Nackenheim; ab Lörzweiler Kirche Bus 660 Mainz – Undenheim – Alzey.

▶ Die Wanderung im engen Eichelsbachtal beginnt am Parkplatz der geschlossenen Fabrik „Vereinigten Kapselwerke“, die einst **Carl Zuckmeyers** Vater gehörten. Das Geburtshaus des weltberühmten Dramatikers ist noch gut erhalten. Ihr müsst zunächst das betriebsame Fabrikgelände durchqueren. Das lässt sich ertragen, denn direkt dahinter beginnt das beschauliche **Eichelsbachtal.**

In einem gepflasterten Hohlweg an Gärten und Wiesen vorbei geht es an dem schmalen Gewässer leicht aufwärts. Ihr kommt an Teichen und einem Gehege vorbei. An der Gabelung nach 900 m haltet ihr euch auf dem jetzt geteerten Weg rechts. Das Gelände wird jetzt offener. Es folgen Streuobstwiesen und Äcker. Nach 1,9 km endet der Weg an einer T-Kreuzung. Ihr habt nun zwei Möglichkeiten: Entweder kehrt ihr um und geht auf derselben Route zurück oder ihr geht rechts durch Rebfelder zur 500 m entfernten Landstraße hinüber und nach Lörzweiler hinauf (bis Bushaltestelle im Dorf 1,4 km).

Rheinaue südlich von Worms

Floßhafenstraße 21, 67547 Worms. **Länge:** 10 km, flach, leicht, Rheinufer, Pappeln, Auwiesen, Auwaldreste. **Altersempfehlung:** ab 7 Jahre, auch als Radtour ab 4 Jahre machbar. **Kinderwagen geeignet:** ja. **Bahn/Bus:** Bus 410 bis Endstation Am Salzstein.

▶ Die Wanderung beginnt am Südende des **Floßhafens.** Ihr lauft um den Jachthafen herum flussaufwärts. Die Route verläuft direkt am Rhein auf dem alten **Leinpfad.** Es geht an einer langgestreckten Sandbank entlang, wo die Leute ihre Hunde baden lassen. Ihr überquert den *Eckbach,* der hier in den Rhein mündet. Am Ufer gegenüber liegt der Auwald des Lampertheimer Altrheins mit dem *Naturschutzgebiet Biedensand.* Nach knapp 4 km erreicht ihr beim **Oberen Busch** die Stadtgrenze von Worms.

Hier, vor dem Fabrikgelände, geht es rechts und bis zum circa 300 m entfernten **Sommerdeich.**

Ihr kehrt nun in nordwestlicher Richtung nach Worms zurück. Durch Äcker führt der Weg immer geradeaus zur **Bürgerweide.** Der große, beliebte Park dient als natürliches Überflutungsgebiet des Rheins.

Kurz nachdem ihr den *Altbach* (Eisbach) überquert habt, haltet ihr euch direkt hinter dem Gebäude links. Ihr lauft zwischen Feuchtbiotop und Wald am **Grillplatz** vorbei (Bänke und Tische, Wiese) zum schönen **Anglersee** mit dichtem Schilf. Am Ufer stehen Bänke, ein kleiner Strand ist zu sehen, es darf aber nicht gebadet werden. Ihr wandert rechts um den See herum zum ↗ **Tierpark.** Es geht durch dichten Laubwald, von den Wormsern nur „das Wäldchen" genannt. Direkt hinter dem Parkplatz des Tierparks und vor dem Gartenlokal biegt ihr rechts auf den **Hammelsdamm** ein, dieser bringt euch unter schattigen Bäumen direkt zum Ausgangspunkt zurück.

Im nördlichen Bereich des „Wäldchens", dem Stadtpark von Worms, laden ein großer **Spielplatz,** viele Bolzflächen und eine Gastwirtschaft mit schattigem Biergarten ein. Der Stadtpark wurde um 1900 um den 12 m hohen „Äschebuckel" (Müllberg) angelegt.

Kolb's Biergarten, Am Rhein 1, Worms. ✆ 06241/23467. www.kolbs-biergarten-worms.de. Täglich 11 – 23, warme Küche 12 – 22 Uhr. Große Auswahl, auch Kaffee, Tee und Kuchen.

Spaziergang zu den Westhofener Mühlen

Am Seebach entlang, Am Markt, 67593 Westhofen. **Länge:** 2 km, leicht, Bachroute für kleinere Kinder und jung gebliebene Großeltern. **Kinderwagen geeignet:** ja. **Bahn/Bus:** Von Worms Marktplatz Bus 430, von Osthofen Bus 434.

▶ Es geht vom malerischen **Marktplatz** auf der Ohligstraße aufwärts. Kurz vor dem Ortsende biegt ihr links in die Reipoldskircher Gasse ein und steigt bald darauf auf der Langen Treppe ab. Die Route führt zur kräftig sprudelnden **Seebachquelle,** die einen Forellenteich speist. Direkt dahinter liegt noch ein zweiter Teich, in dem sich Enten tummeln. Anschließend fließt der Seebach als schmales Gewässer weiter. Die Häuser stehen häufig nahe an ihm dran. Deswegen geht ihr nur teilweise direkt am Bach ent-

Weingut Hirsch Stabel, Am Markt 15, Westhofen. ✆ 06244/4898. www.hirsch-stabel.de. Straußwirtschaft Juni – Aug Sa, So, Fei ab 17 Uhr. Typisch rheinhessisches Essen im Hof oder der Kuhkapelle, herzlich.

lang. Auf den circa 600 m bis zur Wormser Straße kommt ihr mehrfach an Treppen vorbei, die zum Wasser runterführen und an denen früher die Wäsche gewaschen wurde. Auch eine alte Mühle liegt am Weg, sogar das Mühlrad ist noch zu sehen. Einmal fließt der Seebach gar unter einem Gebäude hindurch. Ihr überquert die **Wormser Straße** und geht ein Stück bachabwärts. Schließlich verläuft die Route kurz auf der Osthofener Straße (Nr. 11 – 15). Ihr kehrt zum Bach zurück, aber nur, um ihn zu überqueren. So landet ihr auf einem urwüchsigen, naturnahen **Spielplatz**, dicht dahinter kommt außerdem gleich noch ein Bolzplatz – also reichlich Gelegenheit zum Toben! Die schöne Bachstrecke ist nun zu Ende. Via Osthofener Straße, Am Alten Backhaus und Am Markt geht's zum Marktplatz zurück.

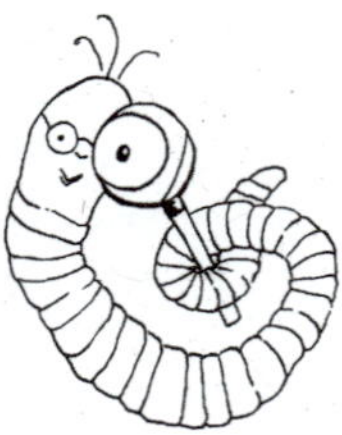

Umwelt erforschen & Naturerlebnispfade

pmv Öko-Tipp!

Erlebnisgarten und Wormser Umwelthaus

Wormser Umwelthaus, Hammelsdamm 105, am Tiergarten, 67547 Worms. © 06241/206933, Handy 0172/7248097. www.wormser-erlebnisgarten.de. **Bahn/Bus:** Bus 409, 410, 419 vom Hbf Worms. **Rad:** Vom Rheinradweg gut erreichbar. **Zeiten:** Mo – Fr 9 – 16 Uhr. **Preise:** kostenlos.

▶ Direkt neben dem ↗ **Tiergarten** liegt ein fantasievoll eingerichteter großer Garten, in dem Kindergärten und Schulklassen sich betätigen und sogar eigene Beete anlegen und Experimente betreiben können. Es gibt einen Teich, eine Baumschule, einen Kartoffelacker, eine Wallhecke, Blumenbeete, einen Tast- und Barfußpfad, ein Freiluftklassenzimmer, ein Backhaus, alternative Energieanlagen, ein

Angebote für Schulen: thematische Unterrichtseinheiten, Projekttage, Workshops, Seminare, Feste; Ferienspiele; Feste und Aktionen für die ganze Familie.

Umwelthaus- und zentrum, ein Bienenhaus mit Infos, ein Jugendhandwerkerdorf, einen naturnahen Spielplatz und noch einiges andere. In diesem üppig bewachsenen, großen Garten dürfen alle Tierparkbesucher hineinschauen.

Kling. Klong. Am Klangweg im Erlebnisgarten

Im Bodenheimer Weinberg

Weinlehrpfad, 55294 Bodenheim. © 06135/704913, www.bodenheim.de. **Länge:** 2,7 km Rundweg, mehrere Steigungen, auch mit dem Fahrrad möglich. **Kinderwagen geeignet:** ja. **Bahn/Bus:** S6 Mainz – Worms, aus Nackenheim Bus 667 bis Bhf Bodenheim, dann zu Fuß via Mainzer Straße, Schönbornplatz, Am Reichsritterstift. **Auto:** Parkplatz am Reichsritterstift.

▶ Der **Weinlehrpfad Bodenheim** beginnt am Ostende der Straße Am Reichsritterstift. Dort könnt ihr auf einer Infotafel sehen, wie er verläuft. Auf der Strecke könnt ihr auf 19 Schildern lesen, was für Rebsorten angebaut werden und an zwei Stellen informieren große Tafeln über die Arbeit des Winzers. Es wird nur der konventionelle Weinbau vorgestellt, auf den ökologischen Weinbau wird noch nicht einmal hingewiesen.

Es geht zuerst in Richtung Osten/Nordosten den Weinberg hinauf. Auf der Höhe besteht ein schöner Ausblick auf Bodenheim und die weite Rheinaue sowie in das Hessische Ried. Die Route verläuft circa 1 km gen Süden. Danach geht ihr in nordöstlicher bzw. östlicher Richtung wieder zum Ortsrand zurück. An diesem entlang führt der Lehrpfad schließlich zum Ausgangspunkt an der Straße Am Reichsritterstift hinüber. Im nahe gelegenen **Dollespark** befindet sich übrigens ein gut ausgestatteter Spielplatz mit Bolzplatz.

Weitere Weinlehrpfade in der Region: **Bechtheim,** Länge 2 km, Rundweg, befestigt, Markierung: blauer Pilger, Start: Basilika in der Dorfmitte; **Guntersblum,** Länge 2,5 km, befestigt, Markierung: keine, Start: Nordende des Kellerweges.

pmv Öko-Tipp!

Wo Frösche und Kröten zu Hause sind

Ökologischer Lehrpfad Guntersblum, Wasserversorgung Rheinhessen Pfalz GmbH, Rheinallee 87, 55294 Guntersblum. ✆ 06135/7355, www.wvr.de. **Länge:** 3 km Rundweg, leicht, markiert, bei feuchtem Wetter gutes Schuhwerk erforderlich, sehr abwechslungsreich. Höhepunkte: Hecke, Teich, Röhricht, typische Vögel der Gegend zu entdecken. **Zeiten:** Führung für Gruppen nach Vereinbarung. **Infos:** Prospekt Ökolehrpfad.

▶ Von der Anlegestelle der ↗ *Kühkopf-Fähre* führt ein **ökologischer Erlebnislehrpfad** auf einem 3 km langen Rundweg durch die Rheinaue. Die zwölf Infotafeln klären unter anderem über die Lebensräume Hecke, Tümpel, Wiese, Weide und Schilf auf und erläutern die Anlage und die Gewinnung von uferfiltriertem Wasser sowie die Maßnahmen zum ökologischen Ausgleich.

Ihr geht ein kurzes Stück von der Anlegestelle der Kühkopffähre flussabwärts und biegt dann nach links in die Wiese ab. Es geht zwischen den wie frühgeschichtliche Grabhügel aussehenden Brunnen der Uferfiltratanlage hindurch und über den Schutzdamm hinweg zum Leitgraben. Ihr überquert das schmale Gewässer und folgt ihm an Hecken entlang zur K43. Auf der anderen Seite geht es geradeaus weiter zum Tümpel. Kurz dahinter macht ihr mit dem Leitgraben zusammen einen Schwenk nach rechts. Nach der Infotafel 7 geht ihr auf der anderen Seite ein Stück zurück und dann rechts zum Naturschutzgebiet hinüber. Der Pfad führt nun an einem breiten Schilfstreifen und einer Feuchtwiese entlang Richtung Rheinufer zum Schutzdamm. Auf diesem kehrt ihr flussabwärts zum Ausgangspunkt zurück. Zum Schluss wartet auf die müden Entdecker der Sommergarten des Ausflugslokals ↗ **Zum Rheinhof.**

?! *Woher weiß man, wie stark ein Fluss oder Bach mit Giften aus Industrie- und Haushaltswasser belastet ist? Fische, Flusskrebse, Insektenlarven, Wasserpflanzen und sogar noch die winzigen Einzeller reagieren sehr empfindlich auf Dreck. Sterben sie, ist ihr Lebensraum mit der Stufe IV belastet. Salze, Schwermetalle, Öl und nicht abbaubare Tenside (Seife) zerstören hier jedes Leben. Deswegen: Geht sparsam um mit Spülmittel, Badesalz und Kloreiniger!*

pmv Öko-Tipp!

AltrheinErlebnisPfad

Naturschutzgebiet Eich-Gimbsheimer Altrhein, Osthofener Straße 13, 67575 Eich. http://tourismus.vg-eich.de/index.php/natur-und-kultur/altrheinerlebnis-pfad. **Länge:** 6,1 km, markierter, Rundweg, leicht, 2,5 – 3 Std. Start am Parkplatz hinter dem Feuerwehrgerätehaus Eich oder am Badestrand an der L437, Ortsausgang Eich. **Bahn/Bus:** S6 Mainz – Worms bis Bhf Mettenheim, 2,5 km entfernt; Bus 432 Guntersblum – Eich – Worms bis Gasthaus Zur Sonne. **Rad:** Vom Rhein-Radweg 1 km entfernt. **Infos:** Euer Hund muss wegen der Vögel an der kurzen Leine geführt werden.

Fernglas und Vogelbestimmungsbuch nicht vergessen!

▶ Das 300 ha große Gebiet **Eich-Gimbsheimer Altrhein** genießt mit der Kennzeichnung *Natura 2000* den höchsten Naturschutzstatus. Das müssen wir uns also näher ansehen: Der Rundweg führt euch von Eich aus entgegen den Uhrzeigersinn um den Altrheinsee herum, macht an 10 Info-Stationen Halt und lädt an Beobachtungstürmen bzw. -hütten zur Vogelbeobachtung ein. An den durch den Kiesabbau entstandenen größeren Wasserflächen rasten oder überwintern auch Zugvögel, sodass ihr selbst dann Störche oder Reiher sehen könnt. Die frühere Altrheinlandschaft mit Röhrichten, Flachwasserbereichen und Auwaldbeständen ist noch gut zu erkennen. Auf dem alten Bahndamm schließlich lauft ihr mitten durch den Altrhein! Wer hört oder sieht hier die meisten Vogelarten im Schilf?

Interessanterweise ist die Region schon lange besiedelt: In den 1970er-Jahren wurden beim Sand- und Kiesabbau Le-

Zur Sonne Kebap-Haus, Gernsheimer Straße 8, Eich. ✆ 06246/907062. www.facebook.com/ssonnekebaphaus. Kebap 11.30 – 22 Uhr, Café bis 2 Uhr. Freundliches Fast-Food-Restaurant.

Auf Posten: Vom Beobachtungsturm habt ihr Aussicht auf die Vogelwelt

© VG Eich

gionärshelme, eine Bronzekanne aus dem 1. Jahrhundert (Museum Worms), römische Münzen und ein Schiffsanker geborgen. Diese Funde lassen auf einen ehemals befestigten römischen Militärhafen am Altrhein schließen.

Tiere besuchen

pmv Öko-Tipp!

Schwein gehabt: Zu Besuch im Tiergarten Worms

Tiergarten Worms, Hammelsdamm 101, 67547 Worms. © 06241/972270, www.tiergarten-worms.de. **Lage:** Naherholungsgebiet Bürgerweide. **Bahn/Bus:** Bus 409, 410, 419 vom Hbf bis Mathildenplatz oder WEP Ost und 20 Min Fußweg. **Auto:** Im Navi Friedrichsweg 45 eingeben und dann der Beschilderung folgen, kostenlose Parkplätze vorhanden. **Rad:** Nicht weit vom Rhein-Radweg, mit eBike-Ladestation. **Zeiten:** April – Sep 9 – 19 Uhr, März und Okt 9 – 18 Uhr, Nov – Feb 9 – 17 Uhr, Fütterungen 15 Uhr Di Wölfe, Mi Hängebauchschweine, Do Waschbären, Sa Paviane, So Wölfe und Füchse. **Preise:** Tageskarte 8 €; Kinder 4 – 15 Jahre 4,50 €; ermäßigt 6,50 €, Familienkarte (1 Erw, 2 Kinder) 13 €, große Familienkarte (2 Erw, 3 Kinder) 18,50 €. **Infos:** Manche Tiere dürft ihr füttern, aber nur mit dem an der Kasse erhältlichen Spezial-Futter.

Macht an eurem **Geburtstag** eine Führung speziell für Kinder, Gruppe ab 4 (circa 60 Min, 40 € inkl. Eintritt) oder 7 Jahre (90 Min, 50 € inkl. Eintritt).

Ihr könnt im Tiergarten auch mit der **Kutsche** Runden drehen. Kinder 1,50 €, Erw 3,10 €. Wenn euch die Strecke zu kurz ist, könnt ihr nach Absprache auch eine größere Runde außerhalb unternehmen.

▶ Der Tiergarten Worms liegt idyllisch inmitten des **Naherholungsgebietes Bürgerweide,** zwischen der Wormser Innenstadt und dem Rhein. Hier leben auf etwa 8,5 Hektar über 600 Tiere aus mehr als 80 Arten in weitläufigen und zum Teil begehbaren Anlagen zusammen. Ein kleines Paradies – mit Storchennest, Teich, Spielplatz und den verschiedensten Tieren aus Südamerika, Afrika, Australien und Europa – das jährlich über 250.000 große und kleine Besucher lockt. 2022 feiert er sein 50-jähriges Bestehen.

Auf dem **Bauernhof** begegnen euch seltene Nutz- und alte Haustierrassen vom neugierigen Bunten Bentheimer Schwein bis zum beeindruckenden Süddeutschen Kaltblut. Für die Haltung und Zucht der vom Aussterben bedrohten Tierrassen erhielt der Bauernhof die bedeutende Auszeichnung als *Arche-Park* der Gesellschaft zur Erhaltung alter gefährdeter Haustierrassen.

Hallo! Die Waschbären im Tiergarten freuen sich über euren Besuch
© Tiergarten Worms

Im **Südamerika-Revier** könnt ihr den Anblick der schnatternd nach Futter suchenden Flamingos genießen oder euch von den sanftmütigen und plüschigen Alpakas bezaubern lassen, die gemeinsam mit den Nasenbären und den Nandus das weitläufiges Gehege bewohnen. Urtümliche Echsen und verspielte Lemuren könnt ihr im **Exotenhaus** bestaunen. Dort findet ihr zudem das **Imbissbüdchen.**

In **Eurasien** seht ihr das spannende Familienleben der Europäischen Wölfe aus nächster Nähe. Gleich nebenan wacht der „König der Eulen", der Europäische Uhu, über sein Gehege. Oder macht doch eine Stippvisite bei den Wildschweinen und dem Damwild in der begehbaren Eurasischen Waldanlage.

Für Kindergärten und Schulklassen bietet die **Tiergartenschule** als außerschulischer Lernort interessante und altersgerechte Themen rund um Tier und Natur. Und wenn ihr nun ein Lieblingstier gefunden habt, könnt es vielleicht sogar im Gehege besuchen und auf den Arm nehmen, ↗ Webseite.

Das Angebot des Parks wird durch eine große Fest- und Spielwiese mit historischem Karussell, Spielplatz und der beliebten Kindereisenbahn Emma abgerundet.

Café am See, im Tierpark, Worms. © 06241/88842. März – Okt 10 – 18 Uhr. Schnitzel, Würstchen, Getränke, auch Kakao, Eis, Bänke im Freien, Spielplatz, Karussell, Meerschweinchengehege.

Radtouren

Zu den Eicher Seen

Von Nierstein über Gimbsheim nach Alsheim, 55276 Nierstein. www.vg-eich.de. **Länge:** 17 km beschilderter Radweg, flach und leicht. **Altersempfehlung:** wegen der Länge für Kinder ab 10 Jahre. **Bahn/Bus:** RB Bhf Nierstein, Rückfahrt RB von Bhf Alsheim, beide an der RB Mainz – Ludwigshafen – Mannheim.

▶ Vom **Niersteiner Bhf** geht es per Unterführung zur sehr stark befahrenen B9. Wenige 100 m rechts überquert ihr diese an einer Ampel. Dann radelt ihr in südlicher Richtung auf einem Radweg zunächst am Rhein und dann das **Oppenheimer Hafenbecken** entlang, in dem Motorboote dümpeln. Am Nordrand von Oppenheim (etwa auf Höhe des Bahnhofs) biegt der Rhein-Radweg links in die Fährstraße. Dank der recht guten Markierung findet ihr leicht den Weg zum Rheindamm. Von hier aus führt der Weg nicht mehr auf dem Hochwasserdamm, sondern landeinwärts auf dem gut ausgebauten Rheinradweg.

Ab Kilometer 3,5 seid ihr mitten in der weiten Rheinaue mit dem Auwald. Dabei kommt ihr am **Segel- und Motorflugplatz Oppenheim** vorbei, einem ausgedehnten Wiesengelände, auf dem die Sportflieger starten und landen. Vor allem am Wochenende könnt ihr sie dabei beobachten. Spannend, wie die Segelflieger hochgezogen werden. Alternativ könnt ihr ab hier auch den unbefestigten Leinpfad vor dem Damm direkt am Fluss nehmen.

Jetzt könnt ihr Schiffe sehen und mit ihnen um die Wette radeln. In Guntersblum am Rheindamm findet ihr den ↗ **Ökolehrpfad Guntersblum,** eine Gelegenheit für einen spannenden Naturstreifzug. In diesem Bereich befindet sich rechts das Ausflugslokal **Zum Rheinhof.** Eine wunderbare Möglichkeit zur wohlverdienten Rast. Ihr bleibt anschließend noch 1 km am Rheinufer. Dann geht es nach rechts

RheinRadeln: Autofreier Tag auf der alten B9 zwischen Oppenheim (Kaufland) und Worms (Schloss Herrnsheim), 25 km, Mitte Mai, 10 – 18 Uhr. Jeder kann teilnehmen. Per Rad, Inline-Skates, Rollschuhe, zu Fuß, per Skateboard … www.rheinradeln.de.

Richtung Gimbsheim. Auf dem leeren Landsträßchen K48 immer geradeaus mitten durch intensiv genutztes Ackerland gelangt ihr nach 2 km mitten in den schönen alten Ortskern von **Gimbsheim.** Nur wenige hundert Meter entfernt ist ein ↗ *Freibad.* Nahe ist aber auch der ↗ *Pfarrwiesensee* mit Strandbad. Von hier aus könnt ihr weiter in Richtung Eich fahren. Auf dem Weg kommt ihr am ↗ **Altrheinsee** vorbei. Hier könnt ihr den ↗ *Altrhein-Erlebnispfad* entlanggehen. Zwei Vogel-Beobnachtungshütten und ein Turm sind hier die Highlights. Wer nicht so viel gehen mag, kann im ↗ **Strandbad** entspannen.
Von hier aus geht es wieder zurück über **Gimbsheim** – hier gibt es viele Einkehrmöglichkeiten – nach **Alsheim.** Von dort habt ihr die Möglichkeit, mit öffentlichen Verkehrsmitteln zurückzukehren.

Zum Rheinhof, Am Rheindamm 4, Guntersblum. ✆ 06249/2381. April – Okt von Do – So ab 11 Uhr, durchgehend warme Küche bis 20 Uhr. Bei Anlegestelle der Guntersblumer Kühkopf-Fähre. Biergarten unter Kastanie, deutsche Küche, Kaffee und Kuchen, Kinderteller und Eis. Spielecke.

Wo einst die Loks entlang dampften: Amiche-Radweg

55294 Bodenheim. **Länge:** 24 km, bis auf die ersten 4 km flach oder bergab. Sehr gut für kleine Radler ist der Abschnitt Gau-Bischofsheim – Selzen, 8 km, gut ausgebauter Radweg, hervorragend beschildert. **Bahn/Bus:** Der Startort Bodenheim bzw. Nierstein, das Ziel der langen Variante sind Stationen an der RB Mainz – Ludwigshafen – Mannheim.

▶ Die Tour beginnt am **Bahnhof Bodenheim.** Ihr durchquert diesen alten Weinort auf einer ausgeschilderten Route via Mainzer Straße, Zwerchgasse und Gaustraße. Es geht bergauf. Am Ortsende biegt ihr links in den Leidheckenweg ein. Immer geradeaus alle Abzweigungen ignorierend führt die Route in einem weiten Bogen durch Ackerflur nach Gau-Bischofsheim hinauf (keine schwere Steigung). 1,5 km hinter Bodenheim zweigt links ein Sträßchen zum 200 m entfernten Fischteich ab. 1 km weiter endet euer Weg an einer T-Kreuzung. Hier geht es rechts nach **Gau-Bischofsheim.** Nach 800 m seid ihr direkt am Beginn des Radweges auf der ehemaligen

@ Alles über die Dampfloks *Amiche, Bawettche* und *Zuckerlottche* findet ihr unter www.amiche.de.

Ihr könnt die flache, leichte Strecke Gau-Bischofsheim – Selzen natürlich auch laufen! Sie ist bestens für Kinderwagen geeignet.

Tunnelblick: Amiche-Radweg
© Alexander Kraft

Jordan's Untermühle – Restaurant Brot & Bouquet, Köngernheim. © 06737/7100-0. www.jordans-untermuehle.de. Täglich ab 11 Uhr. Die Untermühle hat sich zum hochpreisigen Wellness-Hotel und Restaurant gewandelt. Doch im Sommer sitzt ihr im schönen Hof unter einem Blätterdach alter Bäume und könnt Kuchen essen.

Minigolfplatz Nierstein, am Südwestrand von Nierstein, an der Radelstrecke.

Trasse der Amiche-Bahn nach Selzen. Der Weg ist gut beschildert und ihr radelt nun auf vollkommen ebener Strecke an Harxheim und Mommenheim vorbei nach Selzen. Auf dem ersten Kilometer stehen zu beiden Seiten ganz dichte Hecken. Danach habt ihr einen weiten Blick über die Felder, von Weinbau keine Spur. Die Bahnhöfe der ehemaligen Bahnstrecke stehen oft noch, fungieren heute aber als Wohnhäuser.

In **Selzen** fahrt ihr auf der Gaustraße 200 m in den Ort hinein und biegt dann vor dem Brunnen rechts in die Tränkgasse ein, die euch nach 200 m zur Selz bringt. Anschließend geht es auf einem feinschottrigen Weg zwischen Gärten und der idyllischen Selz bachaufwärts. Fürs Picknick bieten sich Bänke oder der kleine Grillplatz an. 1 km hinter Selzen mündet die Route in den **Selztalradweg** (geteert). Rechts am anderen Ufer gibt es ein kleines Feuchtbiotop. Ihr biegt aber links ein und radelt Richtung Köngernheim. Nach 800 m kommt ihr an dem bekannten **Restaurant Jordan's Untermühle** vorbei.

Ihr fahrt bis kurz vor Friesenheim an der Selz entlang. Dort zweigt ihr nach links ab Richtung Nierstein. Ihr überquert die L425 und radelt nun auf der ehemaligen, ebenen Trasse der Valtinchen-Bahn Richtung Rheinaue. Für Abwechslung sorgen der Spiel- und Grillplatz am Südostrand von Dexheim oder im Herbst das Labyrinth im Maisfeld bei Dalheim. Dann rollt ihr nach **Nierstein** hinunter. Nun sind auch mal Weinberge zu sehen. In Nierstein verläuft die Route zunächst auf einem Radweg neben der Straße, dann müsst ihr aber auch auf die Straße. Via Bildstockstraße, Ernst-Ludwigstraße und Bleichweg (nach rechts), landet ihr am **Bahnhof** – Ziel einer langen, abwechslungsreichen Tour.

Im Pfrimmtal aufwärts

Worms – Pfeddersheim – Monsheim, Bahnhofstraße, 67547 Worms. **Länge:** 6 km Radweg ohne Steigung, fast immer am Bach entlang. **Bahn/Bus:** RB, RE Hbf Worms, Rückfahrt RB vom Bhf Monsheim. Der denkmalgeschützte Bhf von Monsheim liegt auf der Strecke Alzey – Worms, Monsheim – Kaiserslautern sowie Neustadt (Pfalz).

▶ Zunächst geht es vom **Hbf Worms Westseite** auf der Von-Steuben-Straße zur Pfrimm hinauf. Dort biegt ihr links in die Pfrimmanlage ein und fahrt unter Alleebäumen Richtung Westen bis zur Hochheimer Straße. Hier geht es links zum Radweg am Südufer des Baches hinunter und geradewegs in den **Pfrimmpark** mit dem schönen Spielplatz samt Liegewiese. Ihr bleibt noch bis zur nächsten Brücke an diesem Ufer. Dabei kommt ihr an einem Bolzplatz und einem kleinen Bachwehr vorbei.

Danach führt der Radweg bis an den Rand von **Worms-Leiselheim** am dicht bewachsenen Nordufer der geräuschvoll fließenden Pfrimm entlang. Anschließend seid ihr bis **Worms-Pfeddersheim** wieder auf dem Südufer. Auf diesem Abschnitt schaut ihr lange auf die riesige Autobahnbrücke der A61. Die Route verläuft durch den ausgedehnten Wormser Stadtteil teils am Ufer, teils in dessen Nähe. Kurz nach der Ortseinfahrt könnt ihr den großen **Spielplatz Dresdener Straße** besuchen. Nachdem ihr Drehscheibe und Schaukel getestet habt, kehrt übers Brückchen wieder auf die Route zurück. Hinter dem malerischen alten Städtchen seid ihr wieder an der Pfrimm. Etwa 1 km westlich von Pfeddersheim erreicht ihr endlich den einen richtigen Flecken fürs Picknick: einen ↗ **Grillplatz.** Am Ostrand von **Monsheim** geht die tolle Bachtour zu Ende. Ihr kommt schließlich via Wormser Straße zum **Bahnhof** der bekannten Weinbaugemeinde.

Der Hit im Pfrimmpark ist das **Ochsenklavier.** So werden die Trittsteine durch die Pfrimm genannt, die die Ochsenkarren zum Ächzen gebracht haben. Offiziell heißt der 1898 angelegte Garten Karl-Bittel-Park.

Zum Pokal, Gartenstadtstraße 9, Monsheim. ✆ 01791/345716. https://zum-pokal.com. Mo – Fr 11.30 – 15 und 17 – 22, Mi Ruhetag, Sa, So 11 – 22. Deutsche Küche sowie indische Gerichte im Vereinsheim des TuS Monsheim.

Grillplätze & Spielwelten

Grillen & spielen in Dexheim

55278 Dexheim. ✆ 06133/61286, www.dexheim.de.
Preise: Gebühr 40 €.

▶ Außerhalb von Dexheim findet ihr eine schöne offene **Grillhütte** mit Bänken, Tischen und Toilette. Angeschlossen ist ein spannender **Abenteuerspielplatz.** Hier könnt ihr auf einem großen Holzfort Pirat sein. Beim Fort befindet sich neben Rutsche, Schaukeln, Wippe und Seilbahn eine Kletterwand. Direkt gegenüber liegend sind der Sportplatz sowie ein Basketballfeld und eine große Wiese.

Buchhandlung Ruthmann, Wormser Str. 13, 55294 Bodenheim, ✆ 06135/6343. www.buchladen-ruthmann.de. Mo – Fr 9 – 13 und 15 – 18.30, Sa 9 – 14 Uhr. Filiale Hechtsheim: Alte Mainzer Str. 4. Schöne, moderne Buchhandlung. Bietet auch Lesefutter für Kinder und Jugendliche.

Grillplatz Bodenheim

Ortsgemeinde Bodenheim, 55294 Bodenheim.
✆ 06135/92600, www.bodenheim.de.

▶ 500 m nördlich von der Sändchensinsel, klein, Grillstelle, 2 Tische und Bänke, am Rheinradweg.

Grillplatz Pfeddersheim

67551 Worms. ✆ 06247/246, www.worms.de. **Preise:** 150 €, 100 € Kaution. **Infos:** Vermietung Büro des Ortsvorstehers, Schlossstraße 48, 67551 Worms.

▶ Im *Naherholungsgebiet Wiesenbrünnchen* an der Pfrimm. Grillhütte (mit Kühlschrank), überdachte Sitzplätze, Toilette, Schaukel und Grasplatz.

pmv-Öko-Tipp

Paradies Oppenheim

55276 Oppenheim. www.stadt-oppenheim.de. **Lage:** Neben dem Hallenbad am westlichen Stadtrand. **Infos:** Zuständig: Henriette Degünther ✆ 0176/83017868.

▶ Auf dem großen Gelände existieren keine normalen Spielplatzgeräte. Hier geht es naturwüchsig zu. Hügel und Mulden prägen das wie eine Wildnis bewachsene Gelände, durch das Dickicht führen zahlreiche Pfade. Hier könnt ihr Höhlen, Baumhäuser, Indianerhütten und vieles mehr bauen. Es gibt einen kleinen Versammlungsplatz, eine Pumpe für Wasserspiele, Obstbäume zum Bedienen und vieles mehr, was ihr bestimmt gerne entdecken wollt.

Worms im Kleinformat

Spiel- und Infostätte Herta-Mansbacher-Anlage, 67547 Worms. ✆ 06241/8537306, www.worms.de. **Lage:** Berliner Ring, bei der Synagoge.

▶ Der Spielplatz hat eine Besonderheit: Auf ihm befindet sich die hundertfach verkleinerte Stadtmauer des mittelalterlichen Worms. Die Tore der nachgebauten Stadtmauer tragen sogar die richtigen Namen. Ihr könnt im Sand spielen oder es mit dem auf der Tafel vorgeschlagenen Stadtmauerspiel versuchen. Ansonsten gibt es auch Kriechrohre, ein Spielschiff und ein paar andere Geräte.

?! *Herta Mansbacher war eine jüdische Lehrerin in Worms, die sich besonders stark für ihre jüdischen Schüler und Schülerinnen einsetzte. 1942 wurde sie von den Nazis verschleppt und im KZ ermordet. Ein Besuch der Synagoge und des Raschi-Hauses und ein Bummel durch die Judengasse lassen sich gut mit einer Pause auf dem Spielplatz verbinden.*

Abenteuerspielplatz Neuhausen

Abenteuerspielplatz Worms-Neuhausen e.V., Gaustraße 192, 67549 Worms-Neuhausen. ✆ 06241/24949, www.abenteuer-in-worms.de. **Lage:** rechts neben TUS Neuhausen. **Altersempfehlung:** ab 2 Jahre. **Bahn/Bus:** Bus 407 ab Worms ZOB und 435 aus Bechtheim bis Neuhausen West. **Zeiten:** Mo – Fr 14 – 18 Uhr. **Preise:** Eintritt frei.

▶ Der Abenteuerspielplatz ist eine freizeitpädagogische Einrichtung, hier dürft ihr so richtig loslegen, z.B. Hämmern und Sägen beim Hüttenbau oder Toben, Rennen, Matschen, Klettern, Graben, Malen und Basteln. Erfahrungen mit Feuer, Wasser, Pflanzen, Erde und Tieren werden von den hier aktiven Sozialarbeitern und Pädagogen gezielt gefördert. Ihr könnt im Garten arbeiten, die Bienen versorgen helfen und ab und an ein Lagerfeuer aufbauen. Im Spielhaus mit seinen vier Räumen gibt es eine Werkstatt, eine Teeküche sowie eine Tischtennisplatte und einen Billardtisch. In der Werkstatt werden die Werkzeuge und das Material ausgegeben: Hämmer, Nägel, Zangen, Spaten, Schaufeln, Schubkarren, …

♫ Ihr könnt ihr sogar euren **Geburtstag** feiern! Dann habt ihr einen Geburtstags-Bauwagen und könnt beispielsweise klettern gehen. Meldet euch dafür aber vorher an.

Burgen & Schlösser

Fern sehen auf Burg Landskron

55276 Oppenheim. www.stadt-oppenheim.de. **Bahn/ Bus:** RB Bhf Oppenheim, Bus 662 Richtung Dalheim bis Grundschule Gautor, dann durch Gaustraße und Burgstraße bergauf. **Preise:** Eintritt frei.

▶ Hoch über Oppenheim thront die **Burg Landskron.** Sie ist bereits seit 1689 eine Ruine. Nur die hohen Außenmauern stehen noch. Der große Innenhof der ehemaligen Reichsburg bietet euch viel Raum zum Mittelalter spielen und Verstecken. Eine Infotafel berichtet über die Geschichte der Burg, zur Arbeit der „Maulwurf-Kompanie", wie sich die hiesigen Archäologen nennen, und über deren Funde. Neben der Burg gibt es einen Waldstreifen, in dem ein tiefer Hohlweg auffällt – ein wunderbares Gelände für Räuber-und-Gendarm-Spiele.

Vom **Marktplatz** mit dem schönen alten Fachwerkrathaus geht ihr via Katharinenstraße, Schlossgasse, Zuckerberg, Burgstraße und dann auf einem Serpentinenpfad durch Wald. Zurück könnt ihr auf der anderen Seite der Burg den Weinberg hinuntergehen und kommt dann auf der Straße Zuckerberg hinter der Katharinenkirche wieder heraus.

Ach so: Die Burgruine bietet einen herrlichen Ausblick in die Rheinebene, an klaren Tagen bis nach Frankfurt. Fern-sehen ohne Sofa!

T Die **Oppenheimer Theaterfestspiele** haben in der Ruine Landskron ihren stimmungsvollen Freilicht-Aufführungsort. Bei der Tourist-Info gibt es Arrangements mit Picknick!

Schloss Herrnsheim und sein Park

Herrnsheimer Hauptstraße 1, 67547 Worms-Herrnsheim. www.worms-erleben.de. **Kinderwagen geeignet:** ja. **Barrierefrei:** ja. **Bahn/Bus:** Bus 407 ab Worms Hbf bis Herrnsheim Park, Bus 4943 bis Herrnsheim Kriegerstein. **Infos:** Das Schloss wird derzeit saniert und kann nicht von innen besichtigt werden.

▶ Das Schloss Herrnsheim besitzt einen gepflegten **Park** im Stil englischer Landschaftsgärten. Die Briten kamen nämlich im 17. Jahrhundert zuerst auf

?! *Herrnsheim gehörte im 14. Jahrhundert den Herren von Dalberg. Das Schloss wurde nach seiner Zerstörung im streng klassischen Empirestil 1811 errichtet, der Park 1806 von dem Landschaftsarchitekten F.L. von Skell angelegt.*

die Idee einen Garten so zu gestalten, dass es ganz natürlich aussieht. Dafür wurde manchmal viel Erde bewegt! Im Zentrum des Herrnsheimer Parks befinden sich ein Weiher mit Inselchen und eine Quelle. Manche Baumgruppen sehen aus wie ein natürlich gewachsenes Wäldchen. Die gut ausgebauten Wege sind ideal für Kinderwagentouren und Spaziergänge mit ganz kleinen Kindern.

Schlosscafé Herrnsheim, © 06241/ 8491947. Di geschlossen. Deutsche und griechische Küche, Kaffee & Kuchen.

Museumsschätze

Nibelungenmuseum Worms

Nibelungenmuseum Worms, Fischerpförtchen 10, 67547 Worms. © 06241/8534120, www.nibelungen-museum.de. **Barrierefrei:** ja. **Bahn/Bus:** Ab Worms Hbf Bus 401, 404, 408 oder 409 bis Römischer Kaiser oder Marktplatz. **Zeiten:** Di – Fr 10 – 17, Sa, So, Fei 10 – 18 Uhr. **Preise:** 5,50 €; Kinder 6 – 18 Jahre 3,50 €; Familie (2 Erw, Kinder) 13 €, Senioren 4,50 €, Gruppen ab 10 Pers nach vorheriger Anmeldung Erw 4,50 €, Kinder 2,50 €, Senioren 3,50 €. **Infos:** In der Cafeteria dürft ihr eure mitgebrachten Brote essen.

▶ Einem Mythos zufolge soll Hagen den **Schatz der Nibelungen** im Rhein bei Worms, da wo einst Lochheim lag, versenkt haben. Die *Nibelungensage,* der bekannte Teil der mittelalterlichen **Siegfriedsage,** in dem es um Liebe, Hass und Mord geht, spielte in Worms. Der Text des unbekannten Autors war keineswegs nur erfunden, er spiegelt die Intrigen und Gewalttätigkeit des mittelalterlich-höfischen Lebens wider. Heute nennt sich Worms **Nibelungenstadt,** aus einem Siegfriedbrunnen plätschert munter Wasser und Hagen steht als Statue am Rhein.

Ihr könnt im Nibelungenmuseum **Geburtstag** feiern.

Im **Nibelungenmuseum** könnt ihr die Entstehung der Nibelungensage auf spannende Weise selbst erleben. Im Empfangsbereich müsst ihr euch zunächst entscheiden: Folgt ihr dem *unbekannten Dichter* des Nibelungenlieds oder lasst ihr euch auf das Wagnis

Zum Greifen nah:
Die interaktive Kindertour bietet dreidimensionales Erleben
© NMW, Eichfelder Artworks

Richard Wagner und dessen Mammut-Oper „Der Ring des Nibelungen“ ein? Bei der **Tour mit dem Dichter** kommt ihr zunächst in den Sehturm, der das Entstehen der Sage mit Bildern und Texten darstellt. Über einen Kopfhörer hört ihr das Nibelungenlied in einer Fassung speziell für Kinder. Über einen **Wehrgang,** der die Veränderungen von Worms zwischen Spätmittelalter und Nachkriegszeit darstellt, gelangt ihr zum **Hörturm.** Dort sind Teile des Nibelungenlieds in Mittelhochdeutsch zu hören und euch werden die Hintergründe der Sage erklärt. Wenn ihr oben im Turm angekommen seid, habt ihr einen schönen Blick auf Worms. Zum Schluss steigt ihr ins unterirdische **Mythenlabor** und taucht in das Reich der Nibelungen ein.

In der Kindertour zu Wagners **Ring des Nibelungen** wird innerhalb einer Stunde gesungen, gespielt und Wagners Werk erklärt, dass die Schwarte kracht! Es gibt nicht nur die Requisiten der Oper im Sehturm zu entdecken, sondern auch eine spannende Erzählung des Regisseurs *Achim Freyer* zu dessen Aufführungen am Nationaltheater Mannheim. Kleine und große Besucher bekommen so einen spannenden Einblick in diese Inszenierungen und können sehen und hören, was es mit dem Mythos dieses ganz besonderen Rings auf sich hat.

Das Nibelungenmuseum bemüht sich sehr um Kinder. Aus dem Nibelungenlied und den Hintergrundinformationen ergeben sich viele Anknüpfungspunkte für Aktivitäten mit Kindern. Für Schulklassen gibt es Workshops zu verschiedenen Themen. Das Museum beteiligt sich im Frühjahr, Sommer und Herbst an Ferienspielen.

Deutsches Weinbaumuseum

Verein der Freunde und Förderer des Deutschen Weinbaumuseums e.V., Wormser Straße 49, 55276 Oppenheim. ✆ 06133/2544, www.dwb-museum.de. **Zeiten:** April – Okt Di – Fr 14 – 17, Sa – So, Fei 10 – 17 Uhr, Gruppen das ganze Jahr über. **Preise:** 4 €, Gruppen ab 10 Pers 3,50 €; Kinder 7 – 14 Jahre 1 €; Schüler, Studenten, Behinderte 3 €. **Infos:** Audioguide-Leihe 1 €.

▶ Das Museum befindet sich in einem schönen dreistöckigen Barockgebäude und mehreren Nebenbauten, die einen großen Innenhof umgeben. Die Sammlung ist riesig, es wird fast alles gezeigt, was mit dem Weinbau zusammenhängt: von den Böden, dem Klima, dem Wachstum und der Reife der Trauben, der Arbeit der Winzer im Weinberg samt Werkzeug, Geräten, Maschinen und Fahrzeugen, der Tierwelt in den Rebfeldern, der Traubenernte und Kelterei, dem Ausbau des Weins im Fass bis zur Abfüllung in Weinflaschen. Darüber hinaus wird auch dem Verhältnis von Wein und Kultur viel Raum gegeben. In etlichen Räumen können die Informationen auch mit QR-Codes auf dem Smartphone abgerufen werden.

Fraglos gibt es viele Informationen. Andererseits besteht dennoch eine empfindliche Lücke. So fehlt eine kritische Darstellung der konventionellen chemischen Düngung und Schädlingsbekämpfung, die wegen ihrer Rückstände an Pflanzen und im Boden problematisch sind. Es existiert jetzt zwar eine Infotafel zur Alternative ökologischer Weinbau, schön wäre, wenn in Zukunft daraus eine richtige Ausstellung würde.

Für Kinder interessant ist sicher die Küferwerkstatt, wo ihr lernt, was die runden Gebilde über Jahre zusammenhält. Und dann ist ja auch noch das Wunder zu klären, dass Wein in diesem großen Holzgefäß je älter er wird, umso besser wird. Auch die Infos über die Arbeit im Weinberg – vom Weinbergschlitten bis zur riesigen Vollerntemaschine – sind spannend.

?! *Wie könnte sich der Klimawandel auf den Weinbau auswirken? Wenn ihr genau hinschaut, könnt ihr bestimmt auf einer Infotafel Tipps zur Lösung dieser Frage entdecken.*

?! *Was sind **Fossilien**? „Fossilis" ist ein lateinisches Wort. Es heißt „Ausgegrabenes". Damit werden jedoch nicht alle alten Gegenstände bezeichnet, die die Archäologen bei ihren Ausgrabungen finden, sondern nur Reste und Versteinerungen von ehemaligen Lebewesen und Pflanzen. Die Wissenschaft, die diese Funde mit heutigen Lebewesen – z.B. den Zähnen und Knochen lebender Tiere – vergleicht, heißt Paläontologie. Jetzt wisst ihr auch, weshalb das Paläontologische Museum Nierstein so heißt.*

Fantastische Abdrücke im Stein

Paläontologisches Museum Nierstein, Marktplatz 1, 55283 Nierstein. ✆ 06133/609462, www.museum-nierstein.de. **Rad:** Abstecher vom linksrheinischen Radweg. **Zeiten:** So 11 – 16 Uhr und nach Vereinbarung. **Preise:** Eintritt und Führungen frei.

▶ In dem wunderbaren kleinen *Fossilienmuseum* gibt es jede Menge versteinerter Tiere und Pflanzen aus einer viele Millionen Jahre zurückliegenden Zeit zu bewundern – eine faszinierende, geheimnisvolle Welt. Zahlreiche Schautafeln erklären diese Fossilien, die in ganz Europa, vor allem aber in Rheinhessen und Umgebung selbst, vom Museumsgründer und seinen Nachfahren gesammelt wurden: von einer 265 Mio Jahre alten Eintagsfliege bis zu Saurierspuren, Fließspuren von Wasser, Abdrücke von Farnen, Schachtelhalmen, Seeigeln und -sternen, Korallen, Schwämmen, Muscheln, Schnecken, Krebsen, Libellen, Panzerfischen, Haien und mehr. Zwei Highlights sind der Abdruck eines großen Süßwasserhais und dem Skelett einer fetten Seekuh.

Ortsmuseum Nackenheim

Kirchbergweg 2, 55299 Nackenheim. ✆ 06135/3891. **Zeiten:** Sa 14 – 16 Uhr, Führungen nach Voranmeldung. **Preise:** freier Eintritt, Führungen ab 60 €.

▶ In dem ehemaligen Schulhaus von 1832 ist das Ortsmuseum mit Sammlungen zur Vor- und Frühgeschichte, Geologie und Heimatgeschichte untergebracht. Ein ganz besonderer Fund ist das Skelett eines fränkischen Kriegers aus dem 7. Jahrhundert und ein riesiger 5000 Jahre alter Vorratstopf.

Jüdisches Museum im Raschi-Haus

Jüdisches Museum Worms, SchUM am Rhein – Vom Mittelalter in die Moderne, Hintere Judengasse 6, 67547 Worms. ✆ 06241/853-4701, -4707. www.juedisches-museum-worms.de. **Lage:** Im Raschi-Haus. **Bahn/Bus:** Bis Worms Hbf, dann circa 10 Min zu Fuß. **Zeiten:**

Museum: April – Okt Di – So 10 – 12.30 und 13.30 – 17 Uhr, Nov – März nur bis 16.30 Uhr. **Synagoge:** April – Okt Mo – So 10 – 12 und 14 – 16 Uhr. **Preise:** 1,50 €; Kinder 0,80 €.

▶ In Worms gab es fast tausend Jahre lang eine bedeutende jüdische Gemeinde. Ihr Beitrag zu Kultur, zu wissenschaftlichem und wirtschaftlichem Leben der Stadt war enorm. Das **Museum** im Gewölbekeller des **Raschi-Hauses** dokumentiert die religiöse Kultur des Judentums und der Wormser jüdischen Gemeinde im 19. und 20. Jahrhundert. Für Kinder am schönsten ist das Modell der alten Wormser Synagoge (um 1600). Ihr seht eine *Thora,* das Gesetzbuch und die Quelle des jüdischen Glaubens, sowie den *Talmud,* das Hauptwerk der rabbinischen Literatur. Der Talmud ist viele tausend Seiten dick und beschreibt sowohl ausführlich naturwissenschaftliche Phänomene als auch Anleitungen zur Kindererziehung. *Raschi* hat eine knappe Zusammenfassung all dieser Ratschläge geschrieben, wofür ihm mancher Talmud-Schüler bestimmt heute noch dankbar ist. Der Titel der Dauerausstellung **SchUM am Rhein** bezieht sich auf die drei Städte Speyer, Worms und Mainz, die im 11. – 14. Jahrhundert einen starken jüdischen Gemeindebund bildeten.

Es empfiehlt sich, die Besichtigung der nahe gelegenen **Synagoge** aus dem 11. Jahrhundert (mit Ritualbad) anzuschließen. Der Eintritt ist frei, Jungs müssen eine Kopfbedeckung tragen.

Öffentliche Führung Jüdisches Worms inklusive Museum, April – Okt jeden 1. So im Monat um 10.30 Uhr, ↗ Touristinformation.

?! *Das Haus ist nach* ***Raschi*** *(1040 – 1105), dem bedeutendsten Theologen des mittelalterlichen Judentums, benannt. Sein Pentateuch-Kommentar, dem 1. und wichtigsten der 5 Bücher Moses, die in der Thora zusammengefasst sind, wurde später zum ersten gedruckten jüdischen Buch. Sein Talmud-Kommentar befindet sich heute noch in den vollständigen Talmud-Ausgaben.*

NS-Dokumentationszentrum Rheinland-Pfalz und Gedenkstätte KZ Osthofen

Ziegelhüttenweg 38, 67574 Osthofen. ✆ 06242/9108-10, www.gedenkstaette-osthofen-rlp.de. **Bahn/Bus:** ab Bhf 3 Min Fußweg zur Gedenkstätte. **Auto:** ab Ortsmitte türkisfarbene Hinweisschilder zur Gedenkstätte. **Rad:** Direkt am Rheinterassen- und Mühlen-Radweg. **Zeiten:** Di – Fr 9 – 17, Sa, So, Fei 13 – 17 Uhr. **Preise:** Eintritt frei.

Infos: Führung durch die Gedenkstätte und die Dauerausstellung von Gruppen nur nach Voranmeldung.

▶ Von Frühjahr 1933 bis Sommer 1934 befand sich in der ehemaligen *Papierfabrik Osthofen AG* ein Konzentrationslager, in dem politische Gegner der Nazi-Diktatur „umerzogen" wurden. Im **KZ Osthofen** wurde in den 16 Monaten seines Bestehens kein Häftling ermordet, aber die Gefangenen wurden gedemütigt und misshandelt. Etliche Inhaftierte wurden nach ihrer Entlassung erneut verfolgt, in andere Haftstätten und Lager verschleppt und einige gar ermordet.
Heute befindet sich hier ein **Erinnerungs- und Lernort.** Mittelpunkt der Dauerausstellung ist die Situation im KZ Osthofen und Hinzert. Ein Raum ist dem Roman „Das siebte Kreuz" von *Anna Seghers* und der Biographie der Autorin gewidmet. In einem speziellen Kartenraum können interaktiv Karten zum Thema abgerufen werden.

Stadtinfos & -führungen

Oppenheim ober- und unterirdisch

Oppenheim Tourismus GmbH, Merianstraße 2a, 55276 Oppenheim. © 06133/4909-14, 4909-19. www.stadt-oppenheim.de. **Bahn/Bus:** RB Bahnstrecke Mainz – Worms – Ludwigshafen – Mannheim. **Rad:** Abzweigung vom Rhein-Radweg. **Zeiten:** Di – So 11 – 16 Uhr, Nov – Feb Di – Sa 11 – 16 Uhr.

▶ Paradoxerweise liegen die Höhepunkte Oppenheims in der Tiefe: das große ↗ **Kellerlabyrinth.** Aber es gibt auch oberirdische Höhepunkte, zum einen die ↗ **Burgruine Landskron**, die hübsche **Altstadt** rund um den Marktplatz und natürlich die eindrucksvolle **Katharinenkirche.** Das gotische Bauwerk hoch oben am Hang ist schließlich schon von Weitem zu sehen! Fast 200 Jahre lang baute man an ihr, von 1258 bis 1439. 100 Jahre später wechselte sie

M **St. Katharinen,** https://katharinen-kirche.ekhn.de. Kirche Mo – Sa 10 – 17, So 12 – 17 Uhr. Für Kinder bietet die Evangelische Kirchengemeinde Oppenheim Führungen und eine Klösterliche Schreibstube für Schulklassen, fragt nach bei: magdalena.schaefer@ekhn.de.

mehrmals die Konfession, heute ist sie evangelisch. Beeindruckend ist das Beinhaus im Keller der Michaelskapelle, wo die Skelette von gut und gerne 20.000 Oppenheimern aus dem Mittelalter lagern, für die auf dem Friedhof kein Platz mehr war. Und natürlich die Kirche selbst mit ihrem hohen Kirchenschiff.

Führungen im Wonnegau

Stadtverwaltung Osthofen, Touristinformation Wonnegau, Friedrich-Ebert-Straße 31 – 33, 67574 Osthofen. ✆ 06242/5030109, www.osthofen.de. Platz an der Kleinen Kirche. **Bahn/Bus:** RB Mainz – Ludwigshafen – Mannheim Bhf Osthofen.

▶ Die Gästeführer des Wonnegaus bieten zahlreiche Touren an, mal geht es durch Osthofen oder die KZ-Gedenkstätte, mal auch hinaus in Weinberge oder zum Labyrinth-Platz.

@ Gästeführungen findet ihr unter: www.wonnegau.de/gaestefuehrungen-wonnegau/0.

Führung durch das Kellerlabyrinth

Tourist-Info der Stadt Oppenheim, Touristinformation, Merianstraße 2a, 55276 Oppenheim. ✆ 06133/4909-14, -15, -19. www.stadt-oppenheim.de. **Dauer:** Führung 1 Std, nicht mit Rollstuhl machbar. **Altersempfehlung:** ab 5 Jahre. **Zeiten:** Sa 12 und 13.30 Uhr, So, Fei 11.30, 13.30, 14.30, 15.45 Uhr (besser mit telefonischer Voranmeldung). **Preise:** 8,50 €; Kinder 7 – 14 Jahre 5 €. **Infos:** Für Gruppen ab 5 Pers stehen auch außerhalb der regulären Führungen Termine zur Verfügung, bis 10 Pers 80 €, Schulklassen 50 €.

▶ Seit dem Mittelalter war Oppenheim ein wichtiger Ort für den Handel mit Wein. Zum Schutz vor dem Rheinhochwasser wurden die Häuser auf den Hang gebaut. Doch wo sollten die vielen Waren und Weinfässer gelagert werden? Das Problem wurde gelöst, indem unter der Stadt Keller angelegt wurden. Über die Jahrzehnte kamen neue, tiefere Keller und Gänge dazu, die allmählich zu einer „Stadt unter der Stadt" zusammenwuchsen. Die unterirdischen Ver-

Alle Besichtigungen führen über eine steile Treppe in das Kellersystem, das ausreichend beleuchtet ist. Die Wege sind gut begehbar. Da es dort unten ziemlich kühl ist (12 – 13 Grad), ist es ratsam, dass ihr euch eine Jacke mitnehmt.

stecke dienten auch als Schutzraum bei feindlichen Attacken oder, wie im Zweiten Weltkrieg, vor Bombenangriffen.

Bei der Altstadtsanierung 2003 hat man diese Unterwelt wiederentdeckt. Unter dem schönen alten Fachwerk-Rathaus sind mittlerweile Kellergewölbe mit einem Netz von 450 m Gängen zugänglich gemacht worden – von insgesamt 40 km! Eine Führung durch die unterirdische Stadt, dem **Kellerlabyrinth I**, ist für Kinder sehr spannend.

Als abenteuerlich-sportive Ergänzung lockt das **Kellerlabyrinth II** mit rund 200 Meter durch noch ursprünglicheres Gangwerk; hier dürfen Kinder unter 14 Jahren nur in Begleitung von Erziehungsberechtigten mit.

Neben den Labyrinth-Führungen der Touristinformation könnt ihr auch das private **Kellerlabyrinth des Restaurants Völker** besichtigen. Das ist zwar viel kleiner, aber für Kinder interessanter, weil es viele Besonderheiten auf engem Raum bietet. Außerdem macht es Spaß, Herrn Völker zuzuhören, der spannend und verständlich erzählen kann und euch noch nebenbei mit der Geschichte der Stadt vertraut macht. Die Räume sind verschieden groß und haben unterschiedliche Gewölbe wie etwa Tonnen- und Klostergewölbe. Manche sind erst im 19. Jahrhundert angelegt worden, andere sind schon 700 Jahre alt. Die Gänge sind zum Teil ganz eng. Wenn das nicht aufregend ist …!

Restaurant Völker, Krämerstraße 7, Oppenheim. © 06133/2269. www.restaurant-voelker.de. Feb – Dez Fr ab 18, Sa, So, Fei ab 12 Uhr. Mit Gartenlokal. Regelmäßig Theater tief unten im Keller. Paul-Wallot Ausstellung. Kellerführungen Feb – Dez Sa 16.30, So 14, Mi 22 Uhr, Rücksicht auf Kinder; für Kindergärten, Schulklassen, Gruppen und Kindergeburtstage Extra-Führungen nach Vereinbarung.

Stadtführungen für Kinder in Worms

Touristinformation Worms, Neumarkt 14, 67547 Worms. © 06241/8537306, www.touristinfo-worms.de. **Altersempfehlung:** Stadtrallye für Kinder der 4. – 7. Klasse, Führungen ab 6 Jahre. **Kinderwagen geeignet:** ja. **Barrierefrei:** ja. **Bahn/Bus:** S6 (Rhein-Neckar), RE4, RE14 (Frankfurt –) Mainz – Speyer – Karlsruhe, RE13, RB31, RB35 Bingen Stadt – Alzey – Monsheim – Worms, RB44, RB62, RE 70 Frankfurt – Biblis bzw.

Hinter der Rheinpromenade gibt es einen **Spielplatz** mit viel Sand.

Mannheim (Riedbahn), RB 63 Bensheim. **Rad:** Rhein-Radweg, Rheinterrassen-Route, Amiche-Radweg. **Zeiten:** April – Okt Mo – Fr 9 – 18, Sa, So, Fei 10 – 14 Uhr, Nov – März Mo – Fr 9 – 17 Uhr. **Preise:** öffentliche Stadtführung 6 €; Kinder bis 14 Jahre frei. **Infos:** Weitere Führungen unter www.worms-erleben.de.

▶ Auf Schritt und Tritt begegnet ihr in Worms Siegfried und Luther. Was haben die hier gemacht? Mit Hilfe der **Kinderstadtrallye** – und der Unterstützung des Dom-Dackels Helmut – könnt ihr 18 Aufgaben lösen, die beiden Männer kennen lernen und so die Stadt auf den Spuren des kleinen Drachens erkunden (Dauer 1 Std). Holt euch das kostenlose Quiz in der Tourist-Info. Habt ihr das Lösungswort richtig, gibt es sogar eine kleine Belohnung.

Wie wäre es mit einer **geführten Entdeckungsreise** durch Worms? Die Tourist-Info bietet verschiedene Themen speziell für Kindergruppen an:

Mittelalter: Die Menschen und das Leben im Mittelalter, für Kinder 6 – 12 Jahre, max. 25 Pers, pro Gruppe 25 €.

Dom: Was ist ein Dom und warum ist er so bedeutend? Für Kinder 6 – 12 Jahre, 1 Std, max. 25 Pers 85 €.

Drachenjagd oder **Türme & Tore:** In der ganzen Stadt sind kleine und große Drachen sowie Türme und Tore zu entdecken. Wer findet die meisten? Bis 12 Jahre, 1,5 Std, max. 25 Pers, pro Gruppe 95 €.

Hagenbräu, Am Rhein 3, Worms. ✆ 06241/921100. www.hagenbraeu.de. März – Okt Mo – Fr 10 – 23, Sa, So 9 – 23, warme Küche 11.30 – 22 Uhr, Nov – Feb Mi – Fr 11 – 23, Sa, So 10 – 23 Uhr. An der Promenade, mit Biergarten und eigener Brauerei, Spielplatz in der Nähe.

KULTUR & TERMINE MIT MOCKES

Bühnen & Bücher

Kabarett, Musik und Kindertheater

Kultur auf dem Hof, Weingut Weyell, Wolfgang Weyell, Bornstraße 15, 55278 Dexheim. ✆ 06133/507700, www.kadh.de. **Rad:** Radweg zwischen Nierstein und Undenheim.

▶ Kultur auf dem Hof ist ein Veranstaltungsort auf einem alten Weingut aus dem Jahr 1700. Während der Dexheimer Kerb 1995 fand das erste Open-Air-Konzert statt, seitdem werden es jedes Jahr mehr.

Zum alten Kelterhaus, Bornstraße 15, Dexheim. ✆ 06133/507700, 58974 (So). März – Okt So 10.30 – 20.30 Uhr. Spundekäs, Flammkuchen und andere rheinhessische Speisen, selbst gebackener Kuchen im Hof oder dem alten Kelterhaus.

Mittlerweile ist Kultur auf dem Hof mit mehr als 50 Veranstaltungen im Jahr eine richtige Institution zwischen Mainz und Worms. Größtenteils kommen Kabarettisten und Musiker auf die Open-Air- und die Scheunenbühne. Hin und wieder gibt es aber eben auch Theater für Kinder.

Kinder- und Jugendbücherei Worms

Stadtbibliothek, Haus zur Münze, Marktplatz 10, 67547 Worms. ✆ 06241/853-4213, www.stadtbibliothek-worms.de. **Bahn/Bus:** Ab Worms Hbf Bus 401, 404, 408 oder 409 bis Marktplatz. **Zeiten:** Kinder- und Jugend-

FESTKALENDER RHEINAUE BIS WORMS

Februar/März: Fastnacht, Sa, Worms, Obermarkt: **Straßenfastnacht,** ab 11.11 Uhr.

Mai: 1. Wochenende, Worms: **Mittelalterlicher Markt** rund um den Dom.

Ab Sa vor Pfingsten, 9 Tage, Worms: **Pfingstmarkt,** So, Fei 11 – 21, Di – Sa 15 – 21 Uhr, Festplatz am Rhein, Informations- und Verkaufsausstellung mit Vergnügungspark, am Familientag halbe Fahrpreise, Kinderschminken, Puppentheater u.v.m.

Juni: 1. Wochenende Fr – Mo, Bodenheim: **St. Albansfest.**

3. Wochenende Fr – Mo, Osthofen: **Weinmeile.**

Juli: 1. Wochenende Fr – Mo, Gimbsheim: **Weinbrunnenfest** auf der Tuchbleiche.

Mitte – Ende Juli, jeweils 20 Uhr, Worms: **Nibelungenfestspiele** vor dem Nordportal des Doms.

2 Wochenenden nach Pfingsten, Westhofen: **Traubenblütenfest,** um die alte Kellergasse, den Marktplatz und die Seebachquelle, am So großer Festzug.

4. Wochenende Fr – Mo, Nackenheim: **Weinfest** im fröhlichen Weinberg.

bibliothek Mo, Di, Do 14 – 18, Fr 10 – 18, Sa 10 – 13 Uhr. **Preise:** Kinder unter 14 Jahre lesen gratis.

▶ In der Stadtbibliothek gibt es im Obergeschoss eine große Kinder- und Jugendabteilung: Bilderbücher, Erzählungen, Sachliteratur, DVDs, CDs, Hörbücher, Lernsoftware, Zeitschriften und Spiele. Schwerpunkt ist natürlich die Ausleihe von Büchern und Medien an Kinder und Jugendliche. Es werden auch viele Veranstaltungen angeboten, wie Lesungen, Kindertheater, Bastelnachmittage und vieles mehr. Ihr könnt sogar Rallyes mitmachen.

Bücher Bessler, Friedrichstraße 18, Worms. © 06241/ 24327. www.buecher-bessler.de. Mo – Fr 9.30 – 12.30 und 14.30 – 18, Sa 9.30 – 13 Uhr. Inhabergeführte Buchhandlung mit großer Worms- und Rheinhessen-Auswahl.

August: 1. Wochenende Fr – Mo, Nierstein: **Winzerfest,** Künstlermeile, Schifferstechen, Feuerwerk.
Mitte Aug Fr – Mo, Oppenheim: **Weinfest.**
3. Wochenende, Worms, Pfeddersheim: **Pfeddersheimer Markt.**
3. und 4. Wochenende Fr – So, Guntersblum: **Kellerwegfest.**
Letztes Wochenende Fr – Di, Eich: **Kerb.**
Ende Aug, 9 Tage, Worms: **Backfischfest,** größtes Volksfest zwischen Mainz und Mannheim mit Lampionumzug, Kinderolympiade auf der Fischerwääd, 1. So Festumzug, 2. So Fischerstechen.

September: 3. Woche, Worms: **Kindertheaterwoche.**
4. Wochenende Fr – Di, Gimbsheim: **Kerb.**
4. Wochenende Fr – Mo, Nackenheim: **Kerb.**

Oktober: 3. Wochenende, Oppenheim: **Katharinenmarkt.**
Letzter So im Monat, Worms: **Allerheiligenmarkt.**

Dezember: 2. So, Worms: **Martinsmarkt.**
1. Advent, Sa, So, Westhofen: **Weihnachtsmarkt** auf dem malerischen alten Marktplatz, Krippenausstellung in der evangelischen Kirche.
3. Advent, Sa, So, Osthofen: **Weihnachtsmarkt.**
3 Wochen bis 23. Dez, Worms: **Weihnachtsmarkt.**

RHEINHESSISCHES
HÜGELLAND

WEIN & WEIZEN, RÜBEN & REBEN

Das Innere von Rheinhessen besteht aus zahllosen Hügeln. Oft sind sie lang gestreckt wie Tafelberge und selten sehr hoch. Der höchste Berg hier, der Kloppberg bei Dittelsheim, ist gerade mal 292 m hoch. Über die Hügel erstrecken sich je nach Lage und Böden Getreide- oder Rübenfelder, doch zumeist Rebfelder. Über 25.000 ha dienen dem Weinbau, damit ist Rheinhessen das größte Weinanbaugebiet Deutschlands. Auf einer Reihe von Lehrpfaden könnt ihr den Weinbau kennen lernen. Außerdem: An bestimmten Rebhängen sind Muscheln zu finden, denn ihr befindet euch auf dem Grund des urzeitlichen Meeres.

Eseltrekking? Am Sulzheimer Aussichtsturm wandern die beiden Kinder bei Wind und Wetter

MEINE LIEBLINGSTIPPS FÜRS RHEINHESSISCHE HÜGELLAND

Wander- und Radelstrecken sind in dieser Region besonders schön. Als Kinderwagentour bietet sich die Mühlbachaue in Saulheim an, hier könnt ihr stundenlang Enten beobachten, picknicken oder euch in die nahen Weinberge hinauf wagen. Frei- und Hallenbäder sind eher rar im Hügelland, empfehlenswert sind das Wartberg-Freibad in Alzey und das gemütliche Neuborn-Freibad bei Wörrstadt. Für 6-Jährige sind der Labyrinthplatz und das Maislabyrinth aufregend. Der Rheinelefant von Eppelsheim kann Dino-Forscher begeistern, 10-Jährige staunen über die Römerfunde in Alzey. Interessant für alle wird's in Bali, Verzeihung: im Bali, dem schönen Programmkino von Alzey. Ein Highlight für alle Radelkids ist der Selztalradweg, der das Hügelland ganz sacht durchs Flusstal erschließt. Er ist in zwei Etappen beschrieben, doch natürlich könnt ihr ihn in noch kleinere Wegstrecken zerteilen. Mit den Öffis kommt ihr wieder zum Ausgangspunkt zurück.

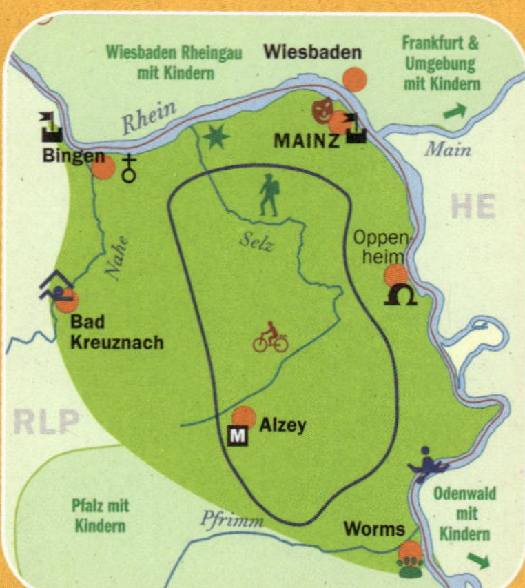

Für alle Teile von Rheinhessen ist die Karte des *LVA RLP Mainz und Rheinhessen*, topografische Karte 1:50.000 mit Wander- und Radwegen ein unentbehrlicher Helfer.

Schwimm- & Freibäder

Rheinhessen-Bad

Pariser Straße 165, 55268 Nieder-Olm. ✆ 06136/6462 (Hallenbad), 916890 (Freibad). www.verbandsgemeinde-nieder-olm.de. **Barrierefrei:** ja. **Bahn/Bus:** RB, RE bis Bhf Nieder-Olm, ab Bhf 1,2 km über die Bahnhofstraße. ORN-Bus 652 bis Schwimmbad/Festhalle. **Rad:** Nicht weit vom Selztalradweg. **Zeiten:** **Freibad** Mitte Mai – Mitte Sep Mo 13 – 21, Di – Fr 7 – 8 und 10 – 21 Sa, So, Fei 10 – 21 Uhr, Sommerferien Di – So ab 9 Uhr. **Hallenbad** Di, Mi, Fr 7 – 8 und 10.15 – 22, Do 7 – 8 und 14 – 22, Sa, So, Fei 9 – 20 Uhr. **Preise:** **Freibad** 2,80 €, 10er-Karte 22 €. **Hallenbad** 2 Std 3,30 €, 3 Std 4,40 €, Tageskarte 7,70 €; **Freibad** Kinder bis 18 Jahre 1,50 €, 10er-Karte 11 €, bis 99 cm Körpergröße freier Eintritt. **Hallenbad** 2 Std 1,70 €, 3 Std 2,20 €, Tageskarte 3,90 €; preiswerte Geldwertkarten, Ermäßigungsberechtigte wie Kinder. **Infos:** Bistro vorhanden, bei Überschreitung des Hallenbad-Tarifs pro Std 1 €, ermäßigt 0,50 €; in der Freibadsaison ist das Hallenbad geschlossen!

▶ Im **Freibad** könnt ihr im Schwimmerbecken 50 m lange Bahnen ziehen oder in einem separaten Becken vom 1- und 3-m-Brett eure Sprünge machen. Das Nichtschwimmerbecken verfügt über eine große Rutsche. Es gibt noch ein Babybecken, Platz zum Beachvolleyball spielen und große Liegewiesen. Hunger und Durst können bequem an der Cafeteria gestillt werden.

Im **Hallenbad** ist auch allerhand los. Es gibt ein Schwimmerbecken (25 x 10 m), eine kleine Spaßlandschaft, das Nichtschwimmerbecken (6 x 12 m), Rutsche, Schwallwasser, Wasserkanone und Strudelanlage und ein Babybecken mit Wasserpilz, Wasserkanone, Geysir und Wasserspiel. Vom Nichtschwimmerbecken könnt ihr in das beheizte Außenbecken hinausschwimmen. Eure Eltern wird sicherlich die Saunalandschaft erfreuen.

IM & AM WASSER MIT SAM

Kinder unter 99 cm Körpergröße haben freien Eintritt!

pmv Öko-Tipp!

Neubornbad Wörrstadt

Verbandsgemeinde Wörrstadt, Zum Römergrund 2 – 6, 55286 Wörrstadt. ✆ 06732/601160 (Verwaltung), 8148 (Kasse). www.vgwoerrstadt.de. **Barrierefrei:** ja. **Bahn/Bus:** Von Wörrstadt Bhf Bus 443 bis Neubornbad. **Rad:** 1 km südlich vom Bhf, steil bergab/bergauf. **Zeiten:** Mai – Mitte Sep 9 – 20 Uhr. **Preise:** 2,50 €, ab 17 Uhr 1,80 €, 10er-Karte 22,50 €, Saisonkarte 45 €; Kinder 3 – 14 Jahre 1 €, 10er-Karte 8 €, Jugendliche 1,50 €, 10er-Karte 10 €. **Infos:** Schließfächer vorhanden. Mit Hebelift für Behinderte und Behindertentoilette.

Schwimmkurse für Kinder ab 6 Jahre.

▶ Das schöne Freibad liegt in einer Talmulde zwischen Wörrstadt und Rommersheim. Es ist von Wiesen, Weinbergen und Wald umgeben, von wo es sein Quellwasser bezieht. Solarenergie sorgt dafür, dass es nicht zu kalt ist. Das 25-m-Sportbecken ist mit Edelstahl ausgekleidet und so vom 3-m-Brett getrennt, dass ihr die Schwimmer mit euren Kunstsprüngen nicht stört. In das Nichtschwimmerbecken könnt ihr über die 38 m lange Rutsche hinuntersausen. Wasserpilz und Massagedüsen sind Treffpunkte. Kleinkinder können von einem Piratenschiff hinabrutschen und mit wasserspeienden Seelöwen spielen. Es gibt eine große Hangwiese und einen Kiosk-Biergarten mit typischem Imbiss-Angebot.

pmv Öko-Tipp!

Rutschen im Wartbergbad

Bäderbetriebe GmbH Alzey, Kaiserstraße 29, 55232 Alzey. ✆ 06731/43219, www.schwimmbad-alzey.de. **Lage:** Am Südrand von Alzey. **Bahn/Bus:** RE, RB bis Alzey Bhf, Mo – Sa Bus 421 bis Albert-Schweitzer-Schule, 3 Min Fußweg, RB31 bis Alzey-West und 10 Min Fußweg. **Rad:** Vom Bhf über Bahnberg, Antoniter-, St.-Georgen- und Kaiserstraße. **Zeiten:** Mai – Mitte Sep Mo 12 – 20, Di – Fr 6 – 8 Frühschwimmen, 9 – 20, Sa, So, Fei 8 – 19 Uhr. **Preise:** ab 3 €; Kinder 4 – 18 Jahre ab 1,50 €. **Infos:** Der Kauf der Einzeleintrittskarten erfolgt über den Onlineshop https://alzey.baeder-suite.de, vor Ort nur Mo, Mi, Fr 8 – 11 Uhr.

▶ Im Alzeyer Freibad sorgen ein 25-m-Schwimmerbecken mit 1- und 3-m-Brett, ein Nichtschwimmerbecken mit und ein Planschbecken mit Sprudelpilz Abkühlung. Großartig ist die 70 m lange, kurvenreiche Rutsche ins zweite Nichtschwimmerbecken. Auch Sprudelliegen und Massagedüsen mit Geysir und Schwallbrausen laden zum Toben ein. Gut, dass das Wasser umweltfreundlich mit Sonnenenergie beheizt wird und deswegen eine angenehme Temperatur hat.

Ihr könnt noch mehr unternehmen, denn an Land gibt es Felder für Volley-, Basket- und Fußball sowie einen Kinderspielplatz. Auf der großen, schattenreichen Liegewiese oder auf der Terrasse der Cafeteria könnt ihr ausruhen.

Schwimmen lernen oder trainieren könnt ihr im Schwimmbecken (16 x 8 m) der Albert-Schweitzer-Schule (auch für Erw). Termine unter www.schwimmbad-alzey.de/schwimmhalle-alzey.

Minigolf am Wartbergbad, März – Okt Fr – So 11 – 19 Uhr, in den Sommerferien sowie für angemeldete Gruppen täglich. 18 Bahnen.

Freibad Sprendlingen

Bachgasse 903, 55576 Sprendlingen. ✆ 06701/960254, www.vgwerke-sg.de. Am Südwestrand von Sprendlingen. **Barrierefrei:** ja. **Bahn/Bus:** RB oder VGK-Bus 221 Bhf Sprendlingen, 700 m südlich vom Bhf (Gleise queren). **Rad:** nicht weit vom Radwanderweg Wiesbach. **Zeiten:** Juni – Sep täglich 9.30 – 20 Uhr. **Preise:** 3,80 €, 10er-Karte 27,90 €; Kinder 3 – 14 Jahre 1,70 €, 10er-Karte 11,90 €, Jugendliche 14 – 18 Jahre 2,20 €, 10er-Karte 15,60 €; Studenten, Azubi, Schwerbehinderte 2,50 €. **Infos:** Sonnenschirme kostenlos, Sonnenliegen und Bälle-Verleih gegen Pfand.

▶ Das Schwimmbecken mit zwei Startblöcken teilt sich in einen großen Schwimmer- und einen kleineren Nichtschwimmerbereich. Ein separates Nichtschwimmerbecken mit Minirutsche und ein Extra-Planschbecken für die Kleinsten schließen sich an. Ebenfalls vorhanden sind Sandkasten mit Sonnensegel, Schachfeld, Beachvolleyballplatz und Tischtennisplatten sowie ein Kiosk.

?! *Auf der Insel Kreta gab es einen großen Palast mit vielen Gängen und Gemächern, in denen man sich schnell verlaufen konnte. Der Palast wurde „Haus der Doppelaxt" genannt (labrys), weil dieses Symbol über einer Tür prangte. Daraus machten die Leute scherzhaft Labyrinth. Später hat man planmäßig angelegte oder gemalte geometrische Linienspiele Labyrinth genannt. Malt doch auch einmal ein Labyrinth und die anderen müssen dann den Weg hinein und wieder hinaus finden!*

Wandern & Spazieren

Zum Labyrinthplatz auf den Hornberg bei Framersheim

55234 Framersheim. www.framersheim.de. **Länge:** Hin und zurück circa 2 km, Dauer für Auf- und Abstieg 30 – 60 Min. **Altersempfehlung:** auch für kleine Kinder als Spielwiese schön. **Bahn/Bus:** Bus 660 Alzey – Mainz, Bus 430 aus Worms bis Framersheim Kirchstraße.

▶ Diese Tour ist was für Kraxler, denn ihr müsst auf den 284 m hohen *Hornberg* hinauf. Gestartet wird direkt am Ortsausgang von Framersheim (Richtung Dittelsheim). Es geht rechts in eine kleine Straße, die immer geradeaus zum Hornberg hinaufführt. Oben stehen drei Windkrafträder und direkt daneben befindet sich auf einer Wiese der Labyrinthplatz mit schöner Aussicht auf Framersheim, den ↗ *Kloppberg* (2 km) und den Taunus.

Das **Labyrinth** wurde im Jahr 2000 aus Feldsteinen errichtet. Es hat einen Durchmesser von 34 m, der Weg hindurch führt durch 7 Kreise und ist etwa 700 m lang. Geht den verschlungenen Weg bis zur Mitte des Labyrinths, dem Punkt der (inneren) Umkehr. Auf dem gleichen Weg geht es wieder hinaus.

Im Ober-Olmer Wald

Revierleiter Jürgen Koch, Am Wald 14, 55270 Ober-Olm. © 06131/73886, www.wald-rlp.de. **Kinderwagen geeignet:** ja. **Barrierefrei:** ja. **Bahn/Bus:** Bus 54 bis Bürgerhaus Lerchenberg, von dort über Hebbelstraße und Büchneralle bis zur L427, von dort in den Wald eintreten. **Auto:** Parkplatz Rondellschneise oder Drais.

▶ Im waldarmen Rheinhessen ist so ein herrlich grüner Wald eine Wohltat. Doch wo heute Vögel zwitschern, wurde früher der Krieg geprobt. Panzer fuhren herum, Militärhubschrauber kreisten über dem streng abgeriegelten Gelände und Soldaten marschierten. Gut 200 Jahre lang war der Ober-Olmer Wald Übungsgelände, erst für die kurfürstlichen, zuletzt für die amerikanischen Truppen. Als diese 1993, nach dem Ende des Kalten Krieges, das Gebiet an Rheinland-Pfalz zurückgaben, hinterließen sie eine Ödnis voller Beton und Asphalt. Viel Arbeit war nötig, um daraus ein Naturrefugium für alle Lebewesen zu machen: Wege wurden aufgerissen, Gebäude, Munitionsdepot, Lager abgetragen, 25 Bunker zertrümmert – nur 2 durften als Fledermausquartiere bleiben, aus der Raketenabschussanlage formte die Künstlerin *Dörthe Bäumer* einen „Hügel der Freundschaft", den ihr besteigen könnt. Die Natur holte sich ihren Raum schnell zurück. Und mit ihr die Mainzer, die hier mit Inbrunst spazieren, joggen oder reiten. Übersichtstafeln informieren über den Wald und zeigen die Rundwege an. Aus Rücksicht auf die Natur gibt es im Ober-Olmer Wald keine Grill- und Spielplätze. Radler dürfen nur die breiten Wege nutzen. Hunde müssen angeleint sein. So können sie nicht die Vogelkinder aufstöbern, die gerade noch zur Zwitscherschule gehen.

Forstamt Rheinhessen, Friedrichstraße 26, Alzey. ✆ 06731/996740. www.wald-rlp.de. Ihr könnt mit dem Revierförster spannende Exkursionen im Ober-Olmer Wald unternehmen. Die Themen und Termine stehen im Veranstaltungskalender.

Auf der Karte beim Parkplatz Rondellschneise sind mehrere Lauf- und Wanderstrecken eingezeichnet. Die 5 km lange, gelb markierte Laufstrecke ist eine gute Wanderung für Kinder. Sie ist flach und es gibt zwei Schutzhütten.

pmv Öko-Tipp!

Um den See der Mühlbachaue Saulheim

Naherholungsgebiet Bürgerpark, Ritter-Hundt-Straße, 55291 Saulheim. **Kinderwagen geeignet:** ja. **Bahn/Bus:** RE, RB bis Bhf Saulheim. **Auto:** Parken beim Bürgerhaus, Am Westring 4.

▶ Zwischen den Ortsteilen Nieder- und Ober-Saulheim wurde der **Mühlbach** renaturiert und in ein wunderschönes Biotop zurückverwandelt. Ihr könnt hier spazieren und radeln, die Wasservögel, hauptsächlich Enten, Blesshühnchen und hin und

Stege durchs hohe Schilf: Die Mühlbachaue ist zu einem schönen Naherholungsgebiet geworden

© Annette Sievers

RHEINHESSISCHES HÜGELLAND

wieder ein Reiher, beobachten und zwischen hohem Schilf über Trittsteine übers Wasser wandeln. Reiher stehen bewegungslos im Schilf und lauern auf Frösche, die laut quaken. Auf den umliegenden Wiesen und Hügeln steigen bei günstigem Wind Drachen in die Lüfte oder klacken die Boule-Kugeln. In der Nähe entsteht ein **Baumlehrpfad**, und nicht weit liegt der **Nachbarschafts-Spielplatz**, auf dem ihr klettern schaukeln und bolzen könnt (hinterm Netto).

Auf Pilgerspuren auf den Jakobsberg

Kloster Jakobsberg, 55437 Ockenheim. ✆ 06725/3040, www.klosterjakobsberg.de. **Länge:** 4 km. **Altersempfehlung:** wegen der Steigung ab 6 Jahre. **Kinderwagen geeignet:** ja. **Bahn/Bus:** Bus 601 Sponsheim – Bingen – Gaulsheim bis Ockenheim Mitte. **Zeiten:** Klosterladen Mo – Do 8 – 12 und 13 – 17, Fr 8 – 17, Sa 8.30 – 12 13 – 17, So und Fei 9.30 – 12 Uhr; Wallfahrten ↗ Webseite. **Infos:** Kloster mit Klosterladen, Bildungsstätte und Jugendhaus.

▶ Ihr startet wie die Jakobspilger am **Reckertskreuz** an der Mainzer Straße 65. Ursprünglich bestand es aus drei Figuren, Christus am Kreuz sowie der trauernden Maria und dem heiligen Johannes. Gestiftet wurde die Kreuzigungsgruppe nämlich 1751 von dem Küfer *Johannes Reckert.* Der war zudem Schultheiß in Ockenheim, das ist so was wie ein Bürgermeister heute. Mit dem Denkmal brachte er sich bei den Wallfahrern geschickt in Erinnerung, die von hier zur Kapelle der 14 Nothelfer pilgerten.

Ihr geht jetzt auch los und folgt der **Jakobsmuschel** über einen Feldweg bergauf. An seinem Ende geht ihr schräg links nach oben bis zur Straße. An der **Wingertsschaukel** vorbei und über eine steile Treppe kommt ihr hinauf zum **Kloster Jakobsberg.** Die dort lebenden Missionsbenediktiner und Benediktinerinnen organisieren nicht nur Wallfahrten, sondern unterhalten neben einem Klosterladen auch eine Bildungsstätte und ein Jugendhaus.

Winzerhalle, Mainzer Str. 62, Ockenheim. ✆ 06725/95636. www.winzerhalle.com. Mi – So 11.30 – 14 und 17 – 21 Uhr. Deutsche und spanische Küche, mit Biergarten, für Kinder z.B. Hähnchennuggets mit Pommes für 6 €.

?! *Das Jugendhaus St. Georg steht den Jugendverbänden des BdKJ sowie Gruppen aus Kirchengemeinden und Schulen zur Verfügung.*

Nach einem Besuch der schlichten **Vierzehn-Nothelfer-Kapelle** lauft ihr zur **Jakobsleiter**, wo sich Himmel und Erde berühren, weiter bis zum **Friedenskreuz.** Von hier aus geht ihr entweder über den *Rheinterrassenweg* oder den grün markierten Weg **Spelzenberg** abwärts durch die Weinberge und an der alten Weinkelter vorbei zurück in den Ort. Dabei genießt ihr weite Aussicht bis zum Rheingau.

Am idyllischen Wiesbach

Von Welgesheim nach Sprendlingen, 55576 Welgesheim. **Länge:** 4,5 km, flach, ganz leicht. **Altersempfehlung:** ab 4 Jahre. **Kinderwagen geeignet:** ja. **Bahn/Bus:** RE, RB Bingen – Alzey – Worms bis Welgesheim, Rückweg von Bhf Sprendlingen auf der gleichen Linie.

▶ Ihr beginnt die Wanderung am **Bhf Welgesheim.** Es geht auf der Bahnhofstraße nach Welgesheim hinüber. Kurz vor dem Ort wird rechts in den Radweg eingebogen. Es geht nun bis Zotzenheim immer an **der Wiesbach** entlang, wie die Rheinhessen ihren Bach nennen. Anschließend durchquert ihr das kleine **Zotzenheim** via Welgesheimer Weg und Sprendlinger Straße. Danach geht es auf dem Radweg an der K6 entlang nach **Sprendlingen**, einer recht schönen Kleinstadt mit einem tollen Spielplatz am nordwestlichen Rand. Per Zotzenheimer Straße, Schulstraße und Mühlstraße könnt ihr den Bahnhof erreichen.

Naturnaher Spielplatz

Sprendlingen: Hier gibt es Hügel, Hütten und Baumstämme zum Toben, am Nordwestrand von Sprendlingen gelegen, von der Radroute via Heinrich-Heine-Straße zu erreichen.

Naturlehrpfade & Grünes Klassenzimmer

pmv Öko-Tipp!

Durch die Natur mit Bea Bilch

Vogel- und Naturerlebnispfad Flomborn, Langgasse 64 – 60, 55234 Flomborn. www.flomborn.de. **Kinderwagen geeignet:** ja. **Auto:** Parkplatz an der Gemeindehalle Flomborn.

Nach Süden schließt der pmv-Ausflugsführer „Pfalz mit Kindern" an, ISBN 978-3-89859-470-7.

▶ Der kleine Gartenschläfer *Bea Bilch* führt euch hier durch den Erlebnispfad. Sie erklärt auf Tafeln die Natur – von den Vögeln, über die Insekten- bis hin zu der Pflanzenwelt. Der Erlebnbispfad wurde 2019 ganz neu angelegt, die Erklärtafeln sind spannend und ansehnlich aufbereitet und bieten vieles zum Mitmachen und Ausprobieren.
Auf dem etwa 1,5 km langen Weg kommt ihr vorbei an einer Streuobstwiese, am grünen Klassenzimmer, den vielen Nisthilfen für Vögel und auch ein Stück durch das schöne Flomborn selbst.

pmv Öko-Tipp!

Erlebniswanderweg um Sulzheim

Grünes Klassenzimmer, Böhlweg 3, 55286 Sulzheim. © 06732/951 969 0, www.woerrstaedterland.de/gruene-klasenzimmer. **Länge:** 3,5 km, mit Südschleife 6 km. **Bahn/Bus:** Bus 444 ab Wörrstadt. **Auto:** Parkplätze an der Gemeindehalle.

▶ Euch erwartet ein Erlebniswanderweg von der Talaue des Michelstals bis zum Schildbergturm. Los geht es dafür an der **Gemeindehalle** im Böhlweg. Ihr durchwandert die artenreiche Talaue bis zum

WIE WIRD DAS WETTER?

Um zu wissen, wie das Wetter wird, müsst ihr nicht unbedingt den Wetterbericht hören, sondern könnt die Natur beobachten:
Anzeichen für schönes Wetter: Grillen zirpen, Frösche quaken abends, Abendrot, Mücken tanzen, Rauch steigt steil in den Himmel auf, Vögel fliegen sehr hoch.
Anzeichen für schlechtes Wetter: Krähen krächzen pausenlos, Frösche quaken tagsüber, Regenwürmer und Schnecken sind zu sehen, Morgenrot und tiefblauer Morgenhimmel, Schmerzen an Narben und Bruchstellen, Gestank aus Rohrleitungen und Gullys.

Rastplatz. Nach kurzer Rast lauft ihr hinauf auf den **Schildberg** und genießt den Ausblick vom **Schildbergturm.** Immer begleitet auf dem Weg werdet ihr von spannenden Tafeln des BUND. Sie informieren euch zum Beispiel über die kleinen Schneckenhäuser und Muscheln, die ihr zwischen den Weinreben finden könnt und erklären, dass sie 25 – 30 Mio Jahre alt sind! Sie stammen nämlich aus dem Urmeer.
Nun könnt ihr zurückkehren zum Ausgangspunkt in Sulzheim. Wenn ihr Lust habt, noch einen weiteren interessanten Weg zu wandern, könnt ihr noch die **Südschleife** laufen.

pmv Öko-Tipp!

Wie der Weizen sich entwickelte

Pflanzenlehrpfad Natur & Kultur, Eichenhof, Norbert Kussel, 55286 Wörrstadt-Rommersheim. ✆ 06732/ 9621621, 2489. www.der-eichenhof.com. **Lage:** an der Straße nach Armsheim. **Bahn/ Bus:** ORN-Bus Rommersheim Ortsmitte. **Zeiten:** Jederzeit zugänglich, Führungen für Schulklassen und Gruppen. **Preise:** Eintritt frei.

▶ Der Landwirt und Kulturpflanzenkenner *Norbert Kussel* hat neben seinem **Eichenhof** einen informativen Pflanzenlehrpfad angelegt. Gut 100 Pflanzen sind hier zu finden, alle mit einem Namensschild versehen, bei 40 könnt ihr auf Infotafeln noch mehr erfahren. Grob zusammengefasst gilt, dass ihr auf dem **Pflanzenlehrpfad Natur & Kultur** viele Ackerpflanzen zu sehen bekommt. Darunter sind Luzern, eine alte Getreidesorte, Futterrüben, Mais und Roggen, Ackerwildpflanzen wie Adonisröschen, Distel, Rittersporn und Kornrade und Wegrandpflanzen wie Wegwarte, Wilde Tulpe und Rainfarn, die zeigen, wie vielfältig und bunt ein Feldrand aussehen kann. Beim Weizen kann man die gesamte Entwicklung vom Einkorn über Schwarzen Eimer und Dinkel bis zum heutigen Weizen nachvollziehen. Viele

Metzgerei Eichenhof, www.der-eichenhof.com. Mo – Fr 8 – 12 und 14 – 18, Sa 8 – 12 Uhr. Schweinefleisch aus artgerechter und möglichst umweltschonender Haltung, auch Rindfleisch, Eier, Käse, Gemüse und Kartoffeln sowie Wein von (ökologischen) Partnerbetrieben aus der Region.

Strandwanderung: Schneckenhäuser und Muschelstücke sind 25 – 30 Mio Jahre alt

der Wildblumen sind schon selten geworden. Besonders viel Spaß macht der Besuch im Frühjahr, wenn die schönen Blüten leuchten. Hinten gibt es noch eine große Wiese, wo ihr spielen könnt.

?! Früher glaubten die Naturforscher, dass die Fossilien von der biblischen Sintflut angeschwemmt worden sind. Dass die versteinerten Muscheln, Haifischzähne und Seekuhknochen aus dem Oligozän (früher: Tertiär) stammen, erkannten die Naturforscher erst um 1850.

pmv Öko-Tipp!

Vom Urzeit-Ozean zum Rebenmeer

Weinlehrpfad Alzey, 55323 Alzey-Weinheim. www.weinlehrpfade.de. Länge 2,2 km, befestigt, nicht markiert, Start Ende Nieder-Wieser-Straße, Ziel Sportplatz. **Kinderwagen geeignet:** ja. **Bahn/Bus:** von Alzey Bhf Bus 425 oder 426 bis Kapellenberg.

▶ Die Weinheimer Talsenke war vor etwa 35 Mio Jahren Teil eines Ozeans. Von dieser Vergangenheit künden noch heute Versteinerungen aus dem Oligozän. Einer der bekanntesten Fossilien-Fundorte ist die **Weinheimer Trift**, eine Steilwand aus Sand direkt am Weinlehrpfad. Der besteht eigentlich aus nur zwei Infotafeln, eine davon im letzten Drittel mit Rastplatz an einer Kelter.

Durch den Wingert: Die Via Vinea

55576 Sprendlingen. ✆ 06701/201-777, www.sprendlingen-gensingen.de. **Länge:** 7 km, Rundweg ab Bhf, markiert. **Kinderwagen geeignet:** ja. **Auto:** Parken an der Wißberghalle. **Infos:** 14 Trimm-dich-Stationen.

▶ Die Via Vinea nimmt euch mit auf eine besonders vielfältige Wanderung durch die Weinberge. Dafür sind Infoschilder am Weg aufgestellt, die nicht nur die Weinherstellung erklären, sondern auch über die fossilen, bis zu 25 Mio Jahre alten Meeresmuscheln informieren. Auf dem Weg kommt ihr vorbei am **Kräutergarten** der Sprendlinger Landfrauen, einem **Barfußpfad**, Rastplätzen und Plätzen zum Spielen. Der Höhepunkt ist die **Arena:** Der Platz mit den 5 Gesichtersäulen, Sitzbänken und dem Blick in die Ferne lädt Familien zum Toben oder ruhigen Verweilen ein.

Jedes Jahr im Juni veranstalten die Winzer der Gegend in der Arena eine Genießernacht.

pmv Öko-Tipp!

Auf dem Weinlehrpfad durch Hohlwege auf den Bordsberg

Weinlehrpfad Mörstadt, Naturdenkmal Bordsberg & Lösshohlweg, 67591 Mörstadt. ✆ 06243/1809-16, www.vg-monsheim.de. **Länge:** 3,8 km, Variante 1,8 km, mit Lösshohlweg 6 km, markiert. **Altersempfehlung:** lange Variante ab 7 Jahre. **Kinderwagen geeignet:** ja.

▶ Start ist hinterm dem Kreisel Mörstadt (L425) Richtung Pfeddersheim (K35). Hier steht eine große Tafel, auf welcher die Strecken zu sehen sind. Unterwegs erfahrt ihr auf 20 Infotafeln viel Wissenswertes über den Weinbau. Ihr wandert zunächst auf dem **Mittelbergweg** Richtung Osten, kommt zu einem Wegkreuz mit Sitzbänken und erklimmt dann das **Naturdenkmal Bordsberg,** ein Steilhang. Auf ihm wächst Magerrasen, eine besonders blumenreiche Graswildnis. Der NABU kümmert sich seit 1982 um seinen Schutz, zählt die Blumenarten, beobachtet Vögel und mäht die Wiesen.

Ihr biegt nach links durchs **Krummhohl** ab, genießt weite Blicke über die freien Felder, bevor ihr auf den Höhepunkt zusteuert: Ein buschig zugewachsener **Hohlweg.** Er hat sich im Laufe der Jahrhunderte tief zwischen die hohen Lösswände eingegraben, in den Wildbienen leben. Schließlich erreicht ihr den großen **Grillplatz** und wieder den Kreuzungspunkt **Bordsberg.** Anschließend biegt ihr in den ersten Weg links ein und wandert auf dem **Talweg** zurück zum Startpunkt bzw. nach Mörstadt hinein.

Dreck-weg-Tag, NABU Worms-Wonnegau, Langgasse 91, Albig. www.nabu-worms.de – Projekte. Am Bordsberg gilt das Gleiche wie bei allen Pflegeeinsätzen des NABU: Die Helfer werden mit Getränken und leckerem Kuchen versorgt. Termine & Aktionen ↗ Webseite.

Alpaka, Pferd & Reiter

pmv Öko-Tipp!

Alpaka-Wanderungen

Poppenschenke Weingut Meiser, Charlotte Meiser, Hauptstraße 173, 55232 Alzey-Weinheim. Handy 0157/ 34709096. www.weingut-meiser.de. **Länge:** 1,5 Std. **Rad:** Am Selztalradweg. **Zeiten:** Termine i.d.R. samstags. **Preise:** 30 € pro Pers; Kinder zahlen ab Einschulung.

© Charlotte Meiser

▶ Wenn ihr einmal in die großen Augen eines Alpakas geschaut habt, ist es um euch geschehen. So erging es auch der Familie Meiser, die sich mit den vier Alpakas einen Traum erfüllt hat. Und sie teilt ihn mit euch!
Nach einer kurzen Begrüßung und einigen Informationen über die Tiere auf dem Hof der ↗ **Poppenschenke** nehmt ihr „euer" Alpaka an die Leine und schon kann es losgehen durch die Rebenlandschaft. Gewandert wird in Gruppen zu acht. Kleinere Kinder führen die Alpakas am besten zusammen mit einem Erwachsenen.

Poppenschenke, Hauptstraße 173, Weinheim. ✆ 06733/ 43622. Fr, Mo ab 17 Uhr, Sa ab 15, So, Fei ab 11 Uhr, Jan Winterpause. Historisches, lauschiges Ambiente, Vesperplatten mit Hausmacher Wurst und Handkäse mit Musik, Weine vom eigenen Weingut in Gau-Köngernheim, Vinothek und Landhaus-Unterkunft.

Reitanlage Illges-Holl

Tanja Illges-Holl, Schildweg 9, 55271 Stadecken-Elsheim. ✆ 06136/760124, Handy 0170/7359509. www.reitanlage-illges-holl.de.

▶ Zu der ausgedehnten Anlage gehören eine moderne Reithalle (20 x 40 m), 2 Außenreitplätze, große Grasweiden, Auslaufkoppeln, Ausreitgelände, ein Ponylaufstall und zwei Reiterstübchen. Kinder können hier Reitunterricht nehmen. Die Ausbildung kann bis zum Turnierreiter führen. Zum Angebot gehört auch Therapeutisches Reiten für Kinder und Jugendliche 6 – 21 Jahre.

Pferdepension Sonnenhof

Norbert Theis, Brühlweg, 55546 Pfaffen-Schwabenheim. © 06701/7877, Handy 0171/7793572. www.pferdepension-sonnenhof.de. **Barrierefrei:** ja. **Auto:** Von Bad Kreuznach über Bosenheim.

▶ Der Sonnenhof liegt ein Stück außerhalb der Weinbaugemeinde Pfaffen-Schwabenheim. Kleine Kinder können Pony reiten, die schon etwas größeren Reitstunden nehmen. Es werden auch Lehrgänge für das kleine und große Hufeisen, das Reitabzeichen etc. durchgeführt. Außerdem bietet der Sonnenhof Kutschfahrten für Gruppen an. Länge, Dauer und Preis werden nach Absprache festgelegt. Der Sonnenhof bietet regelmäßig Ferienzeltlager an und Feste werden hier auch gern gefeiert.

Kutscherstübchen, Pfaffen-Schwabenheim. © 0151/23522819. www.pferdepension-sonnenhof.de. Ab 16 Uhr, Sa, So ab 10 Uhr, Di Ruhetag. Mit Sommergarten, Kutschenmuseum, Kinder-Brunch und -Grillen im Sommer.

FIT & FIDEL MIT DEN 4 FREUNDEN

Radtouren

▶ Im Hügelland zwischen Ingelheim und Alzey, Oppenheim und Gensingen-Horrweiler sind längst nicht alle Routen mit Steigungen gespickt. Es gibt eine Reihe von Touren mit langen ebenen Strecken, die auch für kleinere Kinder oder Eltern mit Kinderanhänger oder Kindersitz ohne viel Schweiß machbar sind. Die Königsroute durch das Hügelland ist der 52 km lange Selztalradweg, der die Region von Nord nach Süd durchquert. Diese Strecke weist nur wenige Steigungen auf, ist also ideal für radelfreudige Kinder ab 7 Jahren.

Herrlich leicht sind ganz flache Strecken wie von Gau-Bischofsheim nach Selzen oder die Abfahrten in die Rheinaue wie von Harxheim nach Bodenheim oder Friesenheim nach Nierstein. Jungen Bergfahrern kann ich die Route vom Bahnhof Gau-Bickelheim über den Wissberg und hinunter nach Sprendlingen empfehlen.

Selztalradweg 1: Von Alzey nach Nieder-Olm

Alzey (Bhf) – Schloss – Schafhausen – Framersheim – Gau-Odernheim – Bechtolsheim – Schanzenmühle – Pommermühle – Weißmühle – Friesenheim – Köngernheim – Untermühle – Wahlheimer Hof – Darmstadtsmühle (Sörgenloch) – Nieder-Olm (Bhf). **Länge:** 30 km, bis auf 3 nicht sonderlich schwere Steigungen stets flach, gut markiert. **Bahn/Bus:** RE, RB bis Bhf Alzey,

Einstieg Gau-Odernheim Bus 660, Rückweg von Nieder-Olm mit RE, RB Mainz – Alzey. **Info:** www.tourismus-rhein-selz.de/der-selztalradweg

▶ Gestartet wird am ↗ **Stadtmuseum Alzey.** Zu Beginn müsst ihr erst einmal auf befahrenen Straßen aus der Altstadt von **Alzey** raus. Die Route ist markiert (R2, Selztalradweg). Sie verläuft via Kloster-, Ostdeutsche, Nibelungen- und Gartenstraße. Am östlichen Ortsende kommt ihr schließlich an die **Selz** – der Bach darf das Städtchen nur unterirdisch durchfließen. Nachdem ihr die Autobahn unterquert habt, seid ihr dann in freiem Gelände. An den Rändern des breiten Tals sind sanfte Hügel zu sehen. So bleibt es bis auf wenige Abschnitte auf der gesamten Strecke bis Nieder-Olm. In dieser Region werden überwiegend Rüben und Getreide angebaut.

?! *Als Kaiser Otto II. den Erzbischof Willigis 983 mit Land reich beschenkte, wird die Selz erstmals erwähnt: Er schenkte ihm bei Bingen die Landschaft, die „sich diesseits des Rheines von der Brücke über die Selzbach erstreckt bis nach Heimbach". Witzigerweise redet der Kaiser da von einem Bach-Bach: Selz leitet sich nämlich von „Sal" her, einem alten Wort für Bach.*

Die Route führt bis **Framersheim** dicht an der Selz entlang, am Bach stehen reichlich Bäume und Büsche. Vor und hinter dem Dorf sind Windräder zu sehen. Auch bis **Gau-Oderheim** fahrt ihr zumeist in Bachnähe. Es geht ziemlich weit in dieses Städtchen hinein. Ich empfehle euch sogar, ganz in das Zentrum des malerischen Ortes hineinzufahren, weil es dort so viele schöne alte Bauwerke gibt.

Pizzeria Zum Adler, Alzeyer Straße 2, Gau-Odernheim. ✆ 06733/8478. Di – So 11.30 – 14 und 17.30 – 23 Uhr. Mit Terrasse.

Am Nordostrand Gau-Oderheims führt der **Selztalradweg** über die Selz und dann erstmals auf der Tour vom Bach weg durch Rebfelder. Links am *Petersberg* vorbei, mit 243 m, richtiger Bergkegel und Standort seltener Wildtulpen, geht es nun ein Stück bergauf und anschließend nach **Bechtolsheim** hinunter. In dem Winzerdorf gibt es alte Weingüter mit großen Hoftoren und tiefen Höfen. Danach radelt ihr ein langes Stück meist ein wenig von der Selz entfernt. Es geht via *Schanzenmühle, Pommermühle* und *Weißmühle* nach **Friesenheim,** einem weiteren echten Weinbauerndorf. Hier kommt ihr wieder mal direkt an die Selz. Ihr fahrt nun ein längeres Stück zumeist recht dicht am Bach entlang, hört das Wasser rauschen und seht allerlei Vögel. Circa

800 m hinter **Köngernheim** taucht die ↗ *Untermühle* mit ihrem Lokal und dem großen Innenhof auf. Eine willkommene Gelegenheit zur Rast. Danach durchquert ihr alsbald **Hahnheim** und kommt kurz danach an dem ehemaligen *Klosterkomplex Wahlheimerhof* vorbei. Kurz darauf überquert ihr den Bach und strampelt ein Stück durch Felder bergauf. Anschließend geht es wieder zur Selz hinunter und sogleich über den hier dank der Renaturierungsmaßnahmen wieder fast natürlich aussehenden Bach. Ihr fahrt nun circa 200 m in die Äcker hinauf und haltet euch dann links. Die Route verläuft nun bis auf Höhe der *Darmstadtsmühle* parallel zur Selz. Dann müsst ihr mal etwas Schweiß vergießen auf dem kurzen starken Anstieg nach **Sörgenloch** hinauf. Auf einem Radweg parallel zur L432 erreicht ihr **Nieder-Olm** und den Bahnhof, wo es mehrere Lokale gibt.

Über 7 Brücken? Zumindest über diese eine müsst ihr radeln

Selztalradweg 2: Von Nieder-Olm nach Ingelheim

Nieder-Olm (Bhf) – Wiesenmühle – Neumühle – Stadecken-Elsheim – Elftausend-Mägde-Mühle – Schwabenheim – Großwinternheim – Eulenmühle – Ober-Ingelheim – Ingelheim (Bhf). **Länge:** 19 km beschilderte Radroute mit einigen Ortsdurchfahrten und Anstiegen, keiner ganz schwer. Markierung Selztalradweg, z.T. identisch mit Obstroute. **Bahn/Bus:** RE, RB Mainz – Alzey bis Bhf Nieder-Olm, Einstieg Stadecken-Elsheim Bus 640, 650, Rückweg von Bhf Ingelheim mit RE, RB Mainz – Bingen – Koblenz oder RE Mainz – Bad Kreuz-

In „eBike-Erlebnis Rheinhessen" ist der Selztalradweg in Gänze sowie mit einer alternativen Nieder-Olm-Ausfahrt beschrieben. pmv, ISBN 978-3-89859-333-5.

La Dolce Vita, Bovoloner Allee 2, Stadecken-Elsheim. ✆ 06130/8502472. https://la-dolce-vita-stadecken-elsheim.de. Di – So 11 – 22 Uhr, Mittagstisch 11.30 – 15 Uhr. Eiscreme und Pizza – das süße Leben eben (am Einkaufszentrum).

nach. **Rad**: Anschlusstour ↗ Selztalradweg 1, Anschluss in Frei-Weinheim an Rheinradweg.

▶ Die Tour beginnt am **Bhf Nieder-Olm.** Es geht auf der Bahnhofsstraße und Pariser Straße abwärts. Beim Rewe biegt ihr rechts auf den Parkplatz ein, um auf den Weg Am Woog zu gelangen. Dieser führt parallel zur großen Georg-Taulke-Allee Richtung Norden und wird beim Friedhof zum Radweg. Dort radelt ihr am wuchtigen **Rheinhessentor** vorbei. Das Monument aus rotem Sandstein erinnert an die Gründung der Region Rheinhessen 1816. Jetzt noch knapp 400 m und ihr kommt zum **Kreisel** an der L401. Ihr überquert ihn zu Fuß.

Drüben geht es auf dem **Radweg** nach links und nun neben der Ingelheimer Straße in westlicher Richtung unter der A63 hindurch und durch das Gewerbegebiet von Nieder-Olm. Knapp 2 km weiter könnt ihr endlich die Straße verlassen und rechts zum Bach hinunterradeln.

Nun geht es bis **Stadecken-Elsheim** durch beschauliche Aue. Die Route durch den hübschen Doppelort ist gut beschildert. In **Elsheim** überquert ihr die Hauptstraße (L428), radelt an der Gutsschänke Mengel-Eppelmann vorbei und erreicht den **11.000-Mägde-Turm** beim fast gleichnamigen Weingut. So viele Mägde machen neugierig: Der runde Turm mit Torhaus und Brücke gehörte einst zu einer Zollstation zwischen Mainz und Bad Kreuznach. Die Legende behauptet, dass die heilige Ursula aus Köln auf dem Rückweg von einer Wallfahrt nach Rom hier an der Selz übernachtet habe. Samt ihren 11.000 Followern. Na, die Elsheimer werden begeistert gewesen sein.

Jetzt folgt ein sehr schöner Abschnitt in Bachnähe, das Tal wird nun bis Ingelheim-Süd immer enger. Am Südrand von **Schwabenheim** lockt der *Spielplatz* mit Bolzplatz Kleinkinder aus ihrem Kindersitz. Schließlich erreicht ihr leicht ansteigend **Großwinternheim**, bevor ihr schließlich unter Bäumen an der **Eulenmühle** und ihren Pferdekoppeln hinunterfahrt. Jetzt seid ihr wieder an der Selz, die ihr sogleich überquert. Nun rollt sich's auf der linken Seite der Selz fast von allein bis **Ingelheim-Süd.** An dem **Kreisel,** wo links die Straße zum ↗ *Bismarckturm* abzweigt, wechselt ihr auf die rechte Seite der Selz und radelt am beschaulichen Bachufer 1,5 km am Westrand von Ingelheim weiter abwärts. Auf diesem Abschnitt befinden sich zwei gut ausgestattete **Spielplätze** und ein Bolzplatz mit Bänken für eine Picknickpause.

11.000-Mägde-Turm: Ob wirklich so viele Mädchen hier Platz fanden?

Der Radweg bringt euch an einem weiteren Kreisel zur **Binger Straße.** Hier verlasst ihr den Selztalradweg und fahrt rechts nach **Ingelheim** hinein. Schon nach wenigen Metern geht es links ab und direkt zum circa 300 m entfernten **Bahnhof Ingelheim.** Dort findet ihr gleich in der Bahnhofstraße mehrere Lokale und Eiscafés zur Krönung eurer schönen Tour.

Picknick- & Grillplätze

Grillplatz Nieder-Olm

Frau Duhr, Maria-Montessori-Straße, 55268 Nieder-Olm. ✆ 06136/69223, www.nieder-olm.de. **Preise:** Miete 75 €, Kaution 200 €. **Infos:** Anmeldung auch bei Herrn Gläser, ✆ 69224.

▶ Westrand, Ende Montessori-Straße, Grillplatz, Hütte mit Theke, Tische mit Bänken, Gelände abgeschlossen.

Waldgaststätte Neuborn, Neuborn 1, Wörrstadt. ✆ 0162/4283533. https://waldgaststätte-neuborn.de. So 12 – 18 Uhr. Regionale Küche und ein herrlich lauschiger Biergarten mitten im Wald nahe der Neuborn-Quelle.

?! *Die spätgotische Kirche St. Albans von Gabsheim gilt wegen ihrer Netzgewölben als eine der schönsten in Rheinhessen. Interessanter für euch sind die Alte Schmiede und der Dorfbrunnen. Dort seht ihr einen Schmied abgebildet und ein Schild berichtet von seiner Arbeit.*

Grillplatz Wörrstadt

Gemeinde Wörrstadt, 55286 Wörrstadt. ✆ 06732/3377, www.woerrstadt.de. **Preise:** 25 €, Kaution 100 €. **Lage:** Am Neuborn.

Zum Mittelpunkt von Rheinhessen

55288 Gabsheim. www.gabsheim.de. **Zeiten:** frei zugänglich.

▶ Eigentlich dachten die Spiesheimer, ihr Ort sei der Mittelpunkt Rheinhessens. Als sie dann vom Landesvermessungsamt nachmessen ließen, stellte sich 2007 heraus, dass Gabsheim näher an der Mitte liegt. So ein Pech für Spiesheim. So wurde am wahren Mittelpunkt Rheinhessens, etwas südlich und oberhalb von Gabsheim, ein hübscher Platz mit Tischen und Bänken eingerichtet. Beim Picknick habt ihr einen herrlichen Blick auf Gabsheim und die rheinhessische Landschaft. Orientierungstafeln informieren über rheinhessische Themen.

Grillplatz Vendersheim

Ortsgemeinde Vendersheim, 55578 Vendersheim. ✆ 06732/951246, www.vendersheim.de. **Preise:** 75 €. **Infos:** Anmeldung Herr Lenz, ✆ 06732/8748.

▶ Südlich, Grillhütte nur mit Bank, Grillstelle außen, sehr einfacher Platz.

Schöne Stunden mit Spiel und Spaß bei der Mühlenschänke

Mühlenschänke, Familie Heucher, Mühle 4, 55437 Appenheim. ✆ 06725/992266, www.muehle-appenheim.de. **Rad:** Obstroute, Jakobsweg. **Zeiten:** Ab Mai So, Fei ab 15 Uhr. **Infos:** Außer Fahrradparkplatz auch Pferdebalken.

▶ Auf den Wiesen rund um die alte Mühle stehen Spielgeräte mit Fußballtoren, Trampolin und ein kleines Planschbecken für euch bereit. Es gibt ein paar Kleintiere zum Streicheln. Unter den Großen ist die Mühle für ihre Flammkuchen und Pizzen aus dem Steinofen bekannt sowie für die Musikabende, für die ihr 4 Wochen im Voraus reservieren müsst.

Spielparks & Maislabyrinth

Spazierweg zum Barfußpfad

Generationenweg Ockenheim, 55437 Ockenheim. www.ockenheim.de. **Länge:** 4,5 km, markiert mit blauem Schild, einfach. **Kinderwagen geeignet:** ja. **Barrierefrei:** ja. **Bahn/Bus:** Bhf Ockenheim liegt direkt am Weg.

▶ Der Spazierweg rund um Ockenheim ist leicht zu gehen oder mit dem Fahrrädchen zu fahren. Ihr startet am Ostrand des Ortes, wo ihr als erste (bzw. letzte) Station den **Bolzplatz** mit Tischen, Bänken, einem Fitnessfeld und einem Bouleplatz vorfindet. Hier wurde zudem eine **Skateanlage** gebaut, die ihr 2022 einweihen dürft.

Ihr wandert schließlich Richtung Norden links herum um den kleinen Ort, der im Mittelalter Zollstation auf dem Handelsweg nach Mainz war. Etwa auf halber Strecke erreicht ihr einen **Spielplatz** und einen **Barfußpfad.** Ein weiterer Spielplatz liegt im letzten Viertel des Weges, bevor ihr am Info-Punkt wieder ankommt.

Minigolf in Alzey

Kaiserstr., 55232 Alzey. ✆ 06731/43917, www.alzey.de. **Zeiten:** Gründonnerstag – Ende Sep oder Mitte Okt 10 – 20 Uhr. **Preise:** 3,50 €; Kinder 2,50 €.

▶ Minigolfplatz gegenüber vom Freibad. Ihr könnt also gut beides verbinden!

An dem kleinen Kiosk bekommt ihr Eis und Getränke.

Robinson Spielplatz

Spielplatz am Herdry, 55232 Alzey. ✆ 06731/4950, www.alzey.de. **Lage:** Am Herdry/Selz, Westrand von Alzey. **Bahn/Bus:** ORN-Bus 422, 425, 426 bis Am Herdry. **Infos:** Toilettenhaus vorhanden.

Wenige hundert Meter westlich vom Spielplatz ist die Selz zu einem kleinen See aufgestaut. Ein Rundweg führt um das Gewässer.

Wirtshaus in der Hansemühle, Am Herdry 15, Alzey. ✆ 06731/4710800. www.wirtshaus-alzey.de. Apr – Okt Mo – Fr 17 – 23, Sa ab 15, So ab 11, Nov – März Di Ruhetag. Biergarten beim Spielplatz. Ihr sitzt gemütlich unter Bäumen.

Geburtstagskinder haben freien Eintritt! Für Kindergeburstage könnt ihr Essen und Kuchen mitbringen, Getränke bitte vor Ort kaufen.

Ein ganz besonderes Erlebnis: das Labyrinth nachts zu erkunden. Termine findet ihr auf der Internetseite.

▶ Dieser Spielplatz bietet ein buntes Indianerdorf und einen Baumwipfelpfad, eine lange Hangelseilbahn, zwei Rutschen, eine Tischtennisplatte, ein Basketball- und ein Beachvolleyballfeld und anderes mehr. Die kleinen Kindern haben ihren eigenen Bereich zum Spielen. Die Eltern können in Ruheecken auf Bänken ihren Kindern beim Toben zusehen. Auch das Bähnchen dreht noch am Wochenende bei guten Wetter seine Runden, aber: es hält nun an seinem eigenen kleinen Bahnhof. Gruppen können die Bahn mieten, Anmeldung bei der Stadtverwaltung.

Maislabyrinth-Dalheim

Fam. Berges, Außerhalb 3, 55278 Dalheim. www.mais-labyrinth-dalheim.de. **Altersempfehlung:** ab 4 Jahre. **Kinderwagen geeignet:** ja. **Bahn/Bus:** Bus 662 Bodenheim – Oppenheim, 669 Dahlheim – Nierstein – Wörrstadt bis Friedhof und aus dem Ort herauslaufen. **Auto:** 200 m vor dem Ortseingang von Dalheim. **Rad:** Circa 200 m südlich vom Radweg Amiche – Valentinchen an der Straßenüberquerung K39 Dexheim/Dalheim. **Zeiten:** Ende Juli – Mitte Sep Do 16 – 20, Fr 15 – 22, Sa 14 – 22, So 10 –19 Uhr. **Preise:** 4 €; Kinder 5 – 16 Jahre 3 €, Gruppen ab 10 Pers 10 % Rabatt; Schulklassen, Ferienspiele 3 € pro Pers.

▶ Unglaublich, wie viele Gänge dieses Labyrinth im Maisfeld hat! Sobald ihr die erste Kurve hinter euch gelassen habt, stellt ihr fest, dass ihr jegliche Orientierung verloren habt. Die Pflanzen überragen einen um fast einen Meter und Orientierungspunkte außerhalb des Labyrinths sind kaum auszumachen. Aber keine Angst, irgendwo geht es ja weiter. Im Irrgarten gibt es fünf Stationen, darunter Stempelstationen, eine Schatzfrage und Fragen zur Landwirtschaft, die ihr beantworten müsst.
Ihr braucht ungefähr 50 Minuten und wenn ihr am Ende euren Laufzettel abgebt und alle Antworten richtig sind, nehmt ihr an einem Preisausschreiben teil, wo es lustige Spiele zu gewinnen gibt.

Bahnen, Burgen, Türme

TECHNIK & GESCHICHTE MIT M. MAU

Mit der Zellertalbahn von Rheinhessen ins Donnersberggebiet

Förderverein Eistalbahn e.V., Monsheim – Harxheim – Albisheim – Marnheim – Dreisen – Münchweiler. https://foerderverein-eistalbahn.de. **Bahn/Bus:** RB Worms – Alzey – Bingen Bhf Monsheim. Von Münchweiler Anschluss nach Bad Kreuznach und Kaiserslautern. **Zeiten:** Betrieb der Zellertalbahn Mai – Okt So, Fei, Alternativbetrieb Bus 921 Monsheim – Zellertal – Kirchheimbolanden.

▶ Mit dem Zellertalbähnchen befahrt ihr die schöne Strecke entlang der **Pfrimm** vom Rebenland des südlichen Rheinhessens in die Pfalz hinein. Der 687 m hohe und sehr breite **Donnersberg** ist dabei allgegenwärtig. Die historischen oder modernen Dieseltriebwagen brauchen für die 10 km lange Strecke 34 Minuten.

Ihr könnt die Bahnfahrt mit Radtouren oder Wanderungen an der Alsenz bei Münchweiler oder Pfrimm von Worms bis Monsheim kombinieren.

Pfalz mit Kindern bietet für den Donnersbergkreis und Pfälzerwald schöne Ausflüge und Wanderungen, z.B. zum Eiswoog. ISBN 978-3-89859-470-7.

Experimente am Wartbergturm

55232 Alzey. www.alzeyer-land.de. **Lage:** An der L401. **Zeiten:** frei zugänglich.

▶ Vom ↗ *Wartberg-Schwimmbad* geht es etwa 1,2 km hinauf zum **Wartbergturm.** Der ist das erste Mal im 13. Jahrhundert und das letzte Mal vor 50 Jahren erbaut worden! Der Grund: Er wurde immer wieder zerstört. Mit seiner beachtlichen Höhe von 28 m diente er lange als militärischer Beobachtungsposten. Wenn ihr den Turm besteigt, werdet auch ihr sehen, dass man von hier oben alles gut im Blick hat: das rheinhessische Hügelland, den Donnersberg und den Soonwald. Manchmal könnt ihr sogar noch die Skyline von Frankfurt am Horizont erkennen.

Mit seiner Höhe bietet der Turm aber noch andere Möglichkeiten: für physikalische Experimente. Was

fliegt wohl schneller? Ein Handschuh oder die nasse Badehose aus dem Schwimmbad? Passt nur auf, dass unten keine Menschen unterwegs sind!
Am Fuß des Turms gibt es Tische und Bänke für euer Picknick.

Mittelalterliche Burg mit Kräutergarten: Burg Stadeck

Burggrabenstraße 9, 55271 Stadecken-Elsheim. www.stadecken-elsheim.de.

▶ Die **Burg Stadeck** ist fast ein bisschen unauffällig in die Altstadt Stadecken-Elsheims eingebaut. Die Ursprünge der Burg liegen im 11. Jahrhundert. Heute gehören zu der Burg, die privat bewohnt wird, auch der Hofgarten, den ihr besuchen könnt. Es handelt sich um einen mittelalterlichen **Kräutergarten:** keine Pflanze steht hier ohne Grund.
Burghof und Burgscheune werden regelmäßig für Veranstaltungen genutzt, sie sind mit Lesungen, Konzerten und Ausstellungen das kulturelle Zentrum des Ortes.

M **Kulturkiste,** Burggrabenstraße 9, Stadecken-Elsheim. www.kultur-kiste.de/veranstaltungen. Regelmäßige Kulturveranstaltungen.

SMS aus der Vergangenheit: Napoleonsturm von Sprendlingen

55576 Sprendlingen. www.rheinhessen.de/a-napoleonsturm-in-sprendlingen. **Lage**: Auf der Anhöhe zwischen Ober-Hilbersheim und Sprendlingen. **Zeiten:** frei zugänglich.

▶ Wie konnten sich die Menschen früher nur ohne Handy und SMS von Ort zu Ort verständigen? Sie taten es analog! Auf einem Berg oder Turm entzündete Feuer waren eine Möglichkeit oder Signale mit zwei Riesenarmen, die man rauf und runter klappen konnte. So wie beim **Napoleonsturm** von Sprendlingen. Er ist einem historischen Signalmast nachempfunden, mit dem in der Zeit Napoleons Botschaften über eine Distanz von 12 km versendet werden konnten. Die 1813 eingerichtete optische Telegrafenlinie führte von Mainz nach Metz in

Packt ein Fernglas für den Ausblick vom Turm und ein Picknick ein, denn beim Turm gibt es einen Tisch des Weines.

Napoleonsturm: Hier lernt ihr das ABC der Kurznachrichten
© Annette Sievers

Frankreich. 22 Stationen waren für die rund 225 km notwendig. Aus Sicherheitsgründen sind die Signalarme des 2014 eingeweihten Nachbaus starr ausgeführt. Eine Tafel erklärt das SMS-Alphabet. Oben auf dem Turm findet ihr Hinweise zu den Nachbartürmen bei Bad Kreuznach (Richtung Metz) und Richtung Mainz – und natürlich 360° freie Sicht.

Der Turm auf dem Kloppberg

67596 Dittelsheim-Heßloch. **Fußweg ab Dittelsheim:** hin und zurück 3 km, steiler Aufstieg via Bahnhofs- und Kloppbergstraße, danach Feldweg. **Auto:** Am Ortsschild von Dittelsheim scharf rechts hinauf. **Zeiten:** Turmlokal Fr, Sa 16 – 21 Uhr, So, Fei 10 – 17 Uhr.

▶ Wer sich zu Fuß die Rebfelder hinauf gekämpft hat, dem ist es wahrscheinlich egal, ob der **Kloppberg** je nach Kartengrundlage nun 292 oder 295 m hoch ist. Sicher ist, dass er in einem Wäldchen am Ostrand eines breiten Plateaus liegt, auf dem ihr zunächst das **Weinkastell Kloppberg** erreicht. Direkt darüber befindet sich der **Kloppbergturm**, von dessen 14 m Höhe ein fantastischer Ausblick auf die Rheinebene besteht. *Turm* samt *Turmlokal* stammen aus den 1930er-Jahren und wurden 2019 unter Denkmalschutz gestellt, weil ihre weiß getünchten Formen an Bauten des Architekten *Ernst May* erinnern. Aber der Frankfurter hat das Ensemble nicht entworfen. Im Turmlokal gibt es Kaffee und Kuchen.

Weinkastell Kloppberg, Auf dem Kloppberg, Dittelsheim. ✆ 06244/57111. www.stoeckbauers-weinkastell.de. Mi – Sa ab 17, So 11.30 – 18.30 Uhr. Sitzplätze im Freien, Spielplatz. Hin und wieder finden auch Veranstaltungen statt.

?! *Der Mainzer Astrophysiker Werner Landgraf entdeckte 1987 einen Hauptgürtelasteroid. Er benannte ihn nach Paul Baumann und seiner Frau Helene. Die beiden ziehen seither am Himmel ihre Bahnen zwischen Mars und Jupiter.*

Man könnte meinen, ein Besuch im schönen **Alzeyer Schloss** biete sich auch an. Es ist aber der Sitz des Amtsgerichts und ist damit nicht offen für Besucher. Nur zweimal im Jahr werden Führungen angeboten, explizit für Kinder ist da leider nichts dabei.

Sternwarte & Museumsschätze

Sonne, Mond und Sterne

Paul-Baumann-Sternwarte in Klein-Winternheim, Astronomische Arbeitsgemeinschaft Mainz e.V., An der Sternwarte, 55270 Klein-Winternheim. www.astronomie-mainz.de/sternwarte. **Preise:** alle Angebote sind kostenlos.

▶ Die Paul-Baumann-Sternwarte in Klein-Winternheim ist der Öffentlichkeit zugänglich. Sie wird von der Astronomischen Arbeitsgemeinschaft Mainz betrieben. Sie organisieren auch die Angebote für euch: Teleskop-Sprechstunden, Beobachtungsabende und in den Sommermonaten auch Sonnenbeobachtungen.

Die Sternwarte ist bennant nach **Paul Baumann,** einem Politiker und Amateurastronomen, aus dessen Freundeskreis sich 1970 die Arbeitsgemeinschaft bildete.

Stadtmuseum Alzey

Museum der Stadt Alzey (Tourist-Info), Antoniterstraße 41, 55232 Alzey. ✆ 06731/498896, 499713 (Museumspädagogik). www.museum-alzey.de. **Barrierefrei:** ja. **Zeiten:** Mo – Fr 10 – 12.30 und 13.30 – 16.30 Uhr, Sa, So, Fei 10 – 12 und 14 – 16.30 Uhr. **Preise:** Eintritt frei. **Infos:** „Kelten und Germanen in der Römerstadt. Ein Gang durch die Abteilung zur Römerzeit des Museums der Stadt Alzey", 6 Seiten, 0,20 €.

▶ Die Attraktion des Museums im historischen Gebäude des ehemaligen städtischen Hospitals ist zweifellos die **Geologie- und Paläontologie-Ausstellung.** Den Schwerpunkt bildet hier die Lebenswelt im subtropischen Binnenmeer, das vor 20 bis 35 Mio Jahren das Mainzer Becken einnahm. Besonders beindruckend ist das große Skelett einer 2,50 m langen Seekuh. Die winzigen Haifischzähne stechen da nicht so ins Auge. Zahlreiche fossile Schnecken, Muscheln, Krebstiere, Stachelhäuter und Fische zeigen, dass es schon damals eine außerordentlich artenreiche Meeresfauna gab.

Sehenswert ist auch die Abteilung für **Vor- und Frühgeschichte**, die von der Jungsteinzeit bis zur Ära der Merowinger reicht – ein Zeitraum von 6000 Jahren.

Wie die Alzeyer im **Mittelalter** und **früher Neuzeit** lebten und was sie arbeiteten wird anschaulich dargestellt. Verschiedene Puppenstuben zeigen beispielsweise, wie man in jenen Zeiten wohnte. Bei der alten Apotheke gibt es eine Riechstation, bei der ihr in die Tiegel reinschnuppern könnt. Weitere Mitmachstationen laden zum Ausprobieren ein, so könnt ihr Steine bohren oder „rechnen auf den Linien" wie im Mittelalter. Wenn an dem großen Webstuhl die Weberin arbeitet, dürfte ihr sogar das Weben selbst einmal ausprobieren.

Im Winter 2021/2022 hat das Museum mit der **Steinhalle** einen Erweiterungsbau erhalten. Hier werden künftig die bedeutenden **römischen Funde** der Stadt zu sehen sein. Dazu gehören die 20 Altar- bzw. Weihesteine, Teile von 9 Jupitersäulen und die Sockel zweier Herkulesstatuen, die man 1930 im Tempelbezirk einer römischen Siedlung und eines Römerkastells ausgegraben hatte. Sie zeigen, dass die Römer im 1. – 3. Jahrhundert viele Religionen und Gottheiten miteinander kombinierten. Diese Steindenkmäler gaben damals wie heute der „Steinhalle" ihren Namen. Wichtiges Ausstellungsstück außerdem: der *Nymphenstein* – die erste Erwähnung der Stadt Alzey.

Ergänzt wird die neue Ausstellung durch eine **Medienstation** auf der Galerie. Hier werdet ihr per Touchscreen selbst zum Antikenforscher und dechiffriert (übersetzt) die Weihinschrift eines Kultbaues im Alzeyer Tempelbezirk. Oder ihr schlüpft gleich in die Rolle einer Gallo-Römerin und gebt beim Steinmetz eine Jupitersäule in Auftrag. Seid

KIMA: Kinder im Museum (6 – 12 Jahre) findet außerhalb der Ferien immer am 1. Fr im Monat 15 – 16.30 Uhr statt, 1 €. In den Ferien gibt es Projekttage zu Themen aus Geschichte und Handwerk, 5 €, Anmeldung bei jutta.goettel-becker@alzey.de, ✆ 06731/499713.

Das Museum bietet jeden Di einen Projektnachmittag und in den Oster- und Herbstferien Projekte an. Ihr könnt hier auch euren **Geburtstag** feiern. Infos bei Museumspädagogin Jutta Göttel-Becker, jutta.goettel-becker@alzey.de.

ihr der Gottheit sehr dankbar und obendrein reich, kann die Säule bis zu 9 m hoch ausfallen!
Für Sehbehinderte wird es die Nachbildung einer Jupitersäule im Kleinformat zum Ertasten geben.

Dinotherium-Museum

Förderverein Dinotherium-Museum e.V. Eppelsheim, Im Rathaus, Zwerchgasse 17, 55234 Eppelsheim. ✆ 06735/8135, www.dinotherium-museum.de. **Zeiten:** 1. Mi im Monat 18 – 20, 3. So im Monat 10 – 12 Uhr, für Gruppen auf Anfrage.

?! Paläontologie: „paläo" bedeutet „alt" oder vielmehr „uralt". Paläontologen beschäftigen sich mit Lebewesen aus uralten Erdepochen.

▶ Eppelsheim ist als Fundort unter **Paläontologen** berühmt, z.B. wegen des Schädels eines Rheinelefanten (des Dinotheriums), oder des weltweit ersten Funds eines Oberschenkelknochens eines fossilen Menschenaffen. Es gibt zahlreiche Fossilienfunde aus der Umgebung zu bestaunen. Außer drei Abgüssen sind alles Originale aus dem Ur-Rhein vor ca. 10,5 Mio Jahren.

Postmuseum Rheinhessen

Verein für Postgeschichte in Rheinhessen e.V., Manfred Hinkel, Hauptstraße 30, im Rathaus, 55234 Erbes-Büdesheim. ✆ 06731/43839, www.postmuseum-rheinhessen.de. **Bahn/Bus:** Ab Alzey Bus 440 bis Erbes-Büdesheim. **Zeiten:** Termine ab 6 Pers mit Herrn Hinkel direkt ausmachen. **Preise:** 2 €. **Infos:** Vortrag zur rheinhessischen Postgeschichte 4 €.

▶ Einziges Postmuseum in Rheinhessen mit Briefkästen ab 1860, Postschildern ab 1880, Telefone ab 1900 und Briefmarkenautomaten und vieles mehr.

Pflug, Egge und Wagenrad: Die Schmiede Wettig

Glockwerks Lichte Kunstprojekte e.V., Detlef Jahn, Enggasse 15, 55268 Nieder-Olm. ✆ 06136/15 53, www.glockwerk.de. **Infos:** Veranstaltungen ↗ Web.

▶ Diese uralte Schmiede geht auf das Jahr 1776 zurück. Die Einrichtungen und Werkzeuge, die ihr zu sehen bekommt, stammen allerdings aus den 1920er-Jahren. Zum Schmieden braucht man Blasebalg, Feuerstelle, Amboss, Schraubstock und viele Zangen und Hämmer. Einige Geräte seht ihr schon im Hof. Zählt doch mal, wie viel Zangen die Schmiede hat und versucht herauszufinden, welche Funktionen die verschiedenen Zangen hatten. Was wurde eigentlich in den Schmieden hergestellt? Hier könnt ihr es lernen.

Die Schmiede ist vor allem ein Kulturzentrum, ein Ort, in dem Konzerte, Ausstellungen, Theater, Kabarett und das Literatur-Café zu Hause sind.

Bino Bücher, Pariser Straße 107, Nieder-Olm. © 06136/7668840. www.bino-buchhandlung.buchhandlung.de. Mo – Fr 9 – 13 und 14 – 18, Sa 9 – 13 Uhr, Veranstaltungen ↗ Webseite. In der schönen Buchhandlung gibt es eine große Kinderbuchabteilung, die engagierten Buchhändlerinnen helfen euch bei der Auswahl.

Das Leben vor 150 Jahren in Saulheim

Heimatmuseum Saulheim, Verein Saulheimer Heimatgeschichte e.V., Neupforte 1, 55291 Saulheim. © 06732/2738022 (Katalin Schmidt), 3963 (Günther Kaul), www.heimatmuseum-saulheim.de. **Zeiten:** Besichtigungstermine z.Zt. nach Vereinbarung. **Preise:** Eintritt frei, Spende erwünscht. **Infos:** Vorbereitet wird eine Ausstellung zum Eisenbahnanschluss Saulheims, Eröffnung Sep 2022.

▶ Wie hat man in früheren Zeiten gelebt und gearbeitet? Das seht ihr im Heimatmuseum, das in der Alten Schule Neupforte eingerichtet ist. Sehr anschaulich sind die Küche, Schlafstube und die „Gut Stubb" mit Möbeln, Geschirr und Werkzeugen aus der Zeit um 1900 eingerichtet. Was hieß es für die Frauen, wenn Waschtag war?

Beispielhaft für das Handwerk werden Berufe wie Wagner, Küfer, Schreiner, Schuster und Schneider beleuchtet. Im Küfer-Raum seht ihr die Arbeitsgeräte, die zum Bau eines Weinfasses benutzt wurden, wie z.B. verschiedene Holzhobel, mit denen der Küfer damals die Dauben für das Fass bearbeitet hat. Ein Höhepunkt ist die Schuster-Werkstatt der Familie Jakob Schuhmacher aus Saulheim. Sie ist so aufgebaut, als ob der Schuster gleich zu seinen Leisten zurückkehren würde.

?! *Die frisch renovierte alte Schule war einst das Herrschaftshaus der Familie von Haxthausen. Es stammt aus dem 17. Jahrhundert. Auffällig ist der geschwungene Renaissancegiebel. Interessant sind die Sitzbank mit Kugelspielzeug und der Museumsbaum auf dem Schulhof, die der Künstler Joachim Harbut 2020 zusammen mit Kindern aus altem Museumsmaterial erschaffen hat.*

Heimatmuseum Ockenheim

Heimatfreunde 1982 Ockenheim e.V., Barbara Jordans, Mainzer Straße 67 (B41), 55437 Ockenheim. ✆ 06725/9985132 (1. Vors.), www.ockenheim.de. **Zeiten:** März – Okt jeden 1. und 3. So 14 – 17 Uhr. **Preise:** Eintritt frei. **Infos:** Führung ab 6 Pers nach Vereinbarung möglich, unter ✆ 06725/5001 (Annerose Förster-Müller).

▶ Das kleine Museum zeigt in zwei Gebäuden (beide vom Schulhof aus zugänglich) Gegenstände aus Landwirtschaft und Handwerk des gut 1200 Jahre alten Dorfes. So entdeckt ihr Geräte alter Berufe wie Küfer, Schreiner, Zimmermann oder Hufschmied. Ihr seht eine Schuhmacherwerkstatt und könnt euch über den alten Friseursalon wundern. Aber wie wohnten die Leute früher? Das wird anschaulich in der Küche und dem Wohnzimmer aus der Kaiserzeit um 1900 mit dunklen Möbeln. Oder gefallen euch Wohnzimmer und Küche aus den 1950er-Jahren besser?

?! *Der Schriftsteller Nikolaus Schwarzkopf (1884 – 1962) war eine zeitlang Lehrer in Ockenheim, weshalb der Ort in seinen Geschichten vorkommt. Im Gegensatz zur strengen Kaiserzeit lehnte er das Züchtigen mit dem Rohrstock ab.*

Stadtinfos & -führungen

Infostelle, Vinothek & eBikes

Tourismus GmbH Im Herzen Rheinhessens, Kirsten Metzler, Bahnhofstraße 21, 55286 Wörrstadt. ✆ 06732/9519690, www.wörrstädterland.de. Lage: Gegenüber dem Bahnhof. **Bahn/Bus:** RE13, RB31 halbstündlich Mainz – Alzey (– Kirchheimbolanden), Bus 441, 442 (Gau-Odernheim – Saulheim), 447 (Saulheim), 444, 449 (Alzey), 481 (Stadtbus) sowie 644 (Bad Kreuznach), 678 (Vendersheim). **Zeiten:** April – Sep Mo – Fr 10 – 13 und 15 – 18 Uhr, Sa 10 – 13 Uhr, Okt – März Mo – Fr 10 – 12, Di, Do, Fr 15 – 17 Uhr. **Infos:** Verleih von eBikes April – Sep: Tagespreis 24 €, ab 2 Bikes 22 €, ab 5 Tage 20 €, Kinderanhänger vorhanden.

▶ Hier bekommt ihr Prospekte, könnt Unterkünfte buchen oder euch über Veranstaltungen in der Region informieren (Ticketvorverkaufsstelle). Es werden

Bücher-Oase, Friedrich-Ebert-Straße 68, Wörrstadt. ✆ 06732/935363. www.buecher-oase-woerrstadt.de. Mo – Fr 9 – 18, Sa 9 – 13 Uhr. Außer Büchern und allen pmv-Büchern bekommt ihr hier euer Schulmaterial.

viele interessante Führungen angeboten, durch den Ort, die Weinberge oder mit dem eBike mit den Kultur- und Weinbotschaftern. Angeschlossen ist eine Vinothek.

Bühne, Leinwand & Aktionen

Wundersamer Ort der Begegnung

Kulturhof Oma Inge gUG, Christina Bruns-Yilmaz, Schillerstr. 40, 55288 Schornsheim. www.omainge.de.

▶ Schornsheim ist schon ein beneidenswerter Ort: Im ganzen rheinhessischen Hügelland sind die Kulturorte so selten und in Schornsheim, dem Ort mit nur etwa 1700 Einwohnern, gibt es gleich zwei: Das ↗ *Streulicht Theater* und den **Kulturhof Oma Inge.** Der Kulturhof ist ein vielfältiger Ort. Einige Räume sind an Künstlerinnen und Künstler verrmietet. In den anderen könnt ihr Kindertheaterstücke, Figurenkabarett, Kinderkonzerte, Lesungen oder Diskussionen besuchen, aber auch Stick- oder Schmuckkurse. Hinzu kommen Sonntagsfrühstücke für Familien und der jährliche Kunstwanderweg *Movements*. Alles in einem wunderbar wundersamen Ort: dem Haus der verstorbenen Oma Inge.

Anhäuser Mühle

Touristinfo & Tourismusförderung der VG Monsheim, Alzeyer Straße 15, 67590 Monsheim. ✆ 06243/180916, www.vg-monsheim.de/tourismus-kultur. **Kinderwagen geeignet:** ja. **Barrierefrei:** ja. **Bahn/Bus:** RB, RE stündlich aus Bingen – Alzey – Worms, Grünstadt – Bad Dürkheim – Neustadt, Kaiserslautern Zellertalbahn. **Zeiten:** Mo – Fr 8.30 – 14 Uhr. **Infos:** mit öffentlichem WC.

▶ Die im Grünen liegende **Anhäuser Mühle** ist nicht nur Sitz der Verbandsgemeindeverwaltung und der Tourist-Info, sondern auch ein Kulturtreffpunkt für Veranstaltungen mit besonderem Flair.

FESTKALENDER RHEINHESSISCHES HÜGELLAND

Februar/März: Fastnachtssonntag, Alzey: **Fastnachtsumzug.**

Juni: 1. Sa – Mo, Wörrstadt: **Weinfest** der VG Wörrstadt, So Festumzug.

3. Fr – So, Selzen: **Weinfest.**

3. Sa, Alzey: **Johannisnacht.**

Letztes Wochenende, Gau-Bischofsheim: **Kerb.**

Juli: 1. Fr – Mo, Alzey-Dautenheim: **Kerb.**

2. Fr – Di, Flomborn: **Kerb.**

3. Sa – Di, Alzey-Heimersheim: **Kerb.**

August: 1. Sa, Alzey-Dautenheim: **Wäldchesfest.**

1. Wochenende Fr – Mo, Framersheim: **Kerb.**

Letzter Fr – Di, Undenheim, Ober-Saulheim, Alzey-Schafhausen: **Kerb.**

September: 1. Sa, Alzey: **Volkerstadtfest** mit Tieren zum Anfassen.

1. Woche, Di – So, Nieder-Olm, Hahnheim, Alzey-Weinheim: **Kerb.**

2. Wochenende, Sa – Di, Nieder-Saulheim: **Ritter-Hundt-Weinkerb.** Selzen: **Kerb.**

3. Wochenende: **Schwabenheimer Markt** und **Kerb.**

3. Wochenende, Alzey: **Winzerfest.** Gabsheim: **Kerb.**

Oktober: Mitte Okt, Alzey: **Martinimarkt.**

November: 1. Wochenende, Ober-Olm: **Kerb.**

4. Wochenende, Alzey: **Töpfermarkt.**

Dezember: Advent – 23., Alzey: **Weihnachtsmarkt,** 10 – 20 Uhr.

1. Sa, Alzey: **Christkindchesmarkt,** ein besonderer Markt, Teil des vierwöchigen **Weihnachtsmarktes.**

1. und 2. Advent, Nieder-Olm, Rathausvorplatz: **Weihnachtsmarkt,** ab Nachmittag.

1. Advent, Sa, So ab Nachmittag, Ober-Saulheim, Rathausplatz: **Weihnachtsmarkt** mit Nikolaus-Besuch.

2. Advent, Sa 12 – 21, So 11 – 20 Uhr, Ober-Hilbersheim: **Märchen-Weihnachtsmarkt,** viel Kunst- & Kunsthandwerk und Musik, Weihnachtsmärchen.

Theater, Konzerte, Ausstellungen im historischen Mühlentrakt oder unter freiem Himmel – auch für Kinder.

Lauras Stern und andere Sternchen

Kino Bali, Claus Hadenfeldt, Bahnberg 10, 55232 Alzey. ✆ 06731/4713222, www.balikino.de. **Preise:** Mo – Mi 8 €, ab 19 Uhr 8,50 €, Do – So 8,50 €, abends 9 €; Kinder bis 12 Jahre Mo – Mi 6 €, ab 19 Uhr 7 €, Do – So 7 €, abends 8 €; Familienmitglieder in Begleitung eines Kindes unter 12 Jahren zahlen für Filme vor 19 Uhr nur den Kinderpreis. **Infos:** 3D-Filme kosten 3 € extra, eine 3D-Brille bekommt ihr geliehen.

▶ Täglich wird eine Mischung aus Mainstream, Arthaus und verschiedenen Filmveranstaltungen geboten, Sa, So gibt es ein extra Kinderprogramm. Film- und Tontechnik sind auf dem allerneuesten Stand, das leckere Popcorn ist schon legendär.

Buchhandlung Carl Machwirth, Antoniter Straße 5 – 7, Alzey. ✆ 06731/8170. www.machwirth.de. Mo – Fr 9 – 18, Sa 9 – 13 Uhr. In der modern eingerichteten Buchhandlung findet ihr viel zur Region und vor allem viele Kinder- und Jugendbücher. Fragt nach dem Leseclub.

So ein Theater!

Theater Streu Licht, Friedrich-Ebert-Straße 30, 55288 Schornsheim. ✆ 06732/6000178, www.theater-streu-licht.de. **Altersempfehlung:** ab 3 Jahre. **Preise:** niedrige Preise, aber Spenden willkommen. **Infos:** Vormittagstermine für Schulklassen.

▶ Seit 2018 befindet sich das wirklich kleine und niedliche Theater Streu Licht nun schon in Schornsheim. Hier gibt es für alle Altersgruppen Veranstaltungen – Musik- oder Puppentheater, Oper oder Lesung – die ihr einfach auf der Internetseite nachschauen könnt.

Und nicht nur für die verschiedenen Altersgruppen, sondern auch mit ihnen. Denn Regisseurin und Theaterpädagogin *Susanne Schwarz-Steinherz* bietet nun auch Theaterworkshops für Kinder an. Der ganze Hof und die Bühne bieten Raum zum Experimentieren und Erfahren.

?! *Dieser schöne Theater-Tipp stammt von Tabea Rößner, vielen Dank!*

RHEINHESSISCHE SCHWEIZ & NAHE

WALD, WIESEN UND WASSER

Wie jetzt, Schweiz? Das ist doch ein Land in den Alpen, wo die Berge hoch und mit Schnee bedeckt sind! Stimmt. Aber zu der Region im Südwesten von Rheinhessen sagt man das eben auch, weil sie voller Hügel ist. Es ist wirklich nur ein bisschen übertrieben. Denn immerhin hat die Rheinhessische Schweiz den 687 m hohen Donnersberg im Rücken (der gehört aber zur Pfalz). Bäche, Wiesen und Wälder prägen hier die Landschaft. Auf den Weiden stehen Kühe. Nur im Nordosten der Region überwiegt der Weinbau. Hauptort ist zwischen Bad Kreuznach und der A61/A63 die Kleinstadt Wöllstein, ansonsten gibt es nur Dörfer.

Ein Rindvieh in Rheinhessen? Willkommen in der Rheinhessischen Schweiz!

MEINE LIEBLINGSTIPPS FÜR DIE RHEINHESSISCHE SCHWEIZ & NAHE

Die Rheinhessische Schweiz eignet sich vortrefflich zum Wandern mit Kindern, denn die Mischung aus Wald, Wiesen und Bächen macht sie so spannend. Rund um das ehemalige Forsthaus Vorholz im tiefen Wald südlich von Nieder-Wiesen gibt es selbst für die Kleinsten was zu tun, der dortige Spielplatz wurde jüngst schön zurechtgemacht. Für 7-Jährige ist die Wanderung zur Teufelsrutsch schon machbar.

Auch fürs Radeln gibt es leichte, landschaftlich schöne Strecken. In Wöllstein existiert ein Schwimmbad. In Neu-Bamberg könnt ihr eine Burg besteigen. Der Geo-Lehrpfad „Strandpfad der Sinne“ und die sagenumwobene Beller Kirche liegen so dicht beisammen, dass ihr sie kombinieren und als Picknickplatz verwenden könnt.

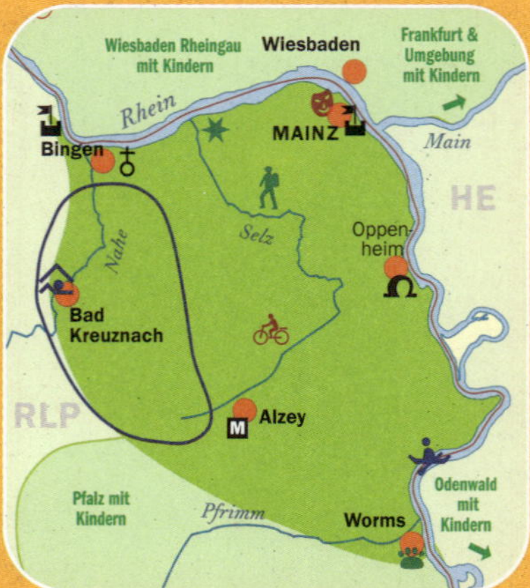

@ Sehr nützlich ist das Portal www.rheinhessische-schweiz.org.

Schwimm- & Freibäder

Hallenbad Gensingen

Am Hallenbad, 55457 Gensingen. © 06727/8625, www.vgwerke-sg.de. Am Südrand von Gensingen. **Barrierefrei:** ja. **Bahn/Bus:** Vom Bhf Gensingen 1 km über Bahnhof- und Alzeyer Straße. **Rad:** Vom Naheradweg über Nahe-, Kreuznacher, Kaiser- und Alzeyer Straße. **Zeiten:** Sep – Juni Mo – Fr 16 – 21, Fr 21 – 23 Uhr Fkk-Schwimmen, Sa 13 – 16, So 8.30 – 12 Uhr, Sauna Mo 16.30 –21, Fr 16.30 – 23 Uhr. **Preise:** 3,80 €, 10er-Karte 27,90 €; Kinder 3 – 14 Jahre 1,70 €, 10er-Karte 11,90 €, Jugendliche 14 – 18 Jahre 2,20 €, 10er-Karte 15,60 €; Studenten, Azubi, Schwerbehinderte 2,50 €. **Infos:** Schwimmkurse für Kinder und Kurse mit Sportabzeichen.

▶ Das Sportbad von Gensingen wurde 2019 umfangreich saniert. Es verfügt über ein Mehrzweckbecken mit Schwallwasseranlage und Sprunganlage (1-, 3- und 5-m-Brett). Jammerschade, dass ein Planschbecken für die ganz Kleinen fehlt. Dafür ist Mo, Mi und Fr Warmbadetag mit 30° warmen Wasser. Und es gibt eine Sauna und einen Kiosk.

IM & AM WASSER MIT SAM

In der Nähe gibt es einen Spielplatz und eine Skaterbahn.

Kurztrip ans Meer: In Salzwasser baden

Crucenia Thermen Bad Kreuznach, Kurhausstraße 26, Fürstenhofplatz, 55545 Bad Kreuznach. © 0671/991426, www.kreuznacherstadtwerke.de/wellness-vor-der-haustuer/crucenia-thermen. **Altersempfehlung:** auch Babys sind willkommen. **Barrierefrei:** ja. **Bahn/Bus:** Bus 201, 222, 251 bis Badeallee/Kreisverwaltung, dann zu Fuß Richtung Kurpark. **Zeiten:** Täglich 8 – 21 Uhr, letzter Einlass 20 Uhr. **Preise:** 9,50 € 4 Std, Salzgrotte (nur mit Reservierung, max 10 Pers) 11 €; Kinder 3 – 15 Jahre 5,50 €, Salzgrotte bis 6 Jahre 4,50 €, 7 – 15 Jahre 8,50 €; Eintritt frei für Kinder unter 3 Jahren und Geburtstagskinder (Ausweis!), Salzgrotte Erw mit 1 Kind bis 6 Jahre 10 €, Ermäßigung für Kurkarten- und NaheCard-Besitzer.

?! *Das Heilwasser wird aus einer 500 m tiefen Quelle gewonnen und aus dem* ***Salinental*** *in das Thermalbad befördert. Deswegen schmeckt das Wasser leicht salzig.*

Tourist-Information – Haus des Gastes, Kurhausstraße 22 – 24, Bad Kreuznach. ✆ 0671/8360050. www.bad-kreuznach-tourist.de. Mo – Fr 9 – 16 Uhr. Zimmerbuchung, Fahrradverleih, Segway-Führung, Prospekte zu Wanderwegen, Tipps zu Veranstaltungen und Ticketverkauf sowie Souvenirs.

▶ Im Außenbecken blubbert der Bodensprudler und wenn ihr nach drinnen schwimmt, könnt ihr euch von Wasserstrahlen am Rücken massieren lassen. Das Wasser in den drei runden Thermal-Sole-Becken ist 33° warm und so salzig, das es an einen Urlaubstag am Meer erinnert. Auch der Süßwasserpool ist rund, weshalb schwimmen kaum möglich ist (30° warm). Außerdem vorhanden Ruheraum, Infrarotkabine, Massage, Bistro.
Angeschlossen ist zudem eine **Salzgrotte,** in der ihr 45 Min lang bei 22° und max. 50 % Luftfeuchtigkeit salzige Luft einatmet und dabei sogar auf Märchen- oder Klangreise gehen könnt. In der *Familiensalzgrotte* spielen die Kleinen im Sand, während die Großen ausruhen.

Freizeit- und Erlebnisbad Wöllstein

Eleonorenstraße 76, 55597 Wöllstein. ✆ 06703/302-38, www.woellstein.de. **Lage:** Am Schlossstadion. **Barrierefrei:** ja. **Bahn/Bus:** Bus 224 (Bad Kreuznach), 425, 440 (Alzey), 444 (Wörrstadt), 659 (Sprendlingen) bis Wöllstein Mitte, ggf. bis Grundschule. **Zeiten:** Mai – Anfang Sep Mo – Fr 10 – 19, Sa, So, Fei 9.30 – 20 Uhr, Badezeit jeweils bis Viertel vor. **Preise:** 2,50 €, ab 17 Uhr 1,80 €, 10er-Karte 20 €, Saisonkarte 50 €; Kinder bis 17 Jahre 1,50 €, 10er-Karte 10 €, Saisonkarte 24 €, Kinder 15 – 18 Jahre 1,80 €, 10er-Karte 15 €, Saisonkarte 36 €; preiswerte Familienkarte, Ermäßigungen für Studenten, Schüler.

▶ Das Wöllsteiner **Freibad** ist ein guter Treffpunkt für Kinder. Für die schnellen Wasserratten ist das Schwimmerbecken da. Allerlei Spaßelemente bieten euch das Erlebnis- und Nichtschwimmerbecken. Fast im freien Fall geht's auf der 2 m hohen Steilrutsche abwärts. Nicht so spektakulär sind dagegen Bodensprudler, Strömungskanal und Wasserkanonen. Dafür gibt's eine 27 m lange Riesenrutsche, die in ein eigenes Becken mündet. Zum Planschbecken führt ein schmaler Bachlauf. Es gibt einen Spielplatz, auf der Liegewiese stehen große alte Bäume und am Kiosk bekommt ihr Snacks und Getränke.

Lustige Bootsfahrt

Mit dem Kahnmaran auf der Nahe

Bootsverleih am Mühlenteich, Armin Göckel, Mannheimer Straße 75 (Büro), 55545 Bad Kreuznach. © 0671/21088411, Handy 0171/2872118. www.nahe-boote.de. **Lage:** Ab- und Anlegestelle Kai 3, Koordinaten 49°50'39.6"N 7°51'27.2"E, Büro bei Ad Opticum im Brückenhaus (Mo – Fr 10 – 18, Sa 10 – 13 Uhr). **Zeiten:** April – Okt 10 – 18 Uhr und nach Vereinbarung. **Preise:** Mini-Kahnmaran für 8 Pers 40 €, Kahnmaran bis 20 Pers ab 270 € für 3 Std, Ruder-, Tretboot für 2 Pers 15 €, Kanu/Kajak für 2 Pers 15 € je Stunde.

▶ Hier geht es nicht mit dem Katamaran, einem Segelboot auf zwei Kufen, sondern mit dem Kahnmaran aufs Wasser! Acht Leute haben hier Platz und können sogar an einem Tisch sitzen, wenn sie nicht gerade paddeln müssen. Der Tisch hält nämlich die beiden Kähne zusammen, aus denen so der Kahnmaran wird. Im Einsatz sind zudem einfache und größere Ruderboote bis 5 Pers, Tretboote bis 4 Pers, Kanus für 3 und Kajaks für 2 Pers.

Ureinwohner: An der Nahe leben Biber – seht ihr ihre Spuren?
© Annette Sievers

Waldspielplatz (2021 erneuert) gegenüber vom Haus Schauinsland unter Bäumen, Wippen, Schaukel, Hangelseilbahn, durch ein Tor geht es in eine wild bewachsene Schlucht für kleine Abenteurer.

Naturfreundehaus Haus Schauinsland, Am Ende der Bahnhofstraße, Flonheim. ✆ 06734/3291380. https://naturfreunde-flonheim.de. Mai – Mitte Okt So, Fei 10 – 18 Uhr. Bewirtschaftetes Haus und Rastplatz, wechselnde warme Speisen, Würstchen, Kaffee und Kuchen.

Wandern & Spazieren

pmv Öko-Tipp!

Zum Donnersbergblick

55237 Flonheim. **Länge:** 3,5 km, erste Hälfte steiler Aufstieg, richtig abwechslungsreich. **Bahn/Bus:** Von Mainz Hbf mit RB 138 bis Albig Bhf, dann Bus 446, 448 bis Flonheim Marktplatz. **Rad:** Von Albig auf Landtraßen via Heimersheim, Lonsheim und Bornheim nach Flonheim.

▶ Ihr beginnt diese Kurzwanderung an der Ecke L408 nach Bornheim/Bahnhofstraße im Südosten von **Flonheim.** Es geht in der Bahnhofstraße aufwärts. Nach 500 m unterquert ihr die Bahntrasse der ehemaligen Bahnlinie, 400 m oberhalb erreicht ihr das **Haus Schauinsland** und einen **Rastplatz.** Kurz zuvor führt rechts ein Pfad zu einer nahen **Plattform,** von der eine fantastische Aussicht auf das riesige Gelände eines ehemaligen Steinbruches besteht. Das erinnert daran, dass hier von der Römerzeit bis ins 19. Jahrhundert in großem Stil Sandstein gebrochen wurde. Es geht weiter bergauf. Kurz darauf biegt ihr links in den **Naturlehrpfad** ab. Nun geht es auf dem bewaldeten Hügel durch ein ziemlich wildes Gelände voller kleiner Schluchten (ehemalige Steinbrüche) aufwärts. Der Naturlehrpfad ist gut ausgeschildert, sodass ihr euch nicht verlaufen könnt. Die Infotafeln beziehen sich ausführlich auf hier beheimatete Bäume und Vögel. Zur Altersbestimmung von Bäumen oder zur Vogeluhr hätte ich mir jedoch mehr Hintergrundinformationen gewünscht. Auf der Höhe kommt ihr am Waldrand zur **Hütte Donnersbergblick** – gerade rechtzeitig um euch nach dem anstrengenden Aufstieg zu erholen. Schön ist auch der Blick zum mächtigen Donnersberg. Anschließend geht es auf einem landwirtschaftlichen Nutzweg an Rebfeldern vorbei immer geradeaus wieder nach Flonheim hinunter. Nach 500 m taucht wieder das **Haus Schauinsland** auf, nach 900 m unterhalb seid ihr am Ausgangspunkt.

Zum Aussichtsturm auf der Hemm

Lonsheim – Oswaldshöhe – Hemm, 55237 Lonsheim. **Länge:** 5 km, am Anfang 1,5 km bergauf, dann flach, am Schluss 1,5 bergab, markierte Route, Teil der Hiwweltour Aulheimer Tal, Flonheim. **Altersempfehlung:** ab 6 Jahre. **Bahn/Bus:** Von Mainz Hbf mit RB 138 bis Albig Bhf, dann Bus 446, 448 bis Lonsheim Ortsmitte.

Sieht aus wie eine Ruine, ist er aber nicht: Der Turm auf der Hemm

▶ Die recht kurze, aber dennoch anstrengende Rundwanderung beginnt an der Kreuzung am Nordrand von **Lonsheim.** Ihr steigt den Markierungen R9 und R52 folgend in der Erbes-Büdesheimer Straße Richtung Südwesten bergan. Circa 700 m geht es immer geradeaus durch Rebfelder zuletzt ein Stück auf Grasweg. Dann biegt ihr erst rechts und 100 m weiter nach links ab. Kurz darauf geht es durch dichten Laubwald mit viel Unterholz. Der anstrengende Aufstieg ist geschafft. 400 m weiter verlasst ihr den R9-Wanderweg und folgt dem R52-Wanderpfad nach links. Immer geradeaus und Höhe haltend, geht's im schattigen Wald zum 400 m entfernten **Aussichtsturm auf der Hemm** hinüber. Natürlich wird der auch bestiegen. Anschließend lasst ihr euch zum Picknick an einem der Tische nieder. Auch ein überraschend hereinbrechender Regen kann den Spaß nicht verderben, denn es gibt hier eine große Schutzhütte.

Danach lauft ihr auf dem R52 noch ein Stück durch dichten Wald Richtung Osten, zuerst Höhe haltend, dann bergab. Schließlich erreicht ihr ein asphaltiertes Weinbergsträßchen, das steil nach **Lonsheim**

Ihr könnt die Wanderung mit einer Radtour von Bhf Armsheim über Bornheim nach Lonsheim und zurück verbinden, insgesamt 8 km, leichtes Profil, durch Felder, auf landwirtschaftlichen Nutzwegen. Die Route ist auf der LVA-Karte Mainz und Rheinhessen markiert.

Zum Aussichtsturm, Kappeseck 2, Lonsheim. ✆ 06734/8679. Di – Sa 17 – 24, So 11 – 13.30, ab 17 Uhr.

hinunterführt. Bis zum Ausgangspunkt ist es noch 1 km. Die Aussicht auf das kleine Dorf im engen Kessel ist malerisch.

Zur Burgruine Altenbaumburg

Von Fürfeld nach Altenbamberg, 55546 Fürfeld. **Länge:** 6,5 km, ein langer Anstieg ab Km 2, viel Wald. **Altersempfehlung:** ab 5 – 6 Jahre. **Bahn/Bus:** Stadtbus 224 Bad Kreuznach bis Fürfeld Ibener Straße; zurück RB Kaiserslautern – Bad Kreuznach – Bingen.

Burgrestaurant Altenbaumburg, Altenbamberg. ✆ 06708/3551. www.altenbaumburg.de. 10 – 20 Uhr, im Sommer länger. Regionale Küche, nachmittags Kaffee und Kuchen, Kinderkarte.

▶ Vom Zentrum des Dorfes **Fürfeld** wandert ihr auf der Hochstätter Straße in westlicher Richtung (R1) ortsauswärts. Nicht weit entfernt geht es über die B420. Es folgt ein längerer Abschnitt in der Ackerflur. Ziemlich bald setzt ein langer Aufstieg ein. Es geht immer geradeaus (Markierung R1). 2 km hinter Fürfeld kommt ihr in den Wald – und bleibt es bis zur Altenbaumburg. Es dauert noch eine Weile bis der breite Erdweg auf der Höhe ankommt. Danach ist die Strecke lange Zeit flach. Nach 2 km im Wald trefft ihr am **Wanderparkplatz** ein. Hier haltet ihr euch links und biegt in die zweite Abzweigung (R2) ein. Danach geht es schnurstracks zur 1 km entfernten **Bismarckhütte** hinüber und geradeaus an ihr vorbei. Das massive Bauwerk aus Stein ist ein geeigneter Ort für eine Rast. Anschließend beginnt der Abstieg zur Altenbaumburg im Südwesten (pwv 1 gelb, R2, kleines Schild Altenbaumburg 1,2 km folgen!). An den Abzweigungen nach 250, 500 und 700 m geht ihr stets geradeaus. Nach der letzten beginnt ein steiler Abstieg. Die Altenbaumburg ist nur noch 500 m entfernt. Bei nassem Wetter ist dieser Abschnitt für viele Kinder zu schwierig. Beeindruckend ist der Ausblick auf den Rotenfels im Norden. Ihr tretet zünftig über eine Brücke in das Gelände der **Burgruine Altenbaumburg** ein. Nach dem anstrengenden Abstieg ist es wunderbar, dass sich hier auch ein *Restaurant mit Sommergarten* befindet. Wie wär's mit einem Versteckspiele zwischen den alten

Wegmännchen: Steinhäufchen markieren bisweilen den Weg
© Annette Sievers

Eine Brücke über eine Schlucht, Kletter-Ruinen und ein Burgrestaurant: Zutaten der Altenbaumburg

Mauern, wenn ihr wieder bei Kräften seid? Zum Schluss geht es auf einer kleinen Straße in das nahe **Altenbamberg** ins Alsenztal hinunter.

pmv Öko-Tipp!

Wo einst das Bawettche dampfte

Durch das Appelbachtal von Neu-Bamberg nach Wöllstein, 55546 Neu-Bamberg. **Länge:** 3,5 km, flach und ganz leicht, über einen langen Abschnitt gleichzeitig Vogellehrpfad, zum Rasten: zuerst Schutzhütte, 1 km weiter Alte Ölmühle. **Altersempfehlung:** Ist auch eine prima Radelstrecke für 5- bis 7-Jährige. **Bahn/Bus:** Stadtbus 224 Bad Kreuznach – Neu-Bamberg Mitte, Bus 425 Alzey – Wöllstein, 444 Wörrstadt – Wöllstein. **Infos:** Öffentliche Führungen auf dem historischen Rundweg Neu-Bamberg jeden 1. So im Monat.

▶ Ihr startet die Kurzwanderung in **Neu-Bamberg** an der Kreuzung Kreuznacher und Alzeyer Straße und Am Burggraben. Das ist im Übrigen nicht weit von der Bushaltestelle entfernt. Es geht dann durch den Burggraben und die Wöllsteiner Straße gen Osten. Nach 500 m biegt ihr rechts ab zum 100 m entfernt beginnenden Rad- und Wanderweg nach Wöllstein, eine vollständig flache Strecke auf einer ehemaligen Bahntrasse, wo einst das **Bawettche** entlangdampfte. Euer Weg führt euch oberhalb vom Sportgelände nach Osten. Es geht zuerst ein längeres Stück durch Wald, links unten im Tal fließt in idyllischer Umgebung der **Appelbach**, dem ihr bis Wöll-

?! *Das Bähnchen der Strecke Fürfeld – Sprendlingen (Personenverkehr 1898 – 1953, Güterverkehr bis 1973) wurde liebevoll Bawettche genannt, denn Babette hieß die erste Frau, die sich auf das wild schnaufende Gefährt wagte.*

stein recht nahe seid. 500 m hinter dem Sportgelände kommt ihr an **Fischteichen** vorbei. Etwa auf halber Strecke geht es mal kurz auf das linke Appelbachufer rüber. Ihr seid jetzt in der Flur von Wöllstein. 400 m weiter kehrt ihr auf das rechte Ufer zurück. Bis zum Zielort lauft ihr unterhalb eines Weinberges entlang. Hinter dem Schützenhaus beginnt die Teerstraße. Am Ortsrand von **Wöllstein** haltet ihr euch vor der evangelischen Sozialstation links und auf der Kirchstraße geradeaus. Wöllstein ist ein größerer Ort mit einigen Läden und recht viel Gastronomie im schönen Zentrum, ↗ *Ölmühle.*

Im Herzen der Rheinhessischen Schweiz

Neu-Bamberg – Hof Iben – Fürfeld – Frei-Laubersheim – Neu-Bamberg, 55546 Neu-Bamberg. **Länge:** 11 km, mehrere recht kurze Steigungen, nicht schwer. **Altersempfehlung:** ab 10 Jahre.

▶ Die Wanderung beginnt am Ehrfurcht einflößenden mittelalterlichen Turm in **Neu-Bamberg.** Ihr geht in südlicher Richtung auf der Alzeyer Straße ortsauswärts. Bei der außerhalb liegenden kleinen Georgskirche folgt ihr den Markierungen R3 (rot)/R30 (blau) in den Weinberg aufwärts. Mit Erreichen eines kleinen Wäldchens seid ihr oben angelangt. Der Weg hält ein Stück die Höhe und führt dann wieder ins *Appelbachtal* hinunter. Hier macht ihr an der Straßenkreuzung einen Abstecher zum **Hof Iben,** einem ehemaligen Kloster der Templer. In der Nähe gibt es das gleichnamige Restaurant, dort könnt ihr einkehren.

Restaurant Hof Iben, Fürfeld. © 06709/889. Do – Di ab 11 Uhr. Etwa 3 km von Neu-Bamberg. Bauernhof und Ausflugsrestaurant mit Biergarten und regionaler Küche, sehenswerter Gebäudekomplex.

Ihr kehrt zur Kreuzung zurück und geht anschließend auf der Straße Richtung Fürfeld aufwärts. Nach circa 300 m geht es links und direkt dahinter nochmals links ab. Nun führt die R3-Wanderroute zu einem Wäldchen hinauf und hindurch. Am Waldrand biegt ihr rechts in den Wanderweg R28 ein. Durch Felder verläuft die Route nun hoch über dem Seitental des Appelbachs (ohne Steigung) nach **Fürfeld**, 2 km im Nordwesten gelegen. Ihr geht via Weihergartenstraße und Rathausstraße zur Kirche. Dort biegt ihr rechts in den Eichelberger Weg ein. Es geht nun durch ein Neubauviertel aufwärts. An der Gabelung am Ende haltet ihr euch links. Kurz darauf mündet dieser Weg in die Wanderroute R4, die nach Neu-Bamberg führt. Nächstes Ziel ist der Wald des 319 m hohen **Eichelberges.** Oben angekommen habt ihr die letzte Steigung für heute hinter euch. Fortan verläuft die Route flach oder bergab. Ihr wandert dann am Ost- und Nordrand zu Füßen des Eichelberges. Knapp 2 km nordöstlich von Fürfeld quert der R4-Wanderweg die Zufahrtsstraße zu einem riesigen **Porphyrsteinbruch.** Ihr verlasst gleich darauf den Wald und seid kurz danach auf der ehemaligen Bahntrasse der Strecke Fürfeld – Wöllstein – Sprendlingen, auf der der letzte Abschnitt der Rundwanderung verläuft. Es geht jetzt durch Flur. Nur kurz vor **Frei-Laubersheim** ist noch einmal ein kleiner Waldabschnitt. Die Route verläuft am Ostrand der Weinbaugemeinde. Auf den letzten 2 km kommt ihr an Hecken und Äckern vorbei. Die Burg von Neu-Bamberg ist schon von Weitem zu sehen. Über die Straßen Am alten Bahndamm und Am Burggraben erreicht ihr in **Neu-Bamberg** die ↗ *Kandelpforte,* den Ausgangspunkt dieser langen, abwechslungsreichen Rundwanderung.

Für kleinere Kinder oder Kinderwagen ist der Abschnitt Neu-Bamberg – Frei-Laubersheim geeignet, wanderfreudige Grundschüler können sich an Neu-Bamberg – Fürfeld (5,5 km) wagen.

Treffpunkt: Die Kandelpforte von Neu-Bamberg

© Annette Sievers

pmv Öko-Tipp!

Zum Ringwall der Kelten

Von Neu-Bamberg auf den Galgenberg und zum Naturschutzgebiet auf dem Horn, 55546 Neu-Bamberg. **Länge:** 8,5 km, lange, starke Steigung am Anfang, ein bisschen anstrengend, unbedingt Proviant mitnehmen, keine Möglichkeit zum Einkehren, aber allerlei schöne Picknickplätze. **Altersempfehlung:** ab 8 Jahre.

▶ Ihr beginnt die abwechslungsreiche Wanderung am mittelalterlichen Tor **Kandelpforte.** Es geht durch dieses ungewöhnliche Bauwerk, das durch sein Fachwerk und die Türmchen auf dem Dach auffällt, nach **Alt-Bamberg** hinein und rechts in die Straße Am Schaap (bis Hausnummer 12). Dort überquert ihr rechts den *Appelbach,* der hier geräuschvoll am steilen Hang entlangrauscht. Anschließend führt die Route auf einem mit dicken Rhyolith-Steinen gepflasterten Weg zum **Eckelsgrund** hinauf. Am Feldkreuz geht es geradeaus vorbei. Auf der Weggabelung ein Stück oberhalb verlasst ihr schließlich das Rebenland und steigt rechts durch ein Wäldchen zum **Galgenberg** auf. Auf der Höhe hatten die Kelten einst eine Siedlung mit einem **Ringwall** angelegt. Beim genauen Hinsehen könnt ihr diesen noch an der Abbruchkante ausmachen. Im Mittelalter war das ein grausiger Ort, denn hier stand der Galgen. Heute unternehmen viele Wanderer den anstrengenden Aufstieg vor allem, um die schöne Aussicht zu genießen und Trockenrasen zu sehen.

Im Osten habt ihr das Ziel, den Bergrücken Horn mit dem Naturschutzgebiet, im Blick, das sich ein wenig über die Hochfläche erhebt. Zunächst müsst ihr noch geradeaus durch ein Rebfeld. Dahinter haltet ihr euch links und kurz darauf rechts. Nun geht es zum NSG hinauf. Oben erwartet euch eine richtige **Steppenheide.** Im Gelände gibt es tiefe Löcher – was mag das bloß sein? Schön, dass da auch Bänke stehen, da könnt ihr euch endlich mal ein bisschen ausruhen und etwas essen. Wenn ihr alles angesehen habt, geht's auf derselben Route wieder nach Neu-Bamberg hinunter.

?! ***Rhyolith** ist ein Stein aus dem Tertiär oder Quartär, er wird als Pflaster- und Sockelstein oder Schottermaterial verwendet.*

?! *Als **Trockenrasen** bezeichnet man besonders mageren Boden, auf dem nur wenig Gras und Sträucher und kaum Bäume wachsen.*

?! ***Steppenheide** befindet sich an sehr trockenen Stellen, auch hier gibt es wenig Bäume, dafür Heidekraut, Federgras, Beifuß, Graslilien und andere Pflanzen, die wenig Wasser brauchen.*

Quer durch die östliche Rheinhessische Schweiz: Von Wöllstein nach Flonheim

55597 Wöllstein. **Länge:** 8 km, Markierung: R12, bis Eckelsheim flach, dann Auf- und Abstieg nach Flonheim, durch Weinland. **Altersempfehlung:** ab 7 – 8 Jah-

Die Route eignet sich auch als Radtour.

re. **Bahn/Bus:** VGK-Bus 226 Mo – Sa von Bad Kreuznach und ORN-Bus 444 von Alzey nach Wöllstein; zurück ab Flonheim Marktplatz.

▶ Die Wanderung führt von **Wöllstein** über Eckelsheim und Uffhofen nach Flonheim durch Ackerfluren, Weinberge und Winzerdörfer in der sanften Hügellandschaft der Rheinhessischen Schweiz. Bis Uffhofen folgt ihr immer der Beschilderung R12. Die ersten 2,5 km verläuft die Route neben der Landstraße auf dem Radweg nach Eckelsheim. Nach circa 800 m liegt rechts ein kleines Feuchtbiotop, danach kommt ihr an zwei Pappelreihen vorbei, die in der weiten Ebene den Wind bremsen sollen. Dieses Stück ist flach. Ihr geht entweder am Nordrand von **Eckelsheim** entlang oder in das Zentrum hinein und auf der K6 Richtung Gumbsheim wieder hinaus. Beide Routen treffen sich am Nordostrand des Dorfes, wo ihr in Richtung Südosten auf den Rad- und Wanderweg nach Flonheim abbiegt. Es geht nun circa 2 km durch Rebfelder bergauf und anschließend genauso lange – wiederum durch Wingerte – bergab. Dann seid ihr in **Uffhofen.** Von da könnt ihr entweder auf der L407 oder dem 500 m südöstlich der Straße verlaufenden Rad- und Wanderweg R8 zum gut 1 km nordöstlich gelegenen Zentrum von **Flonheim** gehen.

Kulturhof Eckelsheim, Kirchstraße 5, Eckelsheim. ✆ 06703/301458. www.kulturhof-eckelsheim.de. Küche Mi – Fr 18 – 22, Sa 18 – 22, So 11.30 – 14, 18 – 22, Fei 11.30 – 14 18 – 22 Uhr. Wunderbares, altes Gehöft mit großem Innenhof, Ausstellungen und Konzerte, in regelmäßigen Abständen kulinarische Schwerpunkte wie z.B. Tomatentage. Alle Gerichte auch als kleine Portion, spezielle Kinderwünsche werden gern erfüllt.

Erlebnispfade & Kräuterschule

pmv Öko-Tipp!

Erlebniswanderung auf die Teufelsrutsch

Von Wendelsheim nach Nieder-Wiesen, 55234 Wendelsheim. **Länge:** 6 km, zwei starke Steigungen, eine ganz steil, nur bei trockenem Wetter, mit R8 markiert, z.T. auch W7. **Altersempfehlung:** ab 8 Jahre wegen der Steigungen. **Bahn/Bus:** Bus 425 Alzey –

Mauchenheim – Offenheim – Nieder-Wiesen – Wendelsheim – Eckelsheim – Wöllstein, Mo – Fr 12 x, Sa 6 x, So, Fei und Ferien 5 x täglich.

Stiller Beobachter: Das Waldohreulen-Männchen ruft mit „huh" nach einer Partnerin

© Annette Sievers

▶ Ihr startet in **Wendelsheim** in der Bahnhofstraße beim Netto. Durch die Nieder-Wiesener Straße (K4) entlang geht es Richtung Nieder-Wiesen. Hinter der Hausnr. 26 könnt ihr links zum **Wiesbach** hinuntergehen. Folgt dem Fußweg nach rechts. An der **Hasselmühle** überquert ihr den Wiesbach. Nun geht es am Mühlgraben entlang in den Wald. Zunächst verläuft der Weg ein Stück im Bachtal. Dann geht es mehrere hundert Meter stark bergauf. Eine Weile geht es ganz eben weiter, bevor ihr noch mal 200 m ganz steil zur **Teufelsrutsch** hinaufsteigen müsst. Dort könnt ihr euch auf einer der vielen Bänke zum Picknick niederlassen. Von einer **Aussichtskanzel** habt ihr einen schönen Blick auf das nahe Wiesbachtal und den fernen Donnersberg. Das Häuschen hier oben wird *Schweizer Haus* genannt. Unterhalb von ihm führt ein Pfad zur **Schinderhanneshöhle**, in die ihr hineinkriechen könnt.

?! *Die Teufelsrutsch ist eine bewaldete Kuppe aus Porphyrfels. In seiner Nähe liegt die „Schinderhanneshöhle", ein ehemaliger Quecksilberstollen aus dem 14. Jahrhundert.*

Anschließend führt der **R8**, nun mäßig steil, als lauschiger **Pfad** den Arensberg und rechts in ein Seitental des Wiesbaches hinab. Unten folgt ihr kurz rechts der Straße **K7** Richtung Nieder-Wiesen und überquert auf Höhe der Einmündung in die K4 auf der **alten Brücke** den Wiesbach. An der Kläranlage vorbei geht es am Waldrand entlang zur **Neumühle**, dort hält auch der Bus. Steigungsfrei geht es im Tal weiter zum nur noch 1,5 km entfernten **Nieder-Wiesen.** Der Weg wird zur Rödelsgasse, bei der Kirche folgt ihr noch der Kirchgasse und erreicht die bekannte **Ochsenfurt** durch den Wiesbach, den ihr jetzt am Ende der schönen Tour barfuß durchwaten könnt. Folgt der Schlossgasse nach links, erreicht ihr die **Bushaltestelle** an der Wendelsheimer Straße.

pmv Öko-Tipp!

Wildkräuter entdecken

Kräuterschule Herbula, Kräuterhof Mann, Christina Mann, Hauptstraße 7 – 9, 55599 Eckelsheim. © 06703/ 1294, www.kraeuterschuleherbula.de. **Preise:** z.B. Kräuterwanderung 15 € für 3 Std.

▶ Das **Aulheimer Tal** bei Flonheim und das Gebiet um die Ruine der ↗ Beller Kirche bei Eckelsheim sind reich an Wildkräutern. Neben den unterschiedlichsten Heil-, Gewürz-, und Genusswildkräutern finden sich aufgrund der klimatischen und geologischen Besonderheiten der Region eine große Anzahl an seltenen Pflanzen.

Bei den kräuterkundigen Frauen von Herbula stehen insbesondere die Wildkräuter im Vordergrund, die sich am besten im Alltag verwenden lassen: in der Küche, in der Heilkunde, für die Schönheit. Sie veranstalten Wildkräuterwanderungen, Kochkurse, Smoothie-Spezial- oder Sirup-Salbe-Saft-Tage. In der Kinder-Kräuter-Schule geht ihr Kräuter sammeln, probiert sie und lauscht wundersamen Geschichten. Selbstverständlich könnt ihr die Kräuterschule auch für Schul- oder Kindergartenveranstaltungen und auch für alle Erwachsenengruppen anfragen. Die große Pflanzenvielfalt der Rheinhessischen Schweiz ermöglicht es dabei, in fast allen Jahreszeiten aus dem Vollen zu schöpfen.

Auch interessant ist die **Gärtnerei Strickler** mit Kräuterhof.

Gärtnerei Strickler, Bioland-Gärtnerei für Kräuter und Wildpflanzen Strickler, Lochgasse 1, Heimersheim. © 06731/ 3831. www.gaertnerei-strickler.de. Garten offen zugänglich, Führungen Gärtnerei März – Nov (Eingabe Navi: Wormser Str. 78). Wunderbarer Privatgarten der Familie Strickler innerhalb einer historischen Hofreite, Gärtnerei mit (Wild-)Pflanzen, Rosen, Obst, Gemüse, Saatgut, Führungen, Schnittkurse u.a.

Im Wald am ehemaligen Forsthaus Vorholz

55237 Offenheim. **Länge:** 7 km, Rundwanderung, meist breiter Waldweg, teilweise Schotter, gutes Schuhwerk erforderlich; Waldlehrpfad 2,5 km, Rundweg, keine Stei-

Nehmt euch Proviant mit, ihr kommt an keinem Ausflugslokal vorbei.

Alte Ölmühle, Alte Ölmühle, Wöllstein. ✆ 06703/1551. Fr 18 – 23, Sa 17 – 23, So 15 – 23 Uhr. Kinderfreundliche Straußwirtschaft, gekocht wird regional und bio. Nicht weit liegen Küstenweg Rheinhessen und Hiwweltour Heideblick.

gung, 17 Stationen. **Altersempfehlung:** kleiner Rundweg ab 4 Jahre, großer ab 6 Jahre. **Auto:** Parkplatz am Forsthaus. **Rad:** Radweg von Offenheim und Niederwiesen.

▶ Vom ehemaligen **Forsthaus Vorholz** könnt ihr auf dem Rundweg R54 eine schöne Wanderung durch dichten Mischwald unternehmen. Das ist übrigens Rheinhessens größtes zusammenhängendes Waldgebiet. Wenn ihr die Route gegen den Uhrzeigersinn lauft, geht es erst einmal flach bzw. ganz leicht bergab 1,2 km nach Norden. Auf der ersten Hälfte begleiten euch die Infotafeln des **Waldlehrpfades** – eine gute Gelegenheit eure Baumkenntnisse zu verbessern. Dann wandert ihr circa 2 km in westlicher Richtung – zumeist leicht bergab. Der Rückweg wird dann etwas anstrengender – zumindest auf dem folgenden 1,6 km langen Südabschnitt, wo es zunächst einmal 800 m von 280 auf 340 m hinaufgeht. Das letzte Stück Richtung Osten ist fast eben, wenn ihr statt der blauen Markierung R54 die rote R1 nehmt. Auf den letzten 600 m geht es noch einmal am Waldlehrpfad entlang.

Den Vögeln auf der Spur

Vogellehrpfad Im Tälchen Wöllstein, Am Schlossstadion 1, 55597 Wöllstein. **Auto:** Parken am Friedhof, Emmerich-Joseph-Straße. **Zeiten:** Park frei zugänglich.

▶ Der Vogellehrpfad in Wöllstein startet am ↗ **Freibad.** Von dort aus führt euch der Weg immer am Appelbach entlang in Richtung Neu-Bamberg, stets begleitet von Infotafeln über die ansässigen Vogelarten: Amseln, Hausrotschwänze, Grünspechte, Nachtigallen, Schwarzkehlchen, Feldlerchen und viele mehr. Hier erfahrt ihr allerlei über ihre äußerlichen Merkmale, ihre Stimmen, Lebensraum, Nahrung und Möglichkeiten, wie man diese Art erhalten kann.

Die Infotafeln sind zwar ein bisschen lieblos gestaltet, doch der Weg durch das Tälchen ist ein sehr schöner Spaziergang.

pmv Öko-Tipp!

Barfuß auf dem Strandpfad der Sinne

55599 Eckelsheim. ✆ 06703/2616, www.der-strand-pfad-der-sinne.de. **Lage:** bei der ↗ Beller Kirche am südlichen Ortsrand von Eckelsheim. **Länge:** 1,6 km. **Altersempfehlung:** ab 3 Jahre.

▶ Ein Strandpfad in Rheinhessen? Ihr habt es richtig gelesen. Vor vielen Millionen Jahren reichten die Ausläufer der Kölner Bucht bis in die Region herein. Geblieben sind von damals das besondere Rhyolith-Gestein.

Die besondere Geologie und die ehemalige Küstenlinie könnt ihr auf dem Strandpfad der Sinne bei Eckelsheim super entdecken. Los geht er an der Beller Kirche etwa 200 Meter südlich von Eckelsheim (in Richtung Wendelsheim). Mit einem **Barfußpfad** zu Beginn werden direkt auch die Sinne angesprochen. Hier könnt ihr über Sande, Kiese, Felsbrocken und Treibgut laufen. Im Anschluss führt euch der 1,6 km lange Weg weiter in die Weinstöcke hinein. Immer wieder könnt ihr auf Infotafel über die Geologie der Gegend lesen. Cool sind der gute Blick von oben auf die Umgebung und insbesondere, dass man auf durchsichtigen Schautafeln die ehemalige Küstenlinie entdecken kann.

Für den Rundgang sollte man etwa 45 Minuten einplanen – kann sich aber auch viel mehr Zeit nehmen!

Walderlebnispfad Wonsheim

Im Korwinkel 1, 55599 Wonsheim-Stein-Bockenheim. www.wonsheim.de/freizeit-tourismus/wald. **Länge:** Walderlebnisweg 1 Korwinkel 2,3 km, Walderlebnisweg 2,6 km. **Kinderwagen geeignet:** ja. **Auto:** Walderlebnispfad 1 P an der L400 beim ehemaligen Steinbruch, Walderlebnispfad 2 P an der K3 Steinkaute.

▶ Den Walderlebnispfad Wonsheim könnt ihr in zwei verschiedenen Längen laufen, als 8 auch in Kombination. Beide Rundtouren führen euch an

Feldern und Pferdekoppeln vorbei in den Wald. Auf dem Weg könnt ihr auf Schautafeln interessante Dinge über den Wald erfahren: über den Wald als Lebensraum für Tiere, die Entwicklung eines Waldes oder auch kleine Gedichte über den Wald. Ein Wald-Xylophon auf dem Rundweg 1 und ein Stufenreck auf Rundweg 2 fordern euer Können heraus.

Zu Beginn der beiden Rundtouren erwartet euch ein schöner Spielplatz mit Schaukeln, einer Drehscheibe und einem kleinen Klettergerüst. Zwischendurch laden hübsche Sitzmöglichkeiten immer wieder zu kleineren Pausen ein.

FIT & FIDEL MIT DEN 4 FREUNDEN

Radeln

Radtour zur Quelle der Selz

Von Alzey nach Kirchheimbolanden, Ebertstraße, 55232 Alzey. **Länge:** 20 km. **Altersempfehlung:** ab 10 Jahre. **Bahn/Bus:** RE13, RB31 bis Alzey West, zurück stündlich von Kirchheimbolanden über Alzey (15 Min) nach Mainz.

▶ Diese Fahrradtour führt euch von Alzey bis nach – ja, wir blicken hier einmal kurz über den Tellerrand Rheinhessens – Kirchheimbolanden. Damit ihr nicht durch die ganze Stadt fahren müsst, beginnt die Tour am **Bahnhof Alzey West.** Ihr fahrt hinab bis zur Weinheimer Straße und an ihr etwa 1 km entlang. Sobald die Autobahn weit über euren Köpfen dahingerauscht ist, biegt ihr links in Richtung Mauchenheim ab. Der Bach neben euch – die **Selz** – wird euch nun fast bis zum Ende dieser Tour begleiten. Noch vor Mauchenheim kommt ihr an großen und schönen Holzfiguren vorbei und am **Rastplatz am General Hartmann-Brunnen.** Der ist zwar nett gemacht, liegt aber direkt neben der Landstraße. Wartet also mit der Pause lieber noch ein bisschen ab, es kommt noch viel, viel besser.

?! *Im Bahnhof von KiBo ist heute ein (nettes) Café untergebracht, die Züge halten 800 m nördlich im Schlossgarten.*

Denn nicht weit hinter **Mauchenheim** liegt **Morschheim.** Und unterhalb von Morschheim hat die Gemeinde vor wenigen Jahren einen **Natur- und Abenteuerspielplatz** gebaut, der seinesgleichen sucht. Hier findet ihr alles von Schautafeln zur Natur, über eine Feuerstelle, Wasserspiele, Klettergerüste, einer Seilbahn bis hin zu meinem persönlichen Favoriten: dem Heckenlabyrinth mit einem kleinen Kletterturm in der Mitte. Perfekt zum Fangenspielen!

Das Heckenlabyrinth von Morschheim: Im Herbst ist der Weg leicht zu finden

© Philipp Wohltmann

Hinter Morschheim geht es weiter durch Felder und an der Selz entlang bis zu ihrer **Quelle.** Einige Sitzgelegenheiten laden zum Verweilen ein. Spektakulär ist die Quelle zwar nicht, aber doch ist es spannend zu sehen, wo das Flüsschen entspringt, das durch ganz Rheinhessen fließt.

Zum Abschluss führt euch der Weg durch **Orbis** hindurch und weiter ein kurzes Stück auf der Landstraße in einer langen Abfahrt nach **Kirchheimbolanden.** Den Bahnhof dort könnt ihr nicht übersehen.

Brauhaus am Turm, Schlossstraße 1, Kirchheimbolanden. ✆ 06352/3841. https://wordpress.brauhaus-am-turm.de. Mi – So 17 – 22 Uhr. Pfälzische Küche im urigen Brauhaus oder Biergarten in der Altstadt, Kindergerichte.

Radtour durchs Salinental

Bad Kreuznach – Bad Münster am Stein, 55545 Bad Kreuznach. **Länge:** 6 km, flach und leicht, markierter Radweg. **Altersempfehlung:** ab 6 Jahre. **Bahn/Bus:** RE, RB Bhf Bad Münster (Berliner Straße 20) – Bad Kreuznach mehrmals stündlich.

▶ Die Fahrt führt durch das landschaftlich schöne, enge Flusstal der Nahe, das in Bad Münster am Stein von hohen Sandsteinfelsen überragt wird. Ihr startet in **Bad Kreuznach** beim Parkhotel im Kurpark,

Tour-Höhepunkt: Rheingrafenstein-Felsen über der Nahe am Abend
© Annette Sievers

La Piazza del Gelato, Naheradweg, Bad Münster am Stein. Täglich 10 – 20 Uhr. Eis-Kiosk mit Blick auf die Felsen an der Nahe.

überquert den Mühlenteich und bleibt auf der rechten Naheseite, wo ihr herrschaftliche Villen seht. Am Alten Pumpwerk vorbei und unter der Salinentalbrücke hindurch erreicht ihr das **Salinental.** Beim Kanuvereinsheim wechselt ihr die Naheseite und erreicht das ↗ **Salinenbad.** Weiter auf dem Naheradweg radelt ihr an den beeindruckenden Gradierwerken vorbei bis zum **Felseneck**, einem Aussichtspunkt auf den Rheingrafenstein-Felsen. Der Radweg bringt euch kurz vorm Ende zu einem Spielplatz, einer **Eisdiele** und schließlich zum **Kurpark** von **Bad Münster.** Dort könnt ihr die NABU-Station oder das Café im Kurmittelhaus besuchen, Tretboote ausleihen oder mit der Fähre fahren.

Radtour durchs Appelbachtal

Würzweiler – Pfaffen-Schwabenheim, 55597 Wöllstein. ✆ 06361/451-214, www.woellstein.de. **Länge:** Markierung Appelbach-Radweg, ganze Strecke Marienthal – Bad Kreuznach 42,4 km. Achtung: Der offizielle Weg beginnt in Marienthal und liegt 10 km vom Bhf Rockenhausen entfernt, die Anfahrt führt dann über eine schnell befahrene Landstraße mit starker Steigung. **Bahn/Bus:** Pfaffen-Schwabenheim liegt 1 km westlich vom Bhf Sprendlingen, Würzweiler 5 km östlich vom Bhf Rockenhausen.

▶ Die sanfte Hügellandschaft und die Dörfer der Rheinhessischen Schweiz und des nordwestlichen Donnersberggebietes sind zweifellos eine wunderschöne Gegend für eine kleine Radtour. Die Strecke führt von Pfaffen-Schwabenheim 30 km südwärts durchs Appelbachtal aufwärts nach Würzweiler. Familien mit sportlichen älteren Kindern können die ganze Strecke ohne Weiteres zurücklegen. Familien mit kleineren Kindern fahren am besten nur Teilstrecken wie Neu-Bamberg – Hof Iben, 3 km, Tiefenthal – Münsterappel, 4 km oder St. Alban – Gerbach, 2 km (hin und zurück doppelte Entfernung).

Picknick & Minigolf

Grillplatz Nieder-Wiesen

VG Wöllstein, 55234 Nieder-Wiesen. © 06703/3020, www.woellstein.de/vg_woellstein. **Preise:** 30 €.

▶ Ein km südwestlich, Grillplatz, Hütte mit Grill, ferner Schutzhütte, Parkplatz, am Radweg R8, Toilettenanlage ganzjährig nutzbar, genau nebenan Sportplatz und Jugendzeltplatz.

Grillplatz Wöllstein

Zweckverband Erholungsgebiet Rheinhessische Schweiz, St. Floriansweg 8, 55599 Gau-Bickelheim. © 06703/3020, www.woellstein.de. **Infos:** Gut belegt, mindestens 4 Wochen im Voraus buchen.

▶ Nordostrand, am Dunzelbach, 500 m von der K6 Richtung Gumbsheim, am R3, Grillhütte mit Grill, Tischen und Bänken, Wiese von Hecken umgeben, auch Grillstelle im Freien. Mit Toilette und Stromanschluss.

Die Vermietung erfolgt könnt ihr euch an die Verbandsgemeinde Wöllstein wenden.

Minigolf im Oranienpark

Minigolfverein Bad Kreuznach, Kaiser-Wilhelm-Straße 25, 55543 Bad Kreuznach. © 06703/2701, www.bad-kreuznach-tourist.de. **Lage:** An der Nahe. **Kinderwagen geeignet:** ja. **Bahn/Bus:** Bus 201, 222, 251 bis Oranienpark. **Zeiten:** März, April und Okt 9 – 18, Mai – Sep 9 – 21 Uhr. **Preise:** 3 €; Kinder bis 16 Jahre 2 €; Kurkarteninhaber 2,50 €.

▶ Der **Oranienpark** ist ein Barockgarten, bei dem Wege und Beete exakt symmetrisch sind. Zu jeder Jahreszeit blüht was, besonders schön sind die Rosen, Kräuter verströmen ihren Duft und zu Füßen des Wasserturms klacken die Boulekugeln. Ihr könnt auf dem **Minigolfplatz** mit 18 schönen Bahnen.

?! *Im Mittelalter befand sich hier ein Frauenkloster. Später lebte im Park die Prinzessin Maria von Oranien – die Gattin des Pfalzgrafen von Zweibrücken.*

Ristorante da Graziella, Im Oranienpark, Bad Kreuznach. © 0671/28336. Di ab 18 Uhr, Mi – So 12 – 14 und 18 – 22 Uhr. Gehobenes italienisches Restaurant im Oranienpark.

Burgen & Türme

Der Uhrturm und die Burgruine von Neu-Bamberg

Kandelpforte, 55546 Neu-Bamberg. www.neu-bamberg.com. **Länge:** Historischer Stadtrundgang ausgeschildert. **Kinderwagen geeignet:** ja. **Auto:** Wanderparkplatz Junkerweg.

▶ Wahrzeichen des alten Ortes, an dem der *Appelbach* vorbeifließt, ist der **Uhrturm.** Als *Kandelpforte* gehörte er einst zu 3 Toren der Stadtbefestigung. Durch ihn hindurch steigt ihr über die Schlossgasse zur **Ruine Neubaumburg** auf. Der Weg ist steil, aber kurz. Sind die alten Fachwerkhäuser nicht hübsch? Oben erwartet euch altes Gemäuer, in dem eine gut erhaltene Kapelle steht. Der Grundriss der 1253 von den Raugrafen erbauten Höhenburg ist rechteckig und hatte eine innere und äußere Burg. Die innere Burg und die Hälfte des Dorfes verpfändeten die Raugrafen für 312.000 Heller an den Erzbischof *Heinrich III. von Mainz* – dafür hätte er sich zum damaligen Wert auch 406 Schweine kaufen können.

Es gibt genug Platz zum Spielen und ein schöner Ausblick wird geboten. Ihr steigt dann über den Burgweg wieder ab und landet auf der Straße Am Burggraben, die links zum Ausgangspunkt Kandelpforte zurückführt. Rechts ist es nicht weit zum Ausflugslokal **Junkermühle.**

Zur Junkermühle, Neu-Bamberg. ✆ 06703/1037. www.junkermuehle.net. April – Okt Mo – Fr ab 17, Sa, So ab 11 Uhr. Beliebter Biergarten mit deutscher Küche und eigenem Wein, Kinderschnitzelvariationen.

Hier spukt es: Die Beller Kirche

Förderverein Kulturdenkmal Beller Kirche e.V., 55599 Eckelsheim. www.bellerkirche.de.

▶ Die **Beller Kirche** ist eine bildschöne – Ruine. Wenn ihr eintretet, schaut ihr oben in den Himmel. In dem wohl um 1490 begonnen Bau sollten laut einer Urkunde „für alle Zeiten“ an den Marienfeiertagen Messen gelesen werden. Das hat erkennbar nicht geklappt – aber von mindestens 1700 an bis

1902 fand dort im September der *Beller Markt* statt. Die dreitägige Veranstaltung lockte Kaufleute und Schausteller aus der Region und von weither an: Mainz, Worms, Mannheim, sogar aus Frankfurt und Straßburg sollen sie gekommen sein. Weshalb aber seit gewiss 200 Jahren der spätgotische Bau so dekorativ verfallen an der Straße nach Wendelsheim steht? Vielleicht liegt es daran, dass es dort spukt:

Im Streit um einen Acker war der Hasselmüller aus Wendelsheim unterlegen. Bei einem Abendmahl ritt den Prozessgewinner der Teufel und er soll dem Müller ins Ohr geflüstert haben: „Jetzt ist der Acker mein." Woraufhin der ihn mit dem Altarkreuz erschlug. Die Kirche war entweiht, der Hasselmüller wenig später einen Kopf kürzer – und seitdem geht ein kopfloses Gespenst in der Beller Kirche um. Wenn es mal wieder versucht, die Spuren seiner blutigen Tat wegzuwischen, kann man das flackernde Licht sehen, das es sich dazu anmacht …

So schlimm aber kann es mit dem Spuk nicht sein, denn seit Ende des 20. Jahrhunderts wird die malerische Ruine zunehmend für kulturelle Veranstaltungen genutzt.

Frosch auf Reisen: Der Frosch aus unserem Wimmelbuch an der Beller Kirche

© Anke Faust

Wimmelbuch Rheinhessen – Iwwer die Hiwwel. Ein illustrierter Reiseführer von Anke Faust. Auf jeder Seite begleitet euch der lustige Rheinhessen-Frosch und führt euch zu dem ein oder anderen Geheimtipp in der Region. ISBN 978-3-89859-922-1, pmv.

Rheinhessische Love-Story: Der Ajaxturm bei Siefersheim

An der Weidenmühle, 55599 Siefersheim. www.rheinhessen.de/hiwweltour-heideblick. **Lage:** nahe L409 bzw. an der Hiwwelroute Heideblick, 9,9 km. **Altersempfehlung:** Hiwwelroute Heideblick ab 10 Jahre.

▶ Den Siefersheimer **Ajaxturm**, manchen besser bekannt als *Hundeturm,* könnt ihr zu Fuß von Wonsheim, Siefersheim oder auch Neu-Bamberg aus erreichen. Mit seinen dicken, groben Mauern und den Zinnen mutet er ein wenig mittelalterlich an, ist aber noch nicht so alt.

Der Legende nach trauerte der Stifter des Turms, *Jacob Jung,* mit dem Bau einer Geliebten hinterher: eine historische Love-Story also. Jacob Jung war ein wohlhabender, junger und fleißiger Winzer, der die Neu-Bambergerin Traudchen Hellriegel für sich gewinnen wollte. Traudchens Vater aber hatte andere Pläne für seine Tochter und verheiratete sie mit einem Müller aus Bad Kreuznach. Jacob Jung verkraftete das nicht, blieb sein Leben lang unverheiratet und baute 1865 an der Stelle, wo die beiden Liebenden sich in den Weinfeldern einst heimlich getroffen hatten, den Ajaxturm.

?! *So, als säße ein Hund am Wegrand und warte auf sein Herrchen, so steht der Ajaxturm am Wegrand oberhalb der Steillage Heerkretz.*

Nur der dicke Zecher auf dem Fass auf halber Höhe des Turms mag da nicht so recht zur Love-Story passen. Auf dem Fass steht „Gott erhalte uns Vaterland und Wein. Dies soll uns Wunsch zu allen Zeiten sein."

Geistermühle am Wiesbach

Weingut Geistermühle, Geistermühle, 55237 Flonheim-Uffhofen. ✆ 06734/8310, www.geistermuehle.de. **Lage:** 1 km südwestlich von Flonheim-Uffhofen an der Straße nach Wendelsheim. **Zeiten:** Tag der Offenen Tür Pfingsten ab 11 Uhr. **Preise:** Führungen nach Voranmeldung.

▶ Zwar dreht sich das Mühlrad schon lange nicht mehr, doch der Rest der denkmalgeschützten Wassermühle ist noch gut erhalten. Mühlgraben und Mühleninventar sind fast vollständig erhalten, Schrotgang und Haferquetsche funktionsfähig. Heute treibt das Wasser eine Turbine an, die Strom erzeugt.

Wenn ihr die Mühle näher kennen lernen wollt, könnt ihr an einer Führung teilnehmen, müsst diese aber vorher telefonisch vereinbaren. An Pfingsten werden am Tag der offenen Tür interessante Veranstaltungen angeboten. Auch für Kinder gibt es da verschiedene Aktivitäten. An besonders heißen Tagen könnt ihr euch im Mühlbach abkühlen.

Museumsschätze

Haie und Seekühe in Flonheim

Infothek Flonheim, Marktplatz 12, 55237 Flonheim. www.flonheim.de. **Bahn/Bus:** Ab Alzey Bus 446 bis Flonheim. **Zeiten:** Mai – Okt Sa, So und Fei 15 – 18 Uhr.

▶ Direkt am historischen Flonheimer Marktplatz befindet sich die Infothek. Hier könnt ihr euch einerseits am Infopoint, über den Ort und die Aktivitäten des Ortes informieren. Andererseits könnt ihr auch die Infothek besuchen: hier habt ihr die Möglichkeit, das subtropische Meer zu entdecken. Ja, hier war mal alles Wasser. Funde aus der Umgebung, die von der Vergangeheit zeugen, sind Muscheln, Korallen, Austern, Haifischzähne und das Highlight: das Skelett einer Seekuh. Das wird ergänzt durch eine Rekonstruktion des Meeres mit Haien und Seekühen. Wenn ihr Interesse habt, könnt ihr auch eine Führung vereinbaren.

Besuch bei Kasper, Paschik und Robbi und Tobbi

Museum für Puppentheaterkultur (PuK), Museum im Rittergut Bangert, Hüffelsheimer Straße 5, 55545 Bad Kreuznach. ✆ 0671/8459185, www.museen-bad-kreuznach.de. **Altersempfehlung:** Museum ab ab 4 Jahre, digitales Filmangebot für alle. **Bahn/Bus:** DB, RB, RE, Bus 203 ab Bahnhof, Parkplätze für Pkw und Busse sowie Fahrradständer vorhanden. **Zeiten:** Di 10 –13, Mi – Fr 10 – 16 und Sa, So, Fei 11 – 17 Uhr. **Preise:** 4 €; Kinder 3 – 18 Jahre 3 €; Familienkarte (Eltern mit Kindern) 7 €, Gruppen ab 10 Pers. **Infos:** Es gibt Führungen für Kindergruppen und Schulklassen, Workshops zum Bau von Socken-, Hand- oder Stabpuppen.

Kindergeburtstag im PuK möglich! Dabei gibt es einen gedeckten Geburtstagstisch, ein Geschenk für die Hauptperson und ein Erinnerungsfoto für alle; Eintritt plus 20 €. Zusätzlich könnt ihr eine Führung, Basteln oder gar eine Aufführung buchen.

▶ Im PuK begegnet ihr den verschiedensten Puppenberühmtheiten, wie dem Hohnsteiner Kasper, Robbi und Tobbi mit ihrem Fliewatüüt, Paschik, der Schweine-Freund von Kater Mikesch aus der Augsburger Puppenkiste, Bernd das Brot, Hein Blöd …, aber auch zarten chinesischen Schattenfiguren, handfest geschnitzten Holzköpfen oder gar höllischen Furien aus Doktor Faust. Das Museum besitzt

FESTKALENDER RHEINHESSISCHE SCHWEIZ & NAHE

Februar: Fastnacht, Do, Altweiberfastnacht, Bad Kreuznach, Kornmarkt: **Narrenkäfig** mit Prämierung der schönsten Verkleidungen.

Fastnacht, Sa: **Kreiznacher Narrenfahrt,** großer Umzug mit Motivwagen durch Bad Kreuznach der Fastnachtsvereine. Ende auf dem Kornmarkt.

April: Ostern, So, Bad Münster am Stein-Ebernburg: große **Osterwiese** im Kurpark, Kinderfest mit Osterhase, Kleintierzoo, Kindersänger.

Mai: 2. Wochenende, Fr – Mo, Gumbsheim: **Kerb.**

Juli: 1. Wochenende, Freitagabend – Mo, Flonheim: **Jahrmarkt** auf dem Marktplatz.

2. Wochenende, Fr – Di, Offenheim: **Kerb.**

August: 3. Wochenende, Bad Kreuznach: Großer **Jahrmarkt** auf der Pfingstwiese, Riesenprogramm, größtes Fest in der Rhein-Nahe-Region.

3. Wochenende, Erbes-Büdesheim: **Kerb.**

Letzter Fr – Di, Sprendlingen: **Jahrmarkt,** großes Fest.

September: 1. Wochenende, Wöllstein: **Jahrmarkt.**

2. Wochenende, Fr – Di, Fürfeld: **Kerb.**

2. Wochenende, Eckelsheim: **Kerb.**

2500 Gegenstände zur Puppentheatergeschichte, die sehr lebendig präsentiert werden. Findet heraus, wie schwer eine Marionette aus Holz ist es hinter den Kulissen aussieht! Aktiv werden könnt ihr bei den puppentheatralischen Probierstationen.
Es gibt zudem professionelles Puppentheater im Theatersaal und museumspädagogische Veranstaltungen bei denen ihr z.B. selbst eine Puppe bastelt.

2. Wochenende, Gau-Bickelheim: **Kerb.**
Innenstadtfest, rund um den Marktplatz.
2. Wochenende, Bad Kreuznach: **Fischerstechen,** großes Volksfest an der Nahe.
3. Wochenende, Fr – So, Bad Münster am Stein-Ebernburg: **Mittelaltermarkt** mit Ritterturnier.
3. Wochenende, Stein-Bockenheim: **Kerb.**
Letztes Wochenende, Neu-Bamberg: **Kerb.**
Letzte Woche, Langenlonsheim: **Kirmes.**

November: 1. Wochenende, Siefersheim: **Kerb.**

Dezember: 1. – 4. Advent, jeweils Fr – So, Bad Münster am Stein-Ebernburg: romantischer **Weihnachtsmarkt** im Kurpark.
1. Advent, Gau-Bickelheim: **Weihnachtsmarkt.**
1. Advent, Flonheim: **Weihnachtsmarkt.**
1. Advent, Fürfeld: **Weihnachtsmarkt.**
2. Advent – 23. Dez, Bad Kreuznach: **Nikolausmarkt,** täglich ab 11 Uhr rund um Eiermarkt und Nikolauskirche. Täglich Kindertheater, 6. Dez Einzug des Nikolaus.
1. – 4. Advent, Sa, So: **Weihnachtsmarkt** unter den mit Lichterketten romantisch geschmückten alten Bäumen im Kurpark Bad Münster am Stein.

REGISTER & KARTEN

Zeichenerklärung

Frei-/Hallenbad	Sender
Badestelle, Strandbad	Turm
Boot fahren, Paddeln	Aussicht
Personenboot	Höhle
Fähre	Kirche, Kloster
Wanderung	Kapelle
Reiten	Denkmal
Tiergarten	Burg, Schloss
Vogelpark	Ruine
Lehrpfad, Umweltinfo	Kino
Natursehenswürdigkeit	Museum
Radtour	Gaststätte, Café
Minigolf	Laden
Spielplatz	Buchhandlung/Bücherei
Tennisplatz	Information
Kletterpark	Stadtbus
Grillplatz	Straßenbahn
Theater, Kreativ	Stadion
Wintersport	Sportplatz
Quelle	Industrie
Brunnen	

Max & Moritz: Die bösen Buben sind an Weihnachten im Kurpark von Bad Münster am Stein aktiv

Register

Orte & Sehenswürdigkeiten
Stichworte & *Personen*

A

B – C

D – E

F

G

H

I – J

PmV RABBIT

RNN Rhein-Nahe Nahverkehrsverbund Linie

Stand: 1.5.2021 – RNN-Infotelefon 061 32 – 78 96 22

tzplan Rheinhessen

www.rnn.info

RNN

Mainz
Innenstadt
K17
Goetheplatz
Gartenfeld
Goethestraße
Güterbahnhof
Hartenbergpark
Waggonfabrik
Rettbergsaue
Lennebergwald
Mombach
Budenheim
Ingelheim
ehem. Jüdischer Friedhof
Mombacher Strasse
Lessingstraße
Neustadt
Frauenlobplatz
Forsterstrasse
Josefsstrasse
Gartenfeldplatz
Boppstrasse
Kaiserstrasse
SWR
Fritz-Kohl-Strasse
Wallstrasse
N
© Peter Meyer Verlag
Stadion am Bruchweg
Dr.-Martin-Luther-Weg
Benjamin-Franklin-Strasse
Anna-Seghers-Bibliothek
St. Bonifatius
Jugend-/Familienamt
Hauptbahnhof
Bahnhofstrasse
Münsterplatz
Binger Str.
Hbf-West
Eissporthalle
Fritz-Bockius-Strasse
Taubertsbergbad
Wertstoffhof
Eduard-Frank-Strasse
Fastnachts
Münsterstrasse
Ciné Mayence
Alicenstr.
Augustusstrasse
Am Linsenberg
Saarstrasse
Gonsenheim
Finthen
Untere Zahlbacher Str.
B40
Trajanstraße
Kästrich
Kupferbergterrasse
Universität
KinderUni
Albert-Schweitzer-Strasse
Hauptfriedhof
Jüd. Friedhof
Langenbeckstrasse
Germanikusstr.
Römerwall
Am Römerlager
Univ.-Kliniken
Uni-Klinik
Fichteplatz
Obere Zahlbacher Straße
Botanischer Garten
Hildegard-Krankenhaus
An der Philippsschanze
Pariser Strasse
Gutenberg-Gym.
Ludwig-Schwamb-Schule
Römersteine
Bretzenheim
Lerchenberg
Landwehrweg

Kaisertor
Skateranlage
Biebrich
A671 Frankfurt Wiesbaden
Köln Rüdesheim Wl-Biebrich Zollhafen Mainz
IN DER WITZ
Kastel
PAULUS-PLATZ
ADM.-SCHEER-STR.
ADENAUER-UFER
THEODOR-HEUSS-BRÜCKE
Ki-/Ju-Zentrum
Mainz-Kastel
HOCHHEIMER STRASSE
Hochheim
Schlosstor
Reduit
Post
PHILIPPSRING
B40
RHEINUFER
KOSTHEIMER LANDSTR.
Flößerzimmer
B43
Landtag
BRÜCKEN-PLATZ
PETER-ALTMEIER-ALLEE
Kostheim
Haus der Jugend
WC
Rotes Tor
Wasserschutzpolizei
Naturhist. Mus.
KARMELITER-STRASSE
KD
CHRISTOFSGASSE
Floßhafen
SCHUSTERSTRASSE
Rheingoldhalle
Eisenturm
QUINTINSSTRASSE
Rathaus
AM BRAND
Fischtor
FISCHTOR-PLATZ
Frankfurt a.M. Oppenheim
Maaraue
Höfchen/Listmann
MARKT
Gutenberg-museum
Primus
LIEB-FRAUEN-PLATZ
HÖFCHEN
Rhein-radweg
Dom St. Martin
WEINTORSTR.
UFERSTRASSE
STRESEMANN-UFER
Altstadt
GREBENSTRASSE
Augustinerkirche
Holzturm
HOLZSTRASSE
Freibad Maaraue
Rhein
Templertor
Frankfurter Hof
Kaponniere
TEMPLERSTRASSE
Fort Malakoff
Kammerspiele
Rhein-Main-Dreieck-Weg
HOLZHOFSTRASSE
NEUTORSTRASSE
DAGOBERT-STRASSE
KUZ
Mus. für Antike Schifffahrt
Zitadelle
Römisches Theater
Röm. Theater
RGZM
Winterhafen
Stadthist. Museum
WINDMÜHLENSTRASSE
SALVATORSTRASSE
WEISENAUER STRASSE
Gustavsburg Mainspitze
Drususstein
B9
Leinpfad Nierstein
Stadtpark
ALBANSBERG
AM FORT ELISABETH
AM ROSENGARTEN
Weisenau
RITTERSTRASSE
St. Vincenz-/Elisabethen-Krankenhäuser
HECHTSHEIMER STR.
Familien-Jazz-Picknick
Hechtsheimer Straße
AM STIFTSWINGERT
F.-SCHNEIDER-STR.
Volkspark
Wasserspielplatz
Altenwohnheim
Jägerstraße
AN DER GOLDGRUBE
St. Alban
NIKLAS-VOGT-STR.

Bacharach
Stahleck
395
Lorchhausen
Ranselberg
398
Wisper
Hengstküppel
474
Mapper Schanze
580
Erbachskopf
619
Kisselmühle
Kalte Herberge
561
Hallg. Zange
Rheindiebach
Fürstenberg
Lorch
Presberg
N
1 cm
200 m
Stephanshausen
Kloster Eberbach
Oberdiebach
Hohneck
Lorcher Werth
Bächergrund
Jägerhorn
538
© pmv PETER MEYER VERLAG
RHEINGAU-GEBI
Manubach
Nieder-heimbach
Hallgarten
Neuhof
Ober-
Sooneck
416
Vollrads
Teufelskadrich
Kloster Marienthal
Marien-thal
Schwarzen-stein
Oestrich-
Winkel
618
Trechtings-hausen
42a
Reichardshsn.
Franzosen-kopf
Reichenstein
42
Kl. Nothgottes
Antoniuskap.
Johannis-berg
Mittelheim
628
Salzkopf
Aulhausen
Eibingen
Lauschhütte
Rheinstein
Rüdes-heim
Geisen-heim
Ingel-heim-Nord
Soonwald
9
Ehren-fels
Germania
574
Assmanshausen
Auerhahnkopf
385
Druidenberg
Mauseturm
15
60
BINGEN
Insel
axweiler
Bingerbrück
Rochus-kapelle
14
Gaulsheim
Waldalges-heim
Klopp
Rochusberg
13
Ardeck
Rupertsberg
Bismarck-turm
Stromberg
46
43
Weiler
Münster-Sarmsheim
9
Gollen-fels
Roth
Büdesheim
Gau-Algesheim
Fürstenburg
Dietersheim
Ocken-heim
Welzbach
Wald-laubershm.
Rümmelshm.
49
12
Appen-heim
48
50
273
Schweppen-hausen
61
47
Nahe
41
Jakobsberg
Laurenziberg
Kreuzenbu
Dorsheim
Sponsheim
Dromers-heim
Laubenheim
50
Grolsheim
61
Aspisheim
Ober-Hilbersheim
Nieder-Hilbe
Langen-lonsheim
Gensingen
Windesheim
M
Horrweiler
271
Wallhausen
Zotzenheimer Horn
Guldental
51
Welges-heim
Napoleonshöhe
Guldenbach
247
Felseneremitage
48
Rhein
Bretzenheim
Wiesbach
Napoleons-turm
Wolfsheim
Gutenberg
Sommer-loch
Zotzenheim
Roxheim
Winzenheim
Sprendlingen
St. Johann
Mandel
Hargesheim
41
Kauzen-burg
Planig
50
270
Wißberg
Gau-Weinh
Weinsheim
Rüdesheim
BAD KREUZNACH
Bosenheim
Pfaffen-Schwabenheim
52
321
Gau-Bickelheim
Schanzenkopf
Nahe
Appelbach
420
Hüffelsheim
Rotenfels
Hacken-heim
Schollander-hof
Norheim
Wöllstein
Gumbsheim
Bad Münster am Stein
Nieder-hausen
Ebern-burg
Frei-Laubersheim
Siefersheim
Oberhausen
Altenbaumburg
Neu Bamberg
Neu-Baumburg
Horn
Eckelsheim
Flonheim
422
428
Ajaxturm
Lemberg
Wonsheim
Uffhofen
Bornhe
Feil-bingert
Hof Iben
Geister-mühle
Hochstetten
Fürfeld
Stein-Bockenheim
Hallgarten
Wendelsheim

WIESBADEN
Nordenstadt
Erbenheim
Wallau
Delkenheim
Massenheim
Hauptbahnhof S1, 8, 9
Sommerberg
Frauenstein
Freudenberg
Eltville
Walluf
WI-Schierstein
WI-Biebrich
WI-Ost S1, 8, 9
Budenheim
Mombach
Mainzer Sand
Uhlerborn
Heidesheim
Wackernheim
Lenneberg-wald
MZ-Gonsenheim
MZ-Finthen
MZ-Drais
MZ-Amöneb.
MZ-Kastel
MZ-Kostheim
Hochheim
Flörsheim
Bischofsheim
Gustavsburg
Ginsheim-
Neustadt
Hbf
Universität
Bot. Garten
Altstadt
Bretzenheim
Oberstadt
Weisenau
Maaraue
Alte Ziegelei
Hechtsheim
Laubenheimer Höhe
MZ-Laubenheim
Ober-Olmer Wald
ZDF
MZ-Marienborn
MZ-Lerchenberg
MAINZ
Innenstadt
siehe Detailkarte
Essenheim
Ober-Olm
Klein-Winternheim
Stadecken-Elsheim
Schwabenheim
Mainzer Berg
Bodenheim
Nackenheim
Gauberg
MZ-Ebersheim
Mühlberg
Gau Bischofsheim
Harxheim
Nieder-Olm
Lörzweiler
Königsstuhl
Bauschheim
Astheim
Nonnenau
Hessenaue
Geinsheim
Rheinhessen
Rhein
Pfadberg
Saulheim
Sörgenloch
Zornheim
Selzerberg
Mommenheim
Niersteiner Warte
Nierstein
Wahlheimer Hof
Hahnheim
Selzen
Schwabsburg
Schornsheim
Köngernheim
Trutzturm
Landskron
Kornsand
Oppenheim
Dexheim
Farrenberg
Wörrstadt
Gabsheim
Undenheim
Friesenheim
Maislabyrinth
Dalheim
Dienheim
Knoblochsaue
Mittelpunkt Rheinhessens
Weinolsheim
Ludwigshöhe
Bechtolsheim
Uelversheim
Guntersblum
Petersberg
Dolgesheim
Biebelnheim
Eimsheim
Gimbsheim
Gau-Odernheim
NABU-Regionalstelle
Albig
Alsheim
NSG Altrhein
Pfarrwiesensee
Badesee Vogel
RHEINGAUER RIESLINGROUTE
Rhein-Radweg
Selztal-Radweg
Amiche-Radweg
Rheinterrassen-Radweg
Selz
Schwarzbach
Hauptkanal
Landgraben
Eichelsbachtal
Parallelkanal

Planig
Bosenheim
Pfaffen-Schwabenheim
BAD KREUZNACH
Nahe
Hügel
270
Wißberg
Gau-Weinheim
Schildberg
210
Sulzheim
Gau-Bickelheim
Wallertheim
Wörrst
Hacken-heim
Wöllstein
420
Appelbach
Rommersheim
Bad Münster am Stein
Ebern-burg
Gumbsheim
Spiesheim
Frei-Laubersheim
Siefersheim
Armsheim
Neu Bamberg
Neu-Baumburg
Horn
Eckelsheim
Flonheim
Altenbaumburg
Ajaxturm
428
Wonsheim
Uffhofen
Bornheim
Lons-heim
Hof Iben
Geister-mühle
Fürfeld
Stein-Bockenheim
NABU-Re
Albig
Wendelsheim
Rhein-
Heimersheim
ALZEY
Winterborn
Niederhausen a.d. Appel
Teufels-rutsch
Erbes-Büdesheim
Mörsfeld
hessische
Weinheim
357
Münsterappel
Nieder-Wiesen
Bechenheim
Oberhausen a.d. Appel
Offenheim
Wartberg-turm
375
Kriegsfeld
ehem. Forsthaus Vorholz
358
Mauchen-heim
Appelbach-Radweg
Kappelberg
Selz
Selztal-Radweg
Freimersheim
Gaugrehweiler
Schweiz
40
307
Oberwiesen
Orbis
271
Hengsbacher Hof
Sankt Alban
Selz-Quelle
Flomborn
63
Ilbesheim
Gerbach
1 cm
200 m'
317
Ober-Flörsheim
WONNEGAU
© pmv PETER MEYER VERLAG
Bischheim
296
286
Würzweiler
Ruppertsecken
KIRCHHEIM-BOLANDEN
Albisheim
Marienthal
Pfrimm
Zellertal
Kelt. Ringwall
Bolanden
Zellertal
687
Dannenfels
Weierhof
Bubenheim
Marnheim
Donnersberg
Bennhausen
302
PFALZ
Rüssingen
Kahlenberg
Jakobsweiler
Steinberg
Falken-stein
Hohen-fels
Weiße Grube
Dreisen
Steinbach
Göllheim
Imsbach
Lauters-heim
Quirnheim
47
Börrstadt
Winnweiler
Kerzenheim
Ebertsheim
Breunigweiler
Sippersfeld
Eisenberg
Münchweiler
GRÜNSTAD

Wahlheimer Hof
Selzen
Schwabsburg
Kornsand
Landskron
Hahnheim
Trutzturm
Oppenheim
Leeheim
Riedsee
Wolfskehlen
Riedstadt
Köngernheim
Dexheim
208 Farrenberg
420
26
Dienheim
Erfelden
Undenheim
Friesenheim
Maislabyrinth
Knoblochsaue
Kühkopf
Goddelau
Hofgut Guntershausen
40
Dalheim
Rhein-Radweg
Selz
Weinolsheim
Ludwigshöhe
Kühkopf
Bechtolsheim
Uelversheim
Guntersblum
Stockstadt am Rhein
246 Petersberg
Dolgesheim
Rheinterrassen-Radweg
Gimbsheim
44
Eimsheim
Gau-Odernheim
Wechselsee
9
VSG
Selztal-Radweg
NSG Altrhein
Pfarrwiesensee
Biebesheim
Alsheim
Heinrichs Tälaue-See
Altrheinsee
Gernsheim
Elisabethen-See
Eicher See
Dittelsheim-Heßloch
293 292 Kloppberg
Mettenheim
Eich
Hamm
Rhein
Bechtheim
Rhein-Radweg
Rhein-aue
S7
Hangen-Weisheim
Westhofen
Seebach
KZ-Gedenkstätte
Groß Rohrheim
56
Seebach-Quelle
Osthofen
Rheindürkheim
Nordheim
Biblis
Weschnitz
Abenheim
Gundheim
Rinne
Ried
Mörstadt
57
Bordsberg
61
Herrnsheim
Hofheim
Bürstadt
Anhäuser Mühle
Neuhausen
Monsheim
WORMS
Nibelungenstr.
47
Siegfriedstraße
Pfrimm
Pfeddersheim
47a
58
44
Horchheim
Offstein
Altbach
Heppenheim
Wies-Oppenheim
Ried
Biedensand
9
Bobenheim
Badesee
Lampertheim
Obrigheim
Mannheim Frankenthal
Klein-niedesheim
Altrheinkanal
Eckbach
Roxheim
Petersau
Silbersee
Obersülzen
Heuchelheim
Dirmstein
Beindersheim
59